尾崎雄二郎
中國語音韻史の研究・拾遺

高田時雄 編
坂内千里
森賀一惠 校字

◇映日叢書 第二種

臨川書店

目　次

音韻史

圓仁『在唐記』の梵音解說とサ行頭音 1

古音學における韻尾の設定と音韻特性の「豫約」の問題 13

韻學備忘（重紐反切非類化論） 39

音量としての漢語聲母 43

漢語聲母の音量がもたらすもの 75

漢語喉音韻尾論獻疑 97

音韻設定の音聲學──「漢語喉音韻尾論獻疑」二稿 115

古代漢語の脣牙喉音における極めて弱い口蓋化について
　　──いわゆる輕脣音化の音聲學 131

ミョウガを論じて反切フェティシズムに及ぶ 145

「雅音交字屬半齒」の讀み方と三種類の門法 171

その他

敦煌寫本論語鄭氏注と、何晏の論語集解によって保存された諸注・
　とくにいわゆる孔安國注との關係について 193

毛詩要義と著者魏了翁 213

日知錄經義齋刊本跋 ——日常所見本鑑別之一 229

讀倭人傳二則 231

符號語の說 233

抄物で見る日本漢學の偏差值 245

    編集後記 253

圓仁『在唐記』の梵音解説とサ行頭音

たとえば三省堂『時代別國語大辭典 上代編』（1967年）の「上代語概説」（13–58頁）に、

> サ行子音については [tʃ] [ts] [s] [ʃ] などを當てる說のほかに、シ・セの子音に [s]、他に [ts] を當てる說、シ・セ・ソ乙類に [tʃ]、他に [ts] を當てる說などあって一定しないが、現在のサ行子音とはかなり違ったものであったらしい（30頁）。

というそれらについて、私はまるでその學史を審かにしないのだが、少なくともそこに ts が登場することについては有坂秀世氏の、いまは『國語音韻史の研究 増補新版』（1957年、三省堂）に收められる「上代に於けるサ行の頭音」（145–159頁、1936年）が關わると思われる。
　そこに有坂氏は慈覺大師圓仁の『在唐記』（858年）が梵音を解説して
　　ca　　本郷佐字音勢呼之。下字亦然。但皆去聲。此字輕微呼之。下字重音呼之。
　　cha　　斷氣呼之。
　　śa　　以本郷沙字音呼之。但脣齒不大開。合呼之。
　　ṣa　　以大唐沙字音勢呼之。但是去聲。脣齒不大開。合呼之。
　　sa　　以大唐娑字音勢呼之。但去聲呼之。

というのを引き、

まずここで、本郷佐字音と本郷沙字音との區別されてゐるこ
　　とが注意を惹く。その上、梵語の sa に近い音節は當時の日
　　本語には無かったものと見え、その説明にはわざわざ大唐娑
　　字音（心母 s）を用ゐて居る。而して、本郷沙字音は、大唐
　　沙字音（審母二等 ṣ）とは違ひ、寧ろ口蓋的（palatal）な性
　　質を持ってゐたものと見えるのである。そこで、まづ、普通
　　のサは所謂本郷佐字音の方であるか、それとも本郷沙字音の
　　方であるか、その點を確定する必要がある。

という（149-150 頁）のである。ついで氏は、いまの引用の最後に提出
した問いに自ら答え、

　　　佐はサの假名としては、言はば代表的文字である。故に、本
　　郷佐字音と言へば、當然サの音と解せられたことと思はれる。

とし（150 頁）、「音韻方面にかけては綿密な觀察者である」慈覺大師が、
その生國下野の音と、「京畿地方の音との間に甚だしい相違のある場合
には、それに氣付いてゐない筈は無い」から、

　　　ここに本郷佐字音（本郷音とは無論唐音に對して日本音を指
　　すものであるが、何の斷りも無しに本郷佐字音と言へば、當
　　然京畿地方の標準音を指すものでなければならない。）を梵
　　音 ca に當ててゐるからには、當然京畿地方では、サの音節
　　は確かに或種のアフリカータをその頭音として持ってゐたに
　　相違無いのである。

という（150-151 頁）。
　氏はさらに、「五十音圖がサ行を梵音 ca 相當の位置に置いてゐること
を理由として、平安時代初期の頃サ行の子音が [tʃ] であったものと考え
る説」が「既に提出されて居る」ことを取り上げ、

併しながら、梵語にはc即ち [tʃ] の音は有っても [ts] の音は無いのであるから、假に往時サの頭音が [ts] であったとしても、サは五十音圖では當然梵音 ca 相當の位置に配せられるより外には道が無い。故に、ただこれだけの事實から考へるならば、平安時代初期頃サの頭音は確かに [tʃ] であったと斷定するわけには行かない。殊に、一層正確な材料である在唐記には、梵音 ca を說明して「本鄉佐字音勢呼之」と言って居る。この「勢」といふ字は、本鄉佐字音が梵音 ca と正確には一致しなかったことを示すものと見るべきであらう。

とした（151頁）。氏はそれにすぐ續けて、

以上の材料の示す所に據ると、平安時代初期の頃サの頭音は [tʃ] 或は [ts] のやうなアフリカータであった。然らばそれは [tʃ] であったかそれとも [ts] であったかといふと、寧ろ [ts] の方の可能性が多からう。

という（151頁）。

何故なら、琉球語を含む現代諸方言の少くとも大部分は、サの頭音としてはすべて [s] を持って居り、（ごく僅少の限られた語彙を除けば、）[ʃ] を持つものが無いからである。室町末期の關西方言でも、西洋人の書いた羅馬字の綴方から見れば、サの頭音は明かに [s] であった。なお、古來、サに梵音 sa を充てた例は多いが、śa や ṣa を充てた例は存在しない。

からである（151頁）。

ただ、サケ（酒）に「沙禧」（禧は一本嬉に作る）をあてる鶴林玉露の例があるのを取り上げて氏は、ただし、この場合この「沙」が、「s を頭音としてゐた可能性はかなり多い」とし、したがって、「これらの音譯例を證據として、古代のサの頭音が [ʃ] 又は [tʃ] のやうな口蓋的なもので

あったことを主張するわけには行かない」と考える（152頁）。要するところ

  平安時代初期に於てサの音が [tsa] であったといふ假定と矛盾するやうな事實は目下のところ恐らく一つも發見されてはゐまいと思ふ（152頁）。

そこで

  以上で本郷佐字音の問題は一通り解決した。

ということになる（153頁）。
　『在唐記』が ca を解說して「本郷佐字音勢呼之」というその「勢」字に着目するのはまことに細かな心くばりであり、ここでの議論に大きな意味をもつものであることは疑いない。
　ただそれ以外の記述において、有坂氏の文章に議すべき箇所全く無しとすることはできない。たとえば氏のこの文章におくれて1938年に出版せられた山田孝雄氏の『五十音圖の歷史』（寶文館）をもつわれわれは、五十音圖がいまのわれわれの目の前にあるようなアカサタナハマヤラワという體裁に固定したのがかなり後のことであるのを知っていて、そうすると、平安時代の初期われわれのサ行が、有坂氏のいうように、「當然梵音 ca 相當の位置に配せられるより外には道が無い」とは、きめてしまうわけに行かないからである。サシスセソの、たとえばヤイユエヨとの近緣を、古く、しかも、いまのそれと同じではない五十音圖の上において見出すこともあるのだとすれば、それは梵字の半母音と、スー音シュー音との排列に學ぼうとするものであるかも知れないと受け取め、サシスセソの頭音を、ヤイユエヨのそれとの關連において、s により近いものとして考える、ごく自然な受け取り方があり得るだろうからである。「サが梵音 ca の位置に配せられる」というのが事實の恐らくは逆であって、五十音圖を、いまのアカサタナハマヤラワの形に定着させたも

のは、完全に今と同じ五十音圖の形態の出現する江戸中期、不空以後、たとえば慧琳の『一切經音義』(788-810 年) 卷 25「大般涅槃經音義」の中に見える「次辯文字功德及出生次第」などの梵音對譯漢字を、日本漢字音を以て讀んだ結果ときりはなして論ずるわけにはいかないのである。わが日本語の音の問題とは別に、漢字の「左」そのものが、そこで梵音 ca の對音字とされていたのである。その問題の、とくに中國語に關わる點についてなら、われわれはすでに羅常培 故 教授の「梵文顎音五母的藏漢對音研究」をもっている。『中央研究院歷史語言研究所集刊』第三本第二分 (1931 年) に發表され、いま中國科學院語言研究所編『羅常培語言學論文選集』(1963 年、北京) の 54-64 頁、附表一、に收められている。そこで教授は、梵語の顎音つまり c シリーズの音をあらわすべき對音漢字を論じて、それが、いまいう不空以前と以後とで異なっていること、つまり不空 (771 年) より早く、たとえば善無畏の譯 (724 年) では ca 遮 cha 車であるものが、不空・慧琳ではそれぞれ ca 左 cha 磋・ca 左 cha 瑳であって、つまり不空以前において正齒音三等字を以てそれに當てられる梵音が、以後においては齒頭音に替えてあらわされていること、そうしてそれは、それが教授のこの文章を始めるものであったように、實はチベット文字による梵音表記にも、似たような形で觀察されるものであることを取り上げ、その取り換えがなぜ起こったかを考えようとしたのである。なぜ起こったかについて、私には教授とは別の私の考えもあり、かつてある文章の中でそのことに觸れたこともある[1]。いずれにしても問題は、もしかしたら梵音とは離れていわば一人歩きを始めてしまった佐 (左)、磋等の漢字を、日本人がどう讀んだかということの方にあるといった方がいいかも知れないのである。そうしてそのときに、私が觸れたさきの羅教授の文章について私の考えたこと、つまり遮車等が左磋等に取り換えられるようになった背景には、遮車等正齒音三等字の、「前舌面調音でもある」にはしても、しかしまた單純にそうであ

---

[1]「漢語史における梵語學」『東方學』第 40 輯、30-46 頁、1970 年 9 月、東京。

るのでは恐らくないのに比べて、すでに早く中國の「當時の標準語社會の中で、あたかも現代の粤語等において見るように、齒音系列の調音が概して前寄りであり、口蓋化というに近いような音色をそれらに與える調音方式が、目立った地位を占めて來て、むしろそれらの方が、その音色さえも含めて、梵語口蓋音シリーズを頭音とする音節の對音字としては適當だというような事情」が存在したかも知れない[2]とすると、同じ日本とはいっても、梵音と、そうして當時の中國の標準音とが、ともに同じ視野の中に在るというような環境におけるのと、そうではなくて、要するに傳來の漢字音を讀む、というだけの環境におけるのとで、唱え方が同じではなかったというようなことがあり得たかも知れない。という意味は、この口蓋音のシリーズに關して、「口蓋的閉鎖音は、ヨーロッパの學者たちによって、また現代のヒンズー人たちによっても、英語の（*church* と *judge* における）*ch* や *j* のような複合音を以て發音される」[3]のが、梵音のいわば本場、もしくはその本場ものを正しく繼承する場所での、ずっと絶えることなくいまに引き繼がれた發音の方式だとして――梵語は、前にも一度そういう言いかたをしたことがあるのだが、音聲學つきの、ある意味では人工の言語であったのだから、つまりそのもの自體の繼時的音變を考える必要がないのである――中國であるにせよ、日本であるにせよ、ca が「左」を以てあらわされるようになって久しい後にも、ことによるとその「左」そのものをチャと讀む人たちがあり得たであろう、といっているのである。

「鶴林玉露の日本語は」安田章教授によってすでに、「節用集に見る國花合紀（集拔書）のそれと同じ態度、つまり中國資料として用いることは甚だ危險であるという見方で、處理しなければならないであろう」[4]こと

---

[2]「漢語史における梵語學」44 頁。
[3] Whitney, W.D., *Sanskrit Grammar, Including both Classical Languages, and Older Dialects, of Veda and Brahmana*, Massachusetts, 1889² (repr.) p.16, §44.
[4]「中國資料の背景」『國語國文』第 49 卷第 9 號、37-56 頁、1980 年、京都。引用はその 52 頁。

が示されている。教授の指摘はもとより資料全體に對してのものだが、「沙禧」の「沙」を論ずるよりさきに、われわれはまず「禧」を取り上げて、それが日本語サケのケの頭音と共通のものをあらわすのにたぶん適當ではないxもしくはh系の曉母字であることに着目すべきであっただろう。全く同様の問題を、私はかつて、いわゆる魏志倭人傳の卑彌呼によって論じたことがある[5]。

さてそこで、『在唐記』におけるcaの對音字としての「佐」は、いまもいったように、ある場所ではチャでもあり得たであろうが、しかし『在唐記』そのものに卽していうならば、有坂氏がまさにそれによって議論をすすめられたように、それが「本郷沙字音」によって梵音śaを説明しようとしているところからも、やはり「サ」であって、「シャ」ではなかったと考えていいだろう。「本郷沙字音」は、śaとの關連からいっても、「シャ」であるのが最もふさわしかろうからである。そうしてその「シャ」がśaであるところから、では「サ」は何かというのが有坂氏の、あるいは有坂氏に先立つ人びとの、次の問題となったのであろうと思われる。

私にはそれは、「本郷佐字音」を有坂氏を承けて「サ」と考えた上、そのサの頭音はɬであると考えることによって、最も簡單に處理し得る問題であると見える。その濁音はɮ、Lateral Fricativeと呼ばれる音で、萬國音聲記號（The International Phonetic Alphabet）の1979年版（Revised to 1979）では、それに對應しながら摩擦的譟音を缺くもの、これまでのLateral Non-fricative、つまり普通のlが、Latelal Approximantと呼ばれるようになっている。approximantは「接近音（の）」と譯されて、「調音器官のせばめが廣く摩擦を生じない音。母音を除いた半母音や無摩擦繼續音（frictionless continuant）」などと説明される[6]。漢譯では「通」で

---

[5] 「日本古代史中國史料の處理における漢語學的問題點」『人文』第15輯、139-166頁、1969年、京都。とくにその156頁以下。
[6] 『研究社 新英和大辭典 第五版』、1980年、東京。

ある[7]。この ɬ は舌と口腔前部との關わりの點では l に似て、しかし上前齒裏から齒莖への、舌先のむしろ裏の部分の押しつけが強く、日本語の普通のツの頭音がもつような破擦的な感じの伴うものであり得る。この破擦的な感じは舌先裏の上前齒裏への押しつけの強さに因るかもしれない。

　私は記號遊びをしているのではない。私自身のサスセソの頭音が、實はこのɬ音なのである。私のたとえばスに、ツの意ありと指摘されたこともある。私は前にある文章の中で、ある外國の運動選手の姓をチャスラフスカか、チャツラフスカか、ラジオを耳で聞くだけでは、なかなかそのどちらとも聽き定めにくかった經驗を書いたことがある。私はそこで、つづく音節ラの頭音の舌尖性が、「直前のスをその準備のために舌尖性のものに近づける、あるいは換える。したがってそれは同じく舌尖性のツと、あるいは少なくとも、そのツの後半、舌尖性のs-とよく似たひびきをもつことになる、というのが原因のひとつ」と書いている[8]。このs-こそɬ-と書かれるべきものであったのである。そこに私は、「私の耳も鈍いのだが」といっている。私の耳はそもそも普通のs-をも、このɬ-に聽き取ってしまうように習慣づけられてしまっているだろう。私はまた、ダニエル・ジョウンズが、「舌の尖端は、ある話し手たちでは齒のへりの方に持ち上げられ、また他の話し手たちでは下の齒に向けられたままになっている。第一の形態が、英語ではより普通のようだ」[9]というその第一の形態をも、私のɬと同じ上口蓋前部における閉鎖と受け取ってしまってもいたのである。

　私は現代日本語のサスセソの頭音が、普通にジョウンズの第一形態であろうと第二の形態であろうと、とにかくs-ではあろう中に、恐らく一定程度私のそれのように、ɬ-を頭音とするものを含んでいるであろうと

[7] 『方言』1979 年第 4 期、北京、その 316 頁。
[8] 「音聲學（3）——意味を聽く」『中國語』第 224 號、16-17 頁、1978 年、東京。
[9] Jones, Daniel, *An Outline of English Phonetics*. 9th edition, Cambridge & Tokyo, p.185. §710.

想像する。

　それは漢語の ts-音をも s-音と同じようにサスセソ等に聴き取る根據となることができる。そうしてその ɬ が、いまの s の占める同じ位置を標準音として占めていた社會を、日本の、より古い時代に存在したと想定することは必ずしも不可能でない。それから、同じものの標準を s-とするものへの移りかわりは、もちろん單なる規範の入れ替えであって、舌先の漸次の下向きなどというバカらしい話などではない。で、そうしたとき ɬ-は決してそのまま ts-なのではないのだから、たとえば圓仁と同じような場合、當然「佐」の代表すべき梵音 ca を説明して「本郷佐字音勢呼之」という必要があったであろうし、またそういう社會の存在を想定してしまうなら、サスセソとシとのそれぞれの頭音がどんなものたちであったかを考えて見るよりさきに、そもそもわが國でサ行もしくはそれに始まる音節をあらわすべく使用された漢字が、萬葉假名といわれるものを含めて、古くから ts-系のもののみでなく、s-系のものをも含んで來ていることの説明を容易にするであろう。たとえば上古のある時期、「讚」と「散」とが、ともに後世のサをあらわすべき文字としてあるという場合、それぞれ ts-及び s-であったはずの兩字を、その一方とだけ等しい、あるいは少くとも近い、わが ts-の對音字として用いられたのだと考えるより、ts-及び s-の二字が、(ts-の意を含み得る) ɬ-の對字としてともに使われたと考える方がいい。無理を犯すことが少なくてすむのである。もちろんそのとき、シの音としてたとえば私のシのそれのような口蓋音に始まるものをでなく、口蓋化要素は當然のことありながら、なお舌尖調音性をも存して ɬi であるものを考えておけばいい。

　圓仁の解説は梵音 sa にも及んで、「以大唐娑字音勢呼之」という。たとえば、いわゆるペリオの番號 2012 を冠せられる敦煌寫本「守溫韻學殘卷」に心母邪母すなわちそれぞれに s-, z-であるはずの字母が x-もしくは h-であるはずの曉母とともに、「心邪曉是喉中音清」とされていることによって、私はかつてその s を「上口蓋との間になんらの閉鎖もつ

くらない」ものと考えたのであった[10]。圓仁が有坂氏のいうように「音韻方面にかけては綿密な觀察者で」あったとすれば、そうしてまたかれが、梵音の正しい發音者であるとすれば、かつてW.S.アレンが、「現代インドの摩擦音のパラトグラムが、"Taittirīya-Prātiśākhyaの、摩擦音は、對應する閉鎖音と同じ場所で調音される。しかし調音者の中央は開いている（But the centre of the articulator is open.)" という觀察を支持するものと考え」[11]たようなながく引き繼がれて來た調音法に從うべきものと梵音のsaを考えたとすれば、ここでわが國人に向い、自らの ɬ としてではなく、大唐のs-としてそれを讀むべきものと教えるのが至極自然のことではないか。あるいはサ行の頭音としてsでなく ɬ をもつのは、私もまたサスセソについてそうであるかも知れないように、かれ圓仁だけであって、かれを取り巻く周圍の國人は實は「大唐娑字音」を以てサスセソ等の音を始めていたのかも知れないが、それでも事は同じわけで、かれはかれ自身に對して「大唐娑字音」のあるべき姿を教えているのであった。そのいずれのときでも、たとえば既に觸れもしたように、その「大唐娑字音」に口蓋化といってもいいような極端な前寄りの調音が見られるのだとするなら、かれは當然「以大唐娑字音勢呼之」といわなければならなくなる。「勢」字はここでもまた衍ではないということになるのである。

(1981年4月21日)

[補記] サ行の濁音、すなわち私の、もしくはここで圓仁乃至かれを含みつつその周圍に在る人たちのものと推定されているザジズゼゾ等の頭音となるものは、もちろんアフリカータではあるが ɬ の濁つまり ɮ をその第二要素とする形のものではない。私がかつて服部四郎氏の翻譯によって引用した[12] Passy, P., *Les Sons du Français*. 1925[10]、§179 に見えるような「舌尖を下の前齒に當てがい、舌端を上の前齒及びその齒莖につけて

---

[10]「漢語史における梵語學」、その31頁。
[11] Allen, W.S., *Phonetics in Ancient India*, Oxford, 1953, p.26.
[12]「來母再說」『中國語學』第198號、1970年3月、東京、1-11頁、その8頁。

ここで閉鎖を完成する」というに近い d に、これも恐らく、こうしたときの普通の z にかなり近いもの、が第二要素として直接するところのものである。つまり d̪z である。アフリカータ第一要素の前寄り調音が、それに直接する第二要素の調音點をも前寄りのものにするのであろう。

（4 月 26 日）

古音學における韻尾の設定と音韻特性の「豫約」の問題

　現代中國の共通語で、漢語拼音方案がそれを-i, -u, -y と書きあらわす諸韻母を/-ɨ, -iɨ, -uɨ, -iuɨ/などと解釋しようとするとき[1]、最後の-iuɨは、その-iu-の部分の性質如何によって、成り立ち得る場合と、成り立ち得ない場合とがある、と思われる。すなわち、その-iu-における-i-性とでもいうか、それが-u-によっては消し去られないほど強くて、たとえば"冤"[yan]（近于 [yæn][2]）といわれるような影響を後續の-a-などにまで及ぼし得るような場合には、共通語の-y がその調音の最後まで-i を感じさせるほど強い前舌要素を持ち續ける聽覺印象と矛盾することなく、それを/-iuɨ/と解釋することが許されるだろう。

　しかしもしその/-iu-/が「遠 yüan [yǒa·ŋ]が/'jwan/と解釋される」[3]ということを許すほど「/j, w/の同化力が互に中和しながらその上に重なる」[4]底の、したがっては「[y-, ɣ-]で前舌面の隆起の方が脣の圓めより

---

[1] 服部四郎「國語の音韻體系」への補い (2)、『新版・音韻論と正書法──新日本式つづり方の提唱』東京、1979 年、所收。その 187 頁。

[2] 李榮『漢語方言調査手册』貳・九「音位和音位標音法」、北京、1957 年、1963 年本所收、その 21 頁。

[3] 服部氏前揭論文、同頁。また Karlgren, B.: "La finale *yan* tend suivant les individus vers yɒn en Pékinois au chang p'ing cheng", phonétique qualitative: diphtongues, p.323, *Études sur la phonologie chinoise,* Upsala, 1916. 趙元任等漢譯本、223 頁。

[4] 平山久雄「北京語の音韻論に關する二三の問題──特に主母音と r 化について」『言語研究』35、東京、1959 年、所收。その 31-51 頁、引用はその 36 頁。

僅か先に起って早く解かれる」⁵といえるほど-iu͡-の中での-i͡-性が弱いそういう/-iu͡-/なのであれば、そのとき-iu͡iの連續はその-i͡が [tsɿ, tsʻɿ, sɿ] における [-ɿ]、また [tʂʅ, tʂʻʅ, ʂʅ, zʅ] における [-ʅ] の解釋であり、また [uˑ] を/uiˑ/であると解釋することを許すものである以上、いま觸れるように共通語の中の-y がその始まりから終りまで引續いて i を感じさせる、私がかつて引用した⁶ように、服部四郎敎授が「[yː] の調音の持續中、舌は終始ほぼ [i] の位置を保つのに、脣の圓めはごく僅かおくれて始まり、ごく僅か早めにゆるめられるので [ⁱyːⁱ] のようになる傾きがある」⁷といわれたようなものであるのとは異なって、その/-iu͡i/はたとえば [ⁱyːⁱ] といった感じのものとなってしまうのではないかと疑われる。

そういう場合に服部敎授のいわゆる [ⁱyːⁱ] 式の、i の感じを保ちつづける -y を解釋しようと思えば、それは/-iu͡i/ では足りず、/-iu͡ij/ のようなものを考えるのでなければならないだろう⁸。

---

⁵平山氏前揭論文、引用はその 35 頁。

⁶「切韻系韻書における韻の排列について」『中國語音韻史の硏究』、東京、1980 年、所收。その 124 頁。

⁷服部氏前揭論文、同頁。

⁸同じ共通語の中での-iu͡iと-iu͡ij との倂存という結果をもたらすような音韻解釋の提起は、つまり一般的に複數の音韻觀念の倂存が言語の比較的狹い範圍內において可能だという考えの提起ということである。-iu͡ij の設定に伴ってわれわれは-iu͡iŋをそれに對應する鼻音として設定し、それとともに-iu͡əŋはその存在を取り消すことができる。-ə-を、われわれは [yüːⁱn] のその-i-を解釋するものとしては本來不適當な、より低い母音だと思って來た。-iu͡əŋ の取り消しにはわれわれにとってそういう意味がある。-iu͡ij をわれわれの體系の中に設定するわれわれは、また同時に-uij をそれと平行するものとして設定することができる。[uːj] の解釋としてである。そうしてそれはまた當然われわれの體系の中に-uij と竝んでもともとの-uəj が存在しつづけることを許すことなのだが、その結果われわれは漢語拼音方案で-uei と綴られるものを、陰平聲陽平聲での-uij と上聲去聲での-uəj とに分化させることができることになる。それは趙元任先生の *Grammar of Spoken Chinese*, 1968, Berkeley, Los Angeles, London, University of California Press（漢譯『漢語口語語法』、呂叔湘編譯、1979 年、北京）、1.3.9. Marginal Phonemes の (1)(d) p.54（漢譯 37-38 頁）であつかわれた "Most, though not all, speakers"（漢譯: 大多數人，雖不是所有的人）が區別する「油井」と「有井」における「油」と「有」との解釋の問題にもつながる。つまり私の解釋の方式を延長すれば-iəw と -iiw と兩方の解釋を拼音方案の-iou について倂存させ、いまの-uei と同じような、聲調による音形の分化の意味を說明することができるようにもなるのである。

古音學における韻尾の設定と音韻特性の「豫約」の問題　　　　　　　　　　15

　現代中國共通語において-y が、そうした-i の要素なしに成り立たないことを、われわれは忘れるべきでない。現代共通語の中における-y の「來源」を論じてたとえば王力敎授の『漢語史稿(修訂本)』上册はその中古韻との聯關を次頁のように圖表化して見せてくれる[9]のだが、そこに在るĭu もしくはĭo というもの、もし先立つ-ĭ-の-u もしくは-o への影響力をよほど強いものと假定することができるのでなければ、-u-もしくは-o-に更に後續する-j などの牽引力があると假定しない限り、音理として共通語におけるような-y を生み出すものにはならないと考えた方がいい。そうして-y の來源としてまた-ĭuk, -ĭut のようなものを考えなければならないのであれば、われわれはその-k, -t といったものそのものにも、-j 的な牽引力としてそれらに前接する-ĭu-を後來の-y にまで連れて行くような性質がそこに在るものと假定しなければならなくなるのだが、その-tの方は、それが單純に-t なのではなく、實はそれに對應する-n が-j と解釋することを許すほど口蓋化されたといってもいい[10]ような性質をもつのと平行して-ĵʔ と考え得る[11]ものであることを、すでに私は説いて來たのであった。したがって王氏の-ĭut においてそうした-t が-j のように働いて自らを-y の方向に連れて行くであろうことを、われわれは容易に了解することが可能である。

---

　[9] 1958 年、北京。その 174 頁。
　[10] 「この-n の口蓋化は、たとえば tan (單) の發音において明瞭に聞きとることができる。また /-jan/ が [ĭen] に近く發音されるのも、/a/が/j/と/-n/の口蓋化との影響で [ε] の方向に近づくのだ、と説明できる」、服部四郎「北京語の音韻體系について」『言語學の方法』、1960 年、東京。その 277 頁。
　[11] 「切韻における鼻子音韻尾の處理について」『中國語音韻史の研究』、その 136 頁。なお大塚高信・中島文雄『新英語學辭典』、1982 年、東京、の Phonation の項が、英語 'wax' の聲門閉鎖との同時調音を含む [wæʔks] の例をとりあげ、Ladefoged, P.: *Preliminaries to Linguistic Phonetics*, 1971, Chicago, p.17ff. の研究を利用しながら、それが glottis の狀態として無聲音調音の場合と異なることに注意しているのは、われわれの-ĵʔ などの指定と關聯させて考えるべき興味ある問題である。陽聲韻尾-m, -n, -ŋ 等についてと同じく、-p, -t, -k 等の入聲韻尾をわれわれは [-p, -t, -k] 等と考えてはいないのである。われわれはその時そこに「いわゆる」ということばを使う。

16　　　　　　　　　　　　　　尾崎雄二郎　中國語音韻史の研究・拾遺

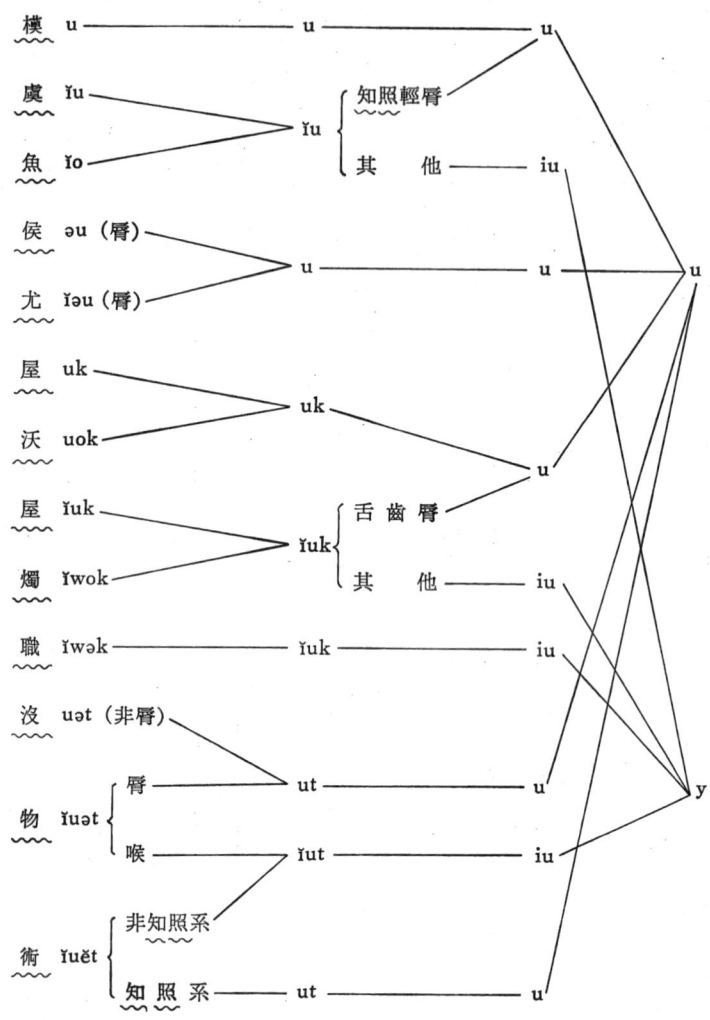

のこる-ĭuk、それは王氏の表で-ĭuk, -ĭwok, -ĭwək の三つの來源から來たとされるが、それらが-ĭu を經ていまの-y になるのだというその道筋において-k そのものの中に、いまわれわれが-t において見たと同じような、-j として働く力の存在をいうことができるのでなければならない。

古音學における韻尾の設定と音韻特性の「豫約」の問題　　　　　　　　17

王氏三つの來源のうち-ĭwəkとされるものは今韻職韻の、それも合口に
屬するとして、-u-の要素と、またわが吳音讀みにおいてあらわれること
のある-iの要素との雙方を幷せもつものとして、また事實、「域」の字の
ように「ヰキ」と讀まれるものを内に含んで、それらが-i(-j)を牽引力と
していまの-yに至る道をそれらについて考えることは不可能でない。し
かしそうした道は、-ĭuk, -ĭwok、つまり屋韻、燭韻に對して王氏が音價
を與えているものについては、今韻職韻の合口についていま見たような
日本漢字音その他の、利用すべきたよりがない。

　ただここに-ĭuk, -ĭwokなどと音を與えられているものが、いま中國の
共通語の中で-yであるということを逆に踏まえ、また、たとえば福州方
音が屋韻、燭韻に對應する陽聲韻であるところの東韻、鍾韻の韻尾とし
て-øyŋ, -yŋのような形のものを持っており、そうしてこれらにおける-ŋ
については、「鼻音韻尾只有一個-ŋ，有時受前元音的影響，-ŋ有變爲-n̠的
傾向，如限ain̠ ˧, 爛ain̠ ˩, 店tain̠ ˩, 硬ŋain̠ ˩」[12]ということがいわれ
ていて、ここでその-ŋ、現實にはその口蓋性とともに恐らく若干の圓唇
性を具えているかも知れない-n̠の存在が、それらに對應した入聲である
屋韻、燭韻の韻尾にも同じように-j的に働く要素のあることを豫想させ
る。事實われわれは、そこにたとえば曲 k'øy̆ʔ、玉 ŋy̆ʔ、欲 y̆ʔ、續 sy̆ʔ
等を見出すことができるのである。

　さて私が屋韻、燭韻を論じてそれらに對應する東韻、鍾韻にまで言及
し、特にまたその福州方音に及ぶことを考えたのには、實はそれだけの
意圖があった。私が屋韻、燭韻に屬するものとして例示した曲、玉、欲、
續等の文字は、實は兩韻のうちでも古音學で侯部、東部という陰陽二聲
の間に介在しその樞紐となるべき屋部に屬するものを特に選び出して來
たのであって、つまり私はこの侯部、屋部、東部の韻尾として福州方音
形などの說明をも容易にするであろうようなものを特にも考えようとし
ているのであった。すなわちこれら各部の韻尾にそれぞれ-y̑, -y̑ʔ, -ỹを當

――――――――――――――
[12] 袁家驊等『漢語方言概要』「閩北方言」「二、福州音系」、1960年、北京、その293頁。

てようとしているのである。後の-yにつながるものとして-jの要素を含むものを、古音の段階において早く準備しようという所から出發して、しかしそこには職韻合口の場合のように、-jの要素に前接する-u-の要素のあることが必ずしも常に期待はできない以上、韻尾そのものに-jと-u-と兩方の要素を含むものとしての-ɥを考えようとするのである。既にもう何度か強調して來たつもりのことだが、私は、繼時的ないわゆる「音韻變化」を積み重ねるうちに、何であれ言語要素が新しく生まれ出て來るとして、初めに無かったどんなものでもそこには生じて來得るのだというようには、考えることかできない。消え去って行くことはあっても、生まれ出て來ることの不可能なものがある、と考える。現代共通語の-yに含まれる-jの要素などは、その、初め無かったものが新しく生まれ出て來るなどということのあり得ない要素なのだと考える。たとえば『中原音韻』「魚模」の韻は現代共通語では-uと-yとに分化しているとされるその雙方の文字を含むのだが、私は-uと-yとのこの分化は『中原音韻』より後に起って、現代の共通語が-uと-yとを區別するいまの状況がその結果として生じて來たのだとは考えない。後の-yに流れ込むグループの調音が-iuと書きあらわされるに値する、あるいはそうとしか書きあらわし得ない[13]、さればこそ-uのグループと押韻し合うことが許されたのであったにしても、なおその-iuは、可能性、あるいは少なくとも調音グループの標識としては-iu^{i}などであったかも知れないのであって、つまり-jの牽引力のもっと強い-iujも共時的にその周圍のどこかそれほど遠くない所にはありながら、それが標準的とは見なされなかったに過ぎない、のちの-uと-yとの分化は、その、いま私が假りに-iujを以て書きあらわしたものが-iu^{i}などに替って標準の地位に立った時期以後の現状確認であるに過ぎないと考えるのである。-iu^{i}とさえ書きあらわすに足り

---

[13] 楊耐思『中原音韻音系』、1981年、北京。その39頁等参照。楊氏はいう、「《中原音韻》魚模的韻母還是應當參照八思巴字對音訂爲 u, iu。這 iu 類的 u 元音可能比較靠前，所以能跟尤侯韻部不混，也不能通押。」

ないほどその-jの牽引力が弱い、あるいは皆無であるかも知れないそういうものがこのグループの標準の調音であるとされている時代にも、だから必ず漢語社會のどこかに-j性の強い調音の方式が存在して、少なくともその場所ではそれがそういう言語を操る人たちにとっての標準の調音であった、したがってそういう部分を含む漢語全體の歴史を通觀するなら、いまの-yに當然のように導かれるべき-j的牽引力の強い調音の方式は、どこから、また、いつ、始まったかというのでもなく、常に存在しつづけていたのだといわなければならない、と考えようとするのである。そもそも、いわゆる「方言字彙」の類を通覽しての私などの感想は、もろもろのいわゆる方言形を含みながら現代の中國語が、同一言語としての強い統一性の下に在るということで、この統一性は、從來その時どきの共通語の繰返しての侵入によると考えたことは、實はそれほど正しくないのではないか。侵入する共通語は多く語彙的な選擇を方言圏の人たちに強いることができるだけで、發音の別の體系をそれによって取り入れさせることができるはずはないからである。だからいわゆる「文白異讀」の著しい方言において、よくいわれるようにその方言におけるより古い調音のしかたをのこしていると考えられる白讀の方が、かえって周邊他方言との親近性、そうして從っては中國語全體としての枠の中により組み込み易い形を示しているというようなことにもなり勝ちなのだと思う。諸方言を通覽しての、そこに存在していると感じられる統一性は、したがってそういう共通語の侵入のもたらすものというよりは、意味の單位がきわだって單音節的で、その單位音節の內部は、一つ一つ構造として極めて近似した形に作られている故にの、いわば求心的な變異拒否性とでもいうべきものの方に求めた方がいいのではないか。何語でもいい、意味の單位が原則としては音節にはない諸言語の「語彙」の上に「時」が與える變異現象と、こうした單音節語と呼ばれるものに見られる狀況とは別に考えなければならないはずだと思われる。われわれの中國共通語でさえ、たとえば「您」ということばは「你們」から來たと

いわれて、それが正しいとするとその場合、nǐ-men という二つの音節の連接によってできあがった語彙は、その第二要素の弱い調音というものを經過してであるにせよ、とにかく全體をただ一つの nín という一音節語に變えてしまっていること、事情はちょうど我們、你們、他們、這麼、怎麼などが wǒm, nǐm, tām, zhèm, zěm などという形を生み出すといわれることがあるのと相似だが、つまりそういう風に組み立てられた複音節語は明らかに變異し易いのだが、しかしここに見られる變異は、そういう風に二次的に合成された「語彙」の上にだけ訪れていて、たとえば「們」とか「麼」とかの單位としての音節構造を變え得たわけではない。こうした言語世界の中で、われわれの今の、古音侯部に遡る-y 韻尾に見られるような、中國全土に亘っての極めて高い統一性の見られる現象の處理、理解のためには、われわれのしようとしているように、後來のこのような統一性を生み得るような統一的な祖形として、實質的に-y 韻尾そのものと同じ-ɥ のようなものを假設して、恐らくは差支えないのである。そうしてこのような場合、逆に-iu と押韻し合う-u の方自體に、たとえば-iu について私がそのあり得ることを考えようとした-iuⁱ と性格を等しくするような要素の後續している可能性も考える必要があるのであって、したがって『中原音韻』の「魚模」の「模」がそこで恐らく-u であるその周圍にも、たとえば現代共通語の「都」が tou であるように、また粤方音が「魚模」の組み合わせのかなり多くの成員について-œy 對-ou であるように、上古の-ɥ に由來する-uⁱ, -ouⁱ 等の形のものが見出せたのではなかったろうか。そういう展望をもちながら、われわれはいま、その議論に移って行きたいと思う。

　さてもとより、われわれが古音侯、屋、東三部の韻尾として-ɥ, -ɥ̂ʔ, -ɥ̃ というようなものを假設しようというとき、われわれはそれが、決して他の、すでに古音として設定された多くの分部と無關係に論じ得ることでないのを知っている。第一、私がさきに中古屋韻の燭韻に相當する福州方音を選び出したとき、意識的に古音の屋部に屬していたとされる文

字からそれを「選んだ」といったのも、中古屋、燭兩韻に流れ込む古音の分部としては、そのほかに之部蒸部と關わり合って一グループを成す職部があり、また幽部冬部とともにグループを形づくる覺部があるからなのであった。それら三つのグループのいずれにも現代共通語-y に流れ込む文字を見出すことができ、そのほとんどは福州方音においてもすでに見たような-øyˀもしくは-yˀである[14]。中古の燭韻にも流れ込むのは古音の屋部に屬するものだけだが、これまで見て來た中古入聲に屬する部ではなく、中古陰聲韻に流れ込むような部に屬する文字でしかも現代共通語形が-y であるもの、という制限を設けて見てみると、それはいまの屋部に對應する侯部のほかには、まだ取り上げていない魚部だけが、それらの文字の一部を自らのうちに包含していることがわかる。すでに見た之部、幽部はいずれもこれに關わらないのである。

---

[14] 幽覺冬三部の韻尾として私は、このすぐあとに見られるように-w, -ŵˀ, -w̄ を置こうとしている。そうしてこれらのうちの w が口蓋化されていることも後の議論の對象の一つとなる。よくいわれる東冬兩部出自の文字の今韻における交叉現象、つまり東部の細音が鍾韻の所屬として冬韻所屬の文字と「合用」とされ、冬部の細音は三等字として逆に東韻に所屬するというような現象も、この-w 系韻尾のいまいう口蓋化と關係があると考えることができるのではないか。すなわち後に見るように幽覺冬三部にわれわれの考える-əw 系の韻母は、その-ə-の主母音としての狹さから、先立つ介母-i-の影響がこの-ə-を通り越して韻尾の-w にまで及び、もともと存在している-w の口蓋性の上に乘ることでそれを-ɥ に近い感じのものに變える。逆に主母音として廣い-ɑɥ系の韻母が假設される侯屋東三部の方は、主母音のその廣さから介母-i-の影響が-iəw の如く後續の諸要素にまで強く及ばないというのみでなく、逆にまた-i-要素が加わることによって全體の調音を各要素について見たときに弱いものにさえする、-ɥ系韻尾のそうした弱化が本來若干の口蓋性を伴った-w 系韻尾のそれに近い感じを生む。これが東冬兩部出自細音の、いわゆる交叉現象の根據だとするのである。こういう形で東冬兩部細音の交叉現象が解釋できるというのも、-ɥ系韻尾、-w 系韻尾などを設定することの意義だということもできるであろうか。もっとも、これらは通説に從い、それら問題の細音を『詩』韻時代のまま、それぞれ東部は東部、冬部は冬部として議論したのだが、そうでなく今韻東韻の三等を形づくるものはもともとが東部、同じく鍾韻に屬するものはもともとが冬部と考えた上で、いまのような議論を逆方向に展開することも可能で、そういう風にした方が、通説では冬部所屬とされる「崇」の字の、東部との通押の二例、ただし王力氏は、それ故にこの二例とも「崇」の方を押韻の外に追い出してしまうのだが、そういう合韻の例の説明を、より無理の少ないと感じさせるものにするかも知れない。いずれにしても幽部冬部と對應する覺部所屬の文字に共通語で-y 韻母のものが含まれるのは、侯部東部と對應する屋部所屬字と韻尾を共通にする、つまり今韻での合流という形での現象なのである。

そうしてそもそも古音學が主としてはそれにもとづいて作り上げられた資料であるところの『詩』の押韻竝びに通押、段玉裁の用語に從えば合韻の關係について見れば直ちに明らかであるように、陰聲韻でいえば之、幽、宵の三部はこの順番に親密であり、魚、侯、支のグループとは一線を畫すということができる。そうしてこの後者のうち支部がまた上二者とはいささか遠ざかる點が有るかも知れないのを含みながら、この三部同士がまたそれなりに親密である。とくに魚侯の二部は、のち後漢時代には押韻グループとしては合してただ一つの魚部（羅常培故教授、周祖謨教授[15]）を形づくりさえした。そのことはこれら陰聲の分部に對應する陽聲及び入聲の分部についても大かたはいうことができるのであって、之幽宵に對應する陽聲韻部、といっても宵部に對應する陽聲は無いとするのが通說だから、之部幽部だけを取り上げることにすると、それにそれぞれ對應する蒸部冬部はいずれも侵部との通押の關係を保っているが、侯部に對應する東部にはそれが無い。その點中古の韻書においてそれらの後身が、ある部分はたとえば『詩』の時代冬部の一部として働くその細音が中古東韻の三等韻として排列されるというような形で、といっても、私は先の注(14)で、それが必ずしもこれまで通說としていわれて來た通りではないかも知れないという考えを明らかにしたのだが、とにかく通說としては混り合い、また他の一部は一東二冬というように隣り合わせ、それぞれの「獨用」の韻部を形づくる、というような關係とは異なっている。そうしてその東部には王力氏の『詩經韻讀』に從えば「周頌・烈文」に「公、疆、邦、功、皇」[16]という、一例ではあるが魚部に對應した陽聲韻たる陽部との合韻の例があり、『詩』を離れて『楚辭』ともなれば、それは先にすでに觸れるように通說が冬部出自だとする若干字を內に含み込む今韻東韻に極めて近いものとの關係、というべきものではあるけれども、とにかく陽部の、東部とのかなり親密な關わ

[15] 『漢魏晉南北朝韻部演變研究』第一分冊、1958 年、北京。14 頁など。
[16] 1980 年、上海。その 390 頁。

り合いがある。そうしてその陽部は、『詩』の押韻のグループとしては自分たちの中に抱え込んでいたかなりの文字を、支部に對應する陽聲韻耕部の方に、後になって放出する。後漢の時代である。魚鐸陽三部の形づくるグループ、侯屋東三部の形づくるグループ、支錫耕三部の形づくるグループ、この三グループの相互の關係は、すでに述べたように之職蒸三部の形づくるグループ、幽覺冬三部の形づくるグループ、沃宵二部の形づくるグループ、この三グループ相互の關係に對比すべき、それぞれに親密な關係であることは明らかである。そうしてそういうそれぞれが三つずつのグループをつくり合う根據が『詩』の押韻並びに通押による關わり合いなのであることを見ても、相互の親密な關係はその韻尾を主とするものであったとまず考えるべきで、韻腹すなわち主母音の相同もしくは近似によるものと考えることを主とすべきではない。つまり之職蒸、幽覺冬、宵沃三グループの關係は之幽宵が韻尾を同じくし、職覺沃また蒸冬もそれぞれ韻尾を同じくしていると考えるべきなのである。魚鐸陽、侯屋東、支錫耕三グループの關係も同じである。これは『詩』韻のみならず、諧聲の上にも觀察することのできる關係であって、たとえば先の蒸冬二部がそれぞれ侵部と通押し合うのと相似の關係を諧聲について見るならば、蒸冬二部に屬する文字を聲符とするものが、今韻のいわゆる[17]-m 韻尾韻に收められる例は決して稀でないという事實の存在を

---

[17]「いわゆる」という私の用語についでは既に注（11）で觸れているが、陽聲韻尾にせよ、入聲韻尾にせよ、普通にいわれる-m, -n, -ŋ あるいは-p, -t, -k というような形のものを漢語における根源的なものとはせず、鼻音韻尾としてはただ一つの「鼻音化」、入聲韻尾としてはただ一つの「急激な停止」だけが存在する、ただその「鼻音化」なり「急激な停止」なりは、-w, -j, -ɣ といった韻尾の上にあらわれるために、それぞれ-m, -n, -ŋ もしくは-p, -t, -k に近い感じのものが結果として、あるいは hyper-form として觀察されることになるのではないか、と考えようとするのである。漢語史を通觀するとき、その陽聲韻尾、入聲韻尾は、しばしばその「脫落」が語られているが、その「脫落」が語られているようなときでも、「鼻音化」もしくは「急激な停止」そのものは無くなっていないことにわれわれは注意すべきであろう。『大宋重修廣韻』のような整理を經ない『切韻』原本の韻部の排列は、そのような、「鼻音韻尾はただ一つ鼻音化」、「入聲韻尾はただ一つ急激な停止」ということをそれぞれについての標準な調音とする立場から編纂されているかも知れないというのが、私のすでに十三年前になる一連の研究、すなわち「切韻系韻書における韻の排列

指摘することができる。私はすでに侯屋東三部の韻尾をそれぞれ-ɥ, -ɥ̂ʔ, -ɥ̃とすることを提唱したのだが、それは、從って當然、魚鐸陽、支錫耕兩グループの韻尾にも同じように-ɥ, -ɥ̂ʔ, -ɥ̃を考えようということである。

少なくとも今韻魚虞の兩韻すなわち現代共通語でともに-yとなるものについて、その-yを生み出すべきものとしてjとしての牽引力がこの言語の歷史を通して引き續き存在したことが要求される一方、-j系韻尾そのものは脂質眞の三部、微物文の三部、歌月元の三部、以上三つのグループの韻尾として要求されていると見なければならないとすると、ここに措定し得るのは、jの要素を含み得てしかも-jでない韻尾、-ɥ系のもの以外にはこれを求めることができない。しからばその-ɥ系韻尾は、今韻魚韻、虞韻をそれぞれに含んでいた古音魚部、侯部についてもその韻尾となるものでなければなるまい。-ɥ系韻尾の、古音のこれらの分部の韻尾としての措定は、それなりに論理的な歸結であるとしなければならないのである。今韻魚虞の兩韻を含む全體としての古音魚部侯部に所屬していたとされる諸字については、粤語廣州方言におけるその韻尾に既に觸れた。吳語の蘇州方言における流攝の-øy、溫州方言における遇攝の-i, -y, -ey、閩語の福州方言における同じく遇攝の-ou, -y, -øy など、いずれもそれらの前身であるべき古音の韻尾として-ɥを置こうとしていることに矛盾を來すものではないが、-ɥ̃韻尾の後身を考えても、たとえば福州方言における宕攝韻尾の多くが-ouŋ, -auŋ であり、通攝のすでに觸れる-øyŋ, -əyŋ などと同じく、主母音と子音韻尾との間に、恐らくはわた

について」、「切韻における鼻子音韻尾の處理について」、「切韻の規範性について」などにおいて說こうとしたことなのであった。のちに再發見したことだが、陳寅恪故教授が「東晉南朝之吳語」で『世說新語』「雅量篇」に對する劉孝標注が宋明帝の『文章志』に「(謝)安能く洛下書生の詠を作す、而して少くして鼻疾有り、語音濁る。後名流多く其の詠を斅びて及ぶこと能わず、手もて鼻を掩い而して吟ず焉」とあるのを引いているのによって、洛下の詠を斅ぶのが江東士族の習わしであったことを論ぜられた、その謝安の鼻疾による語音の濁ったのをまで斅ぼうとしたという話は、實は江東の士族たちにとって、「中原之音」の中に、非常に目立って聞こえる鼻音韻尾の鼻母音化というようなことがあって、それがやがて冗談のうちに個人の名に繫げられた鼻疾の話にまで發展して行ったものであるかも知れないのである [補5]。

古音學における韻尾の設定と音韻特性の「豫約」の問題　　25

り要素の析出である狹めが插まれることも、措定自體が眞に論理的なものであれば當然のことであるともいえるのだが、そのような韻尾の古音における措定と矛盾しないものというべきであろう［補1］。支錫耕三部に假設された-ŋ系韻尾の圓脣要素が、現代共通語などにおいてその痕跡をも示さないほどに消滅している理由は、もちろん別に解釋されなければならない。

　さてそうして、侯屋東、魚鐸陽、支錫耕各グループの韻尾を-ŋ, -ŋ͡ʔ, -ŋ̃と定めたとき、之職蒸、幽覺冬、宵沃三グループの韻尾に當てられるべきものは何か。三グループのうち、後二者すなわち幽覺冬、宵沃について、とくにその陰聲韻部に-wを當てようというのは、すでに多くの論者がいる。私もいまそれに異議を申し立てるべき特別の理由を見出さない。しからば私は當然のこととして之職蒸のうち之部の韻尾として同じく-wを立てなければならないというべきだろう。そうして、全體としてこの三グループはそれぞれのグループに屬する陰聲、入聲、陽聲の各部の韻尾として-w, -w͡ʔ, -w̃を當てられるということになる。そのとき、その非をいわれることが多いのは恐らく之職蒸三部についてであろうと思われるので、あり得べき反對意見のために、私は若干の説明を前もって加えておく必要があるだろう。

　といっても、さきに私が述べたことを反復することになるのだが、之職蒸三部の、また幽覺冬三部の、緝侵といういわゆる-p, -m韻尾をもつとされる部との深い關わり合い、強い結び付きを無視することが私にはできない。そうしてこの事實を之職蒸三部と幽覺冬三部との關わり合いとして見るならば、いま見たように、いわゆる-p, -m韻尾韻との關係を介在させてのそれであるといわなければならないところから見ても、それは韻尾による關係である可能性が最も大きいとしなければならず、そこで古音において之職蒸の三部は、これまでの多くの論者の議論にもかかわらず、なお、いま私の考えたような、幽覺冬三部との、また宵沃二部との、韻尾を同じくするもの同士としてのグループを形づくる、と考

えるべきものなのである。私はかつて『切韻』原本の韻序を論じてその蒸登二韻が前後をいわゆる-m韻尾韻に挟まれてあることを、『切韻』原本の編者の規範と考える調音が、その二韻の韻尾を-m様のものとする故に、とした。實はこれは、わが古音學とその觀察を共通にするものであって［補2］、かたがた私が、『切韻』は今韻の書といいながら、むしろ古音の最末期の形を提示するものといった方が妥當なのではないかといった[18]ことを證據立てる事實なのだといってもよい。

　しからば『切韻』原本においてさえその幽覺冬三部、また宵沃二部との關わりをそれ故に保存せしめた、しかし今はその大部分が存在していない之職蒸三部のその韻尾-w, -w͡ʔ, -w̃ はどこに消えたのか。私はこれら三部の主母音を-e-とすることで、その主母音の前舌性で韻尾-w, -w͡ʔ, -w̃ 等における後舌隆起や兩脣性の狹窄を壓え、弱め、消滅させ易かった、そういう調音方式を後來の標準の地位に推し出すような壓力となり得たのだと考える。古音の之部には後今韻の尤韻侯韻に流入する一群の文字があるのだが、*Grammata Serica Recensa*, 1954, Stockholm などに至るまで、カールグレンがそうでないのを除いて多くの論者たちにおいてはその部の合口だとされているそれらを、私はむしろその部本來の-wを保存する調音方式の延長の上にあるものとし、合口であったために介母の影響を受けて生じた-w韻尾なのだとは考えまいとするのである。そもそも-u-介母の影響力が韻腹を越えてその後に在る韻尾を變形させるほど持續的であることなど、まず考えられないことだと云っていい［補3］。そうしてたとえばその中の一つ「有」が合口の「賄」の聲符であるのなどは、別に「有」を合口としないでもいくらも説明の方法があるだろう。「賄」などの今韻における韻尾が-jであるように、これは「有」などを、韻尾の影響で開口合口を區分しにくい狀態にある調音樣式のものと考え、その「有」が合口の聲符として使われたとき、その合口の-u-介母の存在自體、本來-w韻尾であるもののその-wを弱めるのだと考える方が、説明

---

[18] 『中國語音韻史の研究』「あとがき」、その362-3頁。

としてもわかり易いのではないか。-u-介母を幷せての聲母部の調音が、もともとたとえば兩脣性の狹窄を、たとえば後舌部の隆起を曖昧にする方向で行うことがあるその影響が韻尾調音に及んだものと考えるのである[19]。

今韻における古音韻尾の消滅についての事情は、支錫耕三部の韻尾として私の措定した-ɥ, -ɥ̂ʔ, -ɥ̃でも同じだと考えていい。-ɥ, -ɥ̂ʔ, -ɥ̃の各韻尾は、これら三部の主母音を-e-とするとき、その前舌調音性が-ɥ のもつ-w よりは弱い後舌部の隆起をそれ故に一層妨げ、弱めるため、そうした性格が著しく希薄になり、ほとんど-j 系のそれに近づいた韻尾をもったものを、早くからその標準的調音の地位に押し出したのだと考えることができる。

いわゆる-p, -m 韻尾韻は緝侵二部及び盍談二部の二グループのみで、他の j 系韻、ɥ系韻、w 系韻がいずれも三グループずつであることと顯著な對照を成しているが、われわれが-ɥ 韻尾、-w 韻尾とも主母音-e-の分部においてその兩脣性狹窄が弱められ、壓えられるとしたことを利用すれば、兩脣性狹窄のいわば極致であるいわゆる-p, -m 韻尾では-e- という主母音そのものが拒否されているかも知れないとして、他の-ə-主母音、-ɑ-主母音の二に、さきの二グループを限局せしめる利點もある。

ところでその多くが消えてしまった之職蒸三部のそれを含め、韻尾として措定された-w, -ŵʔ, -w̃ は、聽覺印象としてそもそもどのようなものであっただろうか。-w についてそれを問う必要はなかろうが、たとえば-w̃ は、圓脣化された-ŋ などというのと極めて近い感じのものになるだろうといってもいいわけだが、別の方向からいえばまた、圓脣化傾向によって兩脣の閉鎖のゆるめられた-m といった印象を與えるものになるということも許されるだろう。そうして-ŵʔ は、したがって圓脣化された-k、あるいは圓脣化傾向によって兩脣閉鎖のゆるめられた-p といった印象を與えるものになるだろう。これがすでに何度も觸れたような、

---

[19]尾崎「disarticulation ということ」『中國語音韻史の研究』所收、參照。

古音蒸部が侵部と、冬部がまた侵部と關わり合う、同様にそれらと對應する職部が緝部と、覺部がまた緝部と關わり合う合韻の關係の聽覺上の根據ともなるものである。

　しかしまた、そもそもいわゆる-p系韻尾韻である古音の緝部盍部には、たとえば緝部に屬する「入」の字と微部に對應する入聲韻たる物部所屬の「內」、逆にまたたとえば歌部に對應する入聲韻月部に所屬する「世」の字と盍部に屬する「枼」などとの、恐らく『詩』韻よりは古い時代に「入」、「枼」などのいわゆる-p韻尾字が、韻尾としてまた「內」、「世」などのいわゆる-t系韻尾字にも紛らわしい口蓋化されたそれを持っていた可能性を示すものであるかも知れないと說明される諧聲上の交替の事實があり、それについてはたとえばよく行われるように、「內」、「世」の方が古くいわゆる-p系韻尾をもつものであったのに、その口蓋化のため、後、いわゆる-t系韻尾をもつものの方に紛れ込んでしまったのだとする說明より、「入」、「枼」など自體の韻尾の方に、「內」、「世」の韻尾として考え得る-j͡ʔにも近いほどの口蓋化があったのだと考える方が、解釋としてより自然であると私には感じられる。もちろん雙方の韻尾に直前する主母音とのそれぞれの關わり合いは、結果的にそういう近さを生み得るかどうかを決定する重要な要素となるであろうが、とにかくいわゆる-p系韻尾字の口蓋化がそうしたいわゆる-t系韻尾との、諧聲上でだけの偶然の交替を可能にしたのだと考えるのである。いわゆる-p系韻尾においてそのような口蓋化を假設できるとすれば、それらと合韻の關係をもち得る-w͡ʔ韻尾にも、またその-w͡ʔ韻尾に對應する陰聲の-w韻尾にもそうした口蓋化はその存在を期待できると云うべきだろう。

　そうして-w韻尾の一部にそういう口蓋化をもたらすべきものは、-wのある種の調音方式、たとえば今でも共通語の話し手の中の多くの人びとの調音方式として知られているところの、イニシャルとしてのw-をʋとして調音する種類の方式の中にも包含されているというべき調音上の「意味」、すなわち下脣の上脣に比較しての後退と開口度の減少、と

いったものが韻尾調音としての-wにも共通してあらわれるということであろう。その時-wは、そうでない-wに比べて調音點のより前進した形のものであってそれだけ口蓋化といえるものに近づく。そういう形の-wは古來決してその例に乏しくないのだが、もし更にそれが、先行する-i-などの影響を受ける位置におかれたときには、その聽覺印象を-ɥ韻尾のそれに近づけ得る充分な理由があると思われる。私は、これが古音の-w韻尾陰聲韻幽部所屬の文字の、-ɥ韻尾韻侯部所屬の文字との時としての合韻を說明するものであると思う[20]。ところで古音のいわゆる-p系韻尾韻のその韻尾に、そうした口蓋化があり得たとし、またいま見たようにそれとの聯關において-w系韻尾韻のその韻尾にも同じように口蓋化があり得たと考えたとき、引きつづいて起り得るいくつかの問題がある。

　まず期待できるのは、いわゆる-p系韻尾に陽聲韻として對應するいわゆる-m系韻尾韻のその韻尾における口蓋化である。かつて私は『切韻』におけるいわゆる-p韻尾、-m韻尾をそれぞれ-ɥ͡ʔ,-ɥ͡と考え、それによってもとこれらの韻尾をもつものであったものの、いわゆる-t韻尾、-n韻尾、私の解釋ではそれぞれ-j͡ʔ、-j͡であるような韻尾をもつグループへの合流の說明を容易にすることができると考えた。いま私は古音の問題として、調音に當っての口腔內感覺並びに聽覺印象としての-mとの近さをいうためには、-ɥ͡よりはやはり口蓋化された-w̃という方がすぐれると考えていて、すでに示したように-ɥ͡系の韻尾は、支系、魚系、侯系の、いわゆる-ŋ系韻尾をもつもののその韻尾の解釋のために使おうとして來た

---

[20] われわれの幽部、段玉裁の第三部の、われわれの之部段の第一部、われわれの宵部段の第二部との、合韻において表現される極めて密接な關係、とくに之部幽部間のそれは、幽部とわれわれの侯部段の第四部との間の關係と對比される。『六書音均表』について見ると、段の第一部第二部にはその側からの第四部との合韻の事例は無く、第三部に、もともと屋部との通押である四例を除いて三例の合韻の例があるが、逆に第四部の側から見ると第二部との間に一例の合韻があり、第三部との合韻の例は無い。第三部とあるのはさきほどと同じくもともと侯部屋部間の合韻たる一例であるに過ぎない。たとえば段が「古を考うるに第一部は第三部と合用する、枚數すべからず」（第一部「古合韻」の條、「造」字下の注）というのをふりかえるとき、段の第四部われわれの侯部の、幽部との通押の例は決して多くないのである。

のだが、そのいわゆる-p,-m 系韻尾に先に見たような口蓋化があるとしたとき、それは-ŵʔ,-w̃ といいながら、なおかなりの程度において-y̨ʔ,-ỹ との印象の近さをもち得るものになると思う。そこでたとえば『說文解字』が「㹰」の字の構成を「犬に从う、去の聲」というのを段玉裁は、「古音は蓋し五部に在り」として、或いはそれを否認しているかにも見受けられるのだが、ともかく魚部所屬の「去」字が、少なくともその分韻において盍部との關わりのあること、またたとえば、『說文解字』が「敢」の字の構成を說いて「受に从う、古の聲」としていること、いずれもその例として擧げることができる。後者の場合でも、古音談部に屬するとされる敢字の聲符が、魚部所屬の「古」の字であると許愼が考えたことの理由は、このいわゆる-m 系韻尾の-ỹ韻尾とのかなりの程度の近さによって說明できるかも知れないと私は考える。敢の字の『說文』に收められた篆體は𤰞であるが、この「古」がたしかにこの文字の聲符であって、段玉裁がその『注』の中で「古聲は五部に在り、敢は八部に在り、此れは雙聲の合韻に於いて之れを求む」というのも注として眞に正しいかどうかはわからない。しかしそれをいま問う必要は全くないのであって、いまもいうように後漢の許愼がそれをそう考えたということこそが重要なのである。そうして、いいかたを換えれば、許愼のこの解釋は、「古」の-y̨ 韻尾が、「敢」の-m 韻尾の說明になるということになるわけだが、段玉裁の第八部、王力氏の談部には『詩』韻としてはわずか一例だが段の第十部、王の陽部との合韻がある。「商頌・殷武」の「監、嚴、濫、遑」である。逆に段の第十部、王の陽部には、これも一例だが、段の第八部、王の談部との合韻の例がある。「大雅・桑柔」八章の「瞻、相、臧、腸、狂」である。これらの場合いわゆる-m 系韻尾の方はその兩脣の閉鎖を完全に行ってはいず、鼻音を伴う口蓋化された-w̃ への指向という程度に止まるものであるかも知れないが、その前あるいは後に並べられた諸の陽部所屬字の韻尾が、私の措定した-ỹ であるとするとき、容易にその合韻の可能性を信ずることができるだろう。この場合談部字

と陽部字と、その韻腹つまり主母音の部分の與える感覺の似ていることは、もとより一層望ましい合韻の條件であるが、-w̃ と -ɥ̃ と韻尾を別にして、従ってそれらの韻尾とそれらに直前する主母音との關わり合いが異なっているのだとすれば、かえってそれら主母音の相違があって、それと韻尾との關わり合いが、いまわれわれの見るような近似感を生むのだと考えた方がいい。われわれはその場合、韻尾の兩脣性狹窄の達成度に及ぼす影響を比較して、それは-w̃ において高く-ɥ̃ に低いと考える。しからばさきに考えたようにいま問題のいわゆる-m 韻尾が概して-w̃ の感じをもつのだとして、それらに直前する韻腹の主母音の措定は-ɥ̃ において狹く、-w̃ において廣いことが許される。しからばわれわれは既にそれを談部において廣いとしたのだから、それを-ɑ-と考え、陽部においてはそれより狹く-ə-なのだと考えよう。そうすればわれわれは既に-ɥ系韻尾について支錫耕三部、魚鐸陽三部の主母音をそれぞれ-e-、-ə-と定めたのだから、従って侯屋東三部のそれは-ɑ-である。われわれはまた既に之職蒸三部の主母音を-e-と定め、のこる幽覺冬三部、宵沃二部についてそのいずれが-ə-系であり、いずれが-ɑ-系であるのかを定めればよいことになっている。姑く諸説の集まる所に従って幽系の主母音を-ə-、宵系のそれを-ɑ-としよう。多くの方音において宵系が單音節の形を示し、それが主母音の廣さによる韻尾の「脫落」の結果であるかも知れないと思わせることと、この措定は矛盾しないであろう。しからばわれわれの分部のすべてについて韻尾と韻腹とが定められたことになる。圖表化すればそれは下の如くである。

	陰	入	陽	陰	入	陽	陰	入	陽	陰	入	陽
後	歌 ɑj	月 ɑjˀ	元 ɑɲ̃	侯 ɑɥ	屋 ɑɥˀ	東 ɑɲ̃	宵 ɑw	沃 ɑwˀ		盍 ɑp	談 ɑm
中	微 əj	物 əjˀ	文 əɲ̃	魚 əɥ	鐸 əɥˀ	陽 əɲ̃	幽 əw	覺 əwˀ	冬 əw̃	緝 əp	侵 əm
前	脂 ej	質 ejˀ	眞 eɲ̃	支 eɥ	錫 eɥˀ	耕 eɲ̃	之 ew	職 ewˀ	蒸 ew̃		
	甲	類		乙	類		丙	類		丁	類	

實は私は章炳麟の「成均圖」がそうしたように、われわれの圖表の丁類すなわちいわゆる-p, -m 韻尾のものをわれわれの丙類すなわち私

の-w系韻尾のものと結びつける試みにはなお一顧の價値有りと感じている。既に27頁で見たように、-wに對應する-w̃韻尾は明らかにいわゆる-m韻尾に近く、-w̃ʔ韻尾はいわゆる-p韻尾に近いはずだからである。

　その際、冬部は侵部の合口を成すものであったのが異化によってそのいわゆる-m韻尾韻であることを止め、分出して幽覺二部に對應する陽聲韻となったという式の考え方には同じ難い。何故ならば、そうすると必然の要求として緝部覺部などの開合をも論じなければならないという問題が出て來てしまうからで、私にはむしろ幽部に對應する陽聲韻としては、合口とか開口とかでなく、兩脣性閉鎖の緩急という、いわば發音スタイルの差として冬部的陽聲と侵部的陽聲とその二樣のものがあり得たとする方がよいように思える。これは今韻においてのことだが、たとえば「宋」を聲符とする「㑛」が蘇紺切に讀まれて勘韻に在る例などの說明を、いま私の冬部侵部の關係を私のように大まかなものにして置く方が、侵部の合口であってそれ故にこそいわゆる-ŋ韻尾韻の方に分出されて行った「宋」の字が、逆にいわゆる-m韻尾韻に屬する文字の聲符となり得る理由を探そうとするよりは、遙かに容易にするのではないか。入聲韻覺部緝部の幽部に對する關係も同じである。念のためには言っておかなくてはなるまいが、いま私は今韻韻尾についていわゆる-m韻尾、いわゆる-ŋ韻尾の合流もしくは分化などを言っているのではない。そうではなくて今韻の世界において一東

成　均　圖

章炳麟『國故論衡』上より

韻の細音竝びに二冬韻を形成し、一部は四江韻をも分出するに至った古音冬部の所屬字が、その古音の時代において侵部談部に所屬する文字と同じに扱われるような形のものであったか否かを問題にし、語彙的な分化がそこに伴って在る場合があり得たであろうこと、そうして古音冬部所屬の文字を今韻一東二冬四江等に分化させた言語を操る人びとと、そうでなく、それらの冬部所屬字をいわゆる-m 韻尾韻の中に置いて分出させることのない言語を操る人びとがいた、というように考えようとしているのである。王力氏なども『詩』韻時代後來の冬部字は、なお侵部の中に在って分出することがなかったと考えているのである[21]。この文章の初めに現代共通語に二樣の-y 韻尾が幷存する可能性を論じたが、いまの問題もまた二つの體系の幷存と考えようとするのである。

そうしてこの後者の場合、いわゆる-p,-m 韻尾韻は、實は-w͡ʔ, -w̃ 韻尾をもつものであり、かつそこにある-wはすべて口蓋化傾向をもつものなのであった。その傾向が今韻のいわゆる-p,-m 韻尾にも保持しつづけられるとすれば、それはその聽覺印象としていわゆる-t, -n 韻尾がもつものと似た要素をその調音のうちに含むことを期待させ、それらがやがていわゆる-t, -n 韻尾韻の中に合流して行くことの說明を容易にする。今韻の時代のこうした問題の處理のためにも、この、口蓋化を伴う-w͡ʔ, -w̃ 等があれば充分のように思われる。-u͡ʔ, -ũ 等をこれらいわゆる-p, -m 韻尾韻の解釋として再登場させる必要はなかったようである。

これまで觸れないで來た一つの問題は、なお、のこる。合口韻の問題である。われわれの-w 系韻尾のようなものが合口韻とは結びつきにくいことをわれわれは知っている。それと之職蒸三部の韻尾としてわれわれが敢て-w, -w͡ʔ, -w̃ を措定しようとしていることとの關係はどう解說すべきであるのか。われわれは、古音之職蒸三部もまた今韻の合口と相渉

---

21 「我認爲：從《詩經》用韻的情況看，冬侵合幷是合乎事實的，所以《詩經》韻部應該是二十九部；後來由于語音演變，冬部由侵部分化出來，所以戰國時代的韻部應該是三十部」、『詩經韻讀』8 頁。また「冬部原是侵部的合口呼，後來由于異化作用（韻頭是圓脣的 u, iu, 韻尾是脣音 m, 由此導致異化），韻尾-m 轉化爲-ng」、同書 12 頁。

ること頗る稀であるということができる。われわれは 26 頁においてす
でに、古音之部に屬しながら今韻では尤侯諸韻に流入している一群の文
字につき、カールグレンとともにそれが本來之部の合口に屬するものと
いう通説を受け容れることを拒否した。そうしてたとえばそういうもの
の一つである「有」を聲符として今韻の合口字である「賄」などは、そ
の「有」が恐らくわれわれが之部韻尾として措定した-w 韻尾の影響を
も受けながら、本來開口合口を區分しにくい韻腹をもつものである故に
合口字「賄」の聲符でもあり得るその爲だと考えようとした。そのこと
はまた、たとえば「母」、また更にその「母」を聲符としてつくられた
「每」についてもいうことができよう。『詩』における韻字としての母、
海、梅、鋂、悔、譸、痗、畮（晦）等について、「海」は今韻開口だが、
「母」、「畮」は開合を分たぬものとされ、一方梅、鋂、悔、譸、晦、痗は
いずれも合とされる。ここでもわれわれは、「海」の、もともとの合と
今韻におけるその開への音變、などを議論する必要はないのだと、われ
われは考えようとするのである。「有」について以下のような例を見て
みるのも意味のあることだといえるだろう。今韻「海」と同音の「醢」
は、『說文』「𥁓」を聲符とする。「𥁓」は同じ『說文』が「𥁅」の或體だ
としていて、もともと諧聲の基本は「又聲」、今韻も「又」字と同じ于救
切に讀まれる文字なのだが、ここでも平聲尤韻に對應する去聲宥韻に屬
する文字が聲符となって開口の「醢」が作られている。「母」もしくは
「每」が開口の「海」を生むのと同じである。『說文』に見える「有」聲
字にはまた「絠」などもあって、大徐はその反切を弌宰または古亥とす
る。弌宰切という反切は『廣韻』では與改切に當るものだが、そこでは
「絠」は「改」と同音の古亥切だけで、與改切「䡅」小韻にこの文字は見
當らない。とにかく同じく開口字である。今韻における「海」、「醢」、ま
たこの「絠」などを、ことさらに異例と考えるのは正しいとはいえない
だろう。古音之部に屬するとされる文字の、今韻における最も大きな行
先は之止志の三韻なのだが、これら諸韻は自體に開合の別を含まない。

古音學における韻尾の設定と音韻特性の「豫約」の問題　　　35

　いま、尤有宥三韻に含まれる古音之部所屬字を、之部にとっての合口としないなら、この部は今韻のこの部分について、合口と相渉ること頗る稀ということは充分にできるのである。さきに『詩』の韻字としての母聲、毎聲の諸字を擧げた。今韻において合とされる『詩』の韻字には、この母聲、毎聲のものを最も多い例として、そのほか有聲、某聲、北聲（背）、龜聲（龜）等が、對應する入聲職部には或聲が、陽聲蒸部には厷聲（弘、肱）、菅省聲（薨）等がある。全體としてこの合口に關わる聲符の種類は、之職蒸三部にわたる文字の總體からして、むしろ極めて少ないというべきであり、かつ、これらの聲符字が、脣音字でなければ軟口蓋音字であるというのも、注目すべきことであって、古音之部の韻部に聲母として脣音もしくは軟口蓋音が先行するとき、そこに造り上げられる音節は後世合口的にふるまうことが多かったというに過ぎないかも知れないのである。それに、『詩』の韻字の中の倍、北、備、夢、否、また否と同じ不聲の字である丕を更に聲符とする駓、伾、秠諸字のように、この部の脣音字そのものは却って等韻學において合とはされないというようなことがあるのも、興味深く觀察される事實である。『詩』の韻字でもなく、段玉裁が『注』の中でいうように、漢代すでに「用いらるること少（まれ）」であったかも知れない文字だが、『說文』に收められる「悝」がまた之部所屬の「里」を聲符として苦回切と合であるのも、またここに想い起こされる。「里」字の聲母である來母について、その軟口蓋調音的である可能性を、かつて私は說いたのであった［補4］。

　一般に今韻開合の別のあるものでも、それは必ずしも上古に溯って同じようにその開合を論ずることができるとは限らない。われわれの韻腹-ɑ-は-ɒ-を含み得て、從って-w, -ɥなどの牽引がなくともなんらかの圓脣性をそれが保持している可能性があると思われるが、たとえば古音元部に屬するとされる單、旦、彈、檀、炭、攔、爛、殘、散、肝、桿、赶、寒、汗、安、鞍、岸、按などの厦門方音その他に、その韻母を-uãもしくは-uãiなどとするものがあって、この部の今音における開合の區分は、

その古音の韻腹の保持していたなにがしかの圓脣性が、他の部からの類推によって合口と受け取られた結果後來的に生じて來たものであったかも知れない可能性もあると思わせる。もともとの主母音はそれが本來的に圓脣性を保つものであることによって、そこに開合の區分有ることを拒否するものであったかも知れないのであって、それはこの-j系韻尾をもつ歌月元三部における-aj, a͡jˀ, -a͡j̃ においてのみでなく、同じ-ɑ-主母音をもつものであると考えられた侯屋東、宵沃、盍談の各グループについて、その韻尾の性格如何には關係なく、主母音自體の要請として本來的にあったというべきものであるかも知れない。逆の方向から言えば、われわれの侯屋東三部の主母音に-ɑ-、魚鐸陽三部のそれに-ə-と定められたのも、前者に開合の別無く、後者に有りということが、少なくともその根據の一つにはなっているのであって、私としてはそれがまた、たまたま注の（14）に見るように、例の東冬二部における細音の交叉現象に對する解釋に關しても矛盾撞着を生じないと考えられたのであった。しかし私の體系の中で、侯屋東三部の韻尾として-ŋ̃系のものを措定するその結果として、多くの人びとの考えとは異なることになった陽部韻母としての-əŋ̃の設定も、今韻陽唐韻等の廈門方音の口語音が、當、湯、岡、康、臟、倉、桑、荒、丈、長、瓤等の韻母を-ŋとしているのなどの説明には、反ってまことに便利である。この方音で-ŋになるものが今韻陽唐韻に屬するもののみでなく、今韻仙、桓、魂に屬する合口、いずれもたとえば廣州方音でなら-yn, -œn, -unとなるものを含んでいるのではあるけれども。

［追記］特に引用ということはしなかったが、古音の分部その他の問題について、裨益を受けた多くの書物、論文がある。ここに謹んで謝意を表明したい。1983年8月1日。

［補1］東部韻尾としての-ũの設定は、さきに17頁で袁家驊等を引用したように、福州音について「ŋ有變爲n̠的傾向」といわれることを借りることで、たと

えば湘方言雙峰方音など通攝韻尾を-nとするものの説明をも容易、可能にするものであるといえる。

［補2］-e-の影響で-w系韻尾の後舌隆起や圓脣性が弱まって、のこるのは兩脣の開きの狹さだけであるとき、その原形が-w-や-w͡ʔではその圓脣的な聞こえが消滅し易いが、-w̃の場合にはなおその-m的な聞こえがのこり得る。-mにとって圓脣性はむしろ必要のない與件だからであり、脣の閉鎖が狹くさえあれば、-w̃に-mの聞こえのあることは充分に期待できるといっていい。

［補3］「[i]は總じて[u]よりもheldである。これは兩脣を用いて勞力の多い[u]よりも調音が樂なので弱まる必要が薄いためである。」平山氏前揭論文、その35頁。

［補4］「「上古漢語」の複聲母について」、「來母再說」。ともに『中國語音韻史の研究』所收。

［補5］同じ『世說新語』「輕詆」篇に「人問顧長康、何以不作洛生詠。答曰、何至作老婢聲」とあり、それに對する注が「洛下書生詠、音重濁、故云老婢聲」というのは、私のこの推測と矛盾しない。問題になっているのはともにその「濁」で、その一方が「鼻疾」の所爲にされているのだからである。この注、1985年9月9日。

韻學備忘（重紐反切非類化論）

　　重紐の反切を論ずるとき、その上字であれ、その下字であれ、それを、いわば類化して、これはA類かB類か、またこれは舌音か齒音か、或いはまた來母か、などと考えてしまうのがそもそも間違いなのではなかったか。
　　切韻系の韻書（原則的には例えば廣韻といわゆる王韻との間でも取り立てていうほど變っている所はないようだから、どの韻書を取り上げて言ってもいい筈だ）を韻鏡などの等韻圖と重ねてみた場合、韻圖の三等に來るものと四等に來るものとの反切構造の違いは、三等のそれは、紛れもなくその相手方である四等の反切を意識しつつ、口腔内部での、例えば口蓋と舌の上面との間のより大きい空間を形づくるべき上字下字の組み合わせを、そこでは造ろうとしているのだと考えたら、それで濟む。そこに類を持ち込もうとすると話は面倒になって來て、例えば來母である反切下字が、何故あるときには三等字、またあるときには四等字を產むかというような話になったり、またここは異例だ、文字を換えないといけないというような話になったりする。古い書物に抄寫の誤りは當然つきものだとはしても、滅多なことではそれを據り所にした改字などに頼らない方がいいのである。
　　さて、その三等のための反切として先にいったような意味での開口度の、そのより高いものが組み合わせられようとしているというとき、假りにまずその下字についていうなら、舌音は牙音より開口度が低いだろ

うが、逆に齒音に比べればそれが高いだろうということがある。來母字などでも同じことで、開口度において來母字は牙音よりは低かろうが、舌音齒音よりは高いということがあり得るだろう。すべてその反切その反切についての個々の問題として論ずることができるし、當然またそうすべきでもある問題だといわなければならない。

　個々の問題として反切の構造を見るのでなければ本質を見誤ることがあり得るだろうと思わせるのは、重紐反切を外れたところに、それも、重紐韻の内部であってさえ、重紐の組み合わせの中にそれがあったら間違いなく四等を産み出すべき上字下字の組み合わせがあって、それが實は三等に對應している例にも、われら事缺かない。

　一般論としていっても、一つの韻書の内部が、重紐部分とそれ以外の部分とで、別々の規範に從っているなどとは、たぶん考えない方がいいだろう。そうして例えば、反切上字としての匹としよう。この字は誰でも本當は氣がついているように、一、七とともに韻圖の一等の欄に現れる文字の反切上字でさえもあって、これをA類の上字と呼ぼうとするのは、本來それを含んで全體であるところの、上に述べたような反切の體系から、重紐の部分だけを切斷して來た上でなければ、言えないことなのだとしなければならない。

　そうして、もう一つ敢えて言っておけば、ここでは先に觸れた廣韻などではなく切韻だと言っておこう、その切韻の、重紐を含む全體としての體系とは切り離して言うなら、それはまさしく既に日常の言語としては重紐を持たない、つまり、その書物が體系としてだけ持つ韻圖に合わせての三四等の區別をもはや知らず、三四等は三等が四等の方に吸収されるかたちですでに合同してしまっている言語の基礎の上に作られたものであり、したがって、そこにある三四等の區分は、比喩としていうなら、わが歴史的假名づかいが、例えばその發音の習慣を持たない地域の人によってさえ、會がクヮイと讀まれることがあるのにも似た、いわば人工的な區分で既にあるに過ぎないそういう區分であったのではないか。重

紐韻には限らず韻圖三等の欄を通觀しながらその反切を見て行くとき、ごく自然に人は、そのことに氣づいてもいい筈である。

音量としての漢語聲母

　漢語の教室、その初級最初の時間には、發音の第一歩として有氣音、無氣音對立の説明がなければならない。そういう場所に教師であった私の、反省というよりむしろ後悔は、まず何よりもそのことに關わって、ある。それについての私の授業内容は、特に普通話における無氣音のそれに關して適切でなかった。私にはそれが、ラテン字母 b,d,g 等によって表されていながら、それらの文字が、例えば日本語などにおける濁音を表すための文字と同じような音價を擔うのではないことを強調したいあまりに、それが/b,d,g/等の無聲化音と解釋すべきものであってその限り弱く、それらは二音節詞のその第二頭音として現れたような場合には濁音として實現されることになる、というのが知識として有って解説もそのようにおこなってはいながら、さて、その、私による實演という段になると、實現は往々にして音種としては別の ejective、日本の譯語で「放出音」、と呼ぶことも許されるであろうようなものであった。そうとまでは行かない場合でも、それらはしばしば［p,t,k］等でしか表せないような、より強い、例えば後に取り上げる上海市區の閉鎖音と同種のものであった。そうして人は簡単には信用してくれないかも知れないが、時に私の發音は放出音とはいわば正反對の implosive、同じく日本の譯語では「入破音」と呼ばれるものですらあり得たであろう、と、今は想い起こされる。

　1）言語音を形成するために、氣流すなわち空氣の流れは原則上必須

だが、その氣流の起こし場所の位置がどこであるかによって、その氣流による調音の機構を、三種類に分類することがある。閉鎖や狹めの解除を肺からの呼氣だけに頼って、途中に格段の造作のないとき、人はそれを肺氣流機構 pulmonic airstream mechanism によるもの、という。最も普通の調音、とされる。それに對して、閉鎖等を聲門において作り、さしあたって聲門から上だけの氣道を用いて構音を行おうとするとき、それは聲門氣流機構 glottalic airstream mechanism によるものと呼ばれる。第三のものとして、口腔後部を閉鎖し、そこから先だけに頼って構音が行われることがある。軟口蓋氣流機構 velaric airstream mechanism によるものといわれる。世界の諸言語においても稀にしか現れない種類の構音法で、アフリカの言語において報告されることのある舌打ち音 click などはそれだとされる。漢語の場合、それらとは、その普通の言語音としては、まず無緣である。

たとえば Peter Ladefoged（ラデフォウギド[1]）教授は次のように說き

---

[1] 敎授の姓のラデフォウギドという讀みは、城生佰太郎 1992, 31 頁に見える翻字に從った。

ところで三つの airstream mechanism を、われわれは、とりあえずは敎授に從って見てみようとしている。という言い方を私がするのは、調音について氣流機構を言うのがラデフォウギド敎授に始まるのではなく、私の知る限り、パイク敎授の仕事（Kenneth L. Pike 1943）などが、その最も早いものの一つとされているらしいからである。しかし、言語音の全體をこのような基準に從って分割するやりかたでは、ただ一つ pulmonic airstream mechanism が、母音調音の說明には適格だと言えるであろうのを除き、子音調音の說明がそれによって可能であるような體系には、全體としてなっていない、と私は思う。この全體が、敎授の、以下本文に引用する解說によって明らかであるように、普通の子音の調音はほとんど pulmonic の中に押し込んでしまっていて、母音を後續させるとさせないとに關わりなく、普通の子音調音の機構の特質を、それによっては見ることができなくなっているからである。

母音を後續させた場合というのは、例えば say における s-など摩擦音に母音の直接する場合が最も理解しやすいと思われるが、その開始部において空氣の動きは、もしそれが在るとすれば、まさに口腔の最先端において在る以外には、無い。閉鎖音の場合でも、例えば cap の開始部 c-によって表されている部分については、調音側としては、閉鎖部直後の、調音者による意識的な氣壓上昇のための緊張が對應してそこに存在する。しかしそれは、その閉鎖部より遙か下からの氣流とは、まだ結びつけられていない局所的なものである。下からのその氣流は、母音による解除を待って外部に排出されるための準備として、子音性のその狹窄部もしくは閉鎖部の後ろの、すぐ近くにまで來て壓縮されているであろうにしてもである。聲を出すという、いわば意思がそこに伴わない限り、肺からの氣流と

音量としての漢語聲母　　　　　　　　　　　　　　　　　　　　　　　　　　　　　　　　　　　45

いうものは、狹窄もしくは閉鎖の解除のためだけの調音者による空氣塊への働きかけと、そもそも自然には、決して結びつかない性質のものなのではないであろうか。

　われわれは、pulmonic な氣流と、普通は喉頭以上においてのみ存在する子音性の狹窄若しくは閉鎖を解除するための、調音器官自體の運動のもたらす空氣塊の動きとが、どうやって區分され、逆にまた、どうやって一體化され得るのかを、知らなければならない。そのとき、先に擧げた、摩擦音に母音の後續する場合が、閉鎖音に母音の後續する場合と異なって、この場合の子音性狹窄が母音によって解除される前に、pulmonic な氣流には明らかによらない摩擦噪音が先行するのを、そうして、たとえば say における s-の場合、その-ay 以外のものでない s-狹窄の解除そのものは、その噪音をもたらした空氣塊を用いて、あるいはより正しくはその空氣塊とともに、まず行なわれ、氣流はむしろそれに後れてそこに來るものらしいことをまで、われわれに示してくれていそうな點、また頗る有意義である。氣流以前と氣流と、それらを離し、あるいは結びつけるものは何か。今は假りにそれを、調音の意思とでも呼んでおきたいと思う。子音、母音を問わず調音の營爲は、人間にとって極めて意思的な行動であることを、われわれは認識すべきである。言語音は、人間が意識してそこに作るものであって、調音器官が勝手に動いた結果として出來上ってくるような性質のものではない。

　われわれは、母音を後續させた場合の子音について、pulmonic な氣流がそれらの子音の調音あるいは解除と、必ずしも結びつくのではないのを見た。ましてたとえば cap, caps や desk, desks における-p, -p-, -s また-s-, -k, -k-, -s, さらには king, kings または dog, dogs における-ng, -ng-, -s あるいは-g, -g-, -s, また street, great における s-, -t-, g-など、母音を後續させない子音もしくは子音群の調音において、空氣の動きは明らかに口腔より先にしか存在しない。それよりも下からの氣流が、それらの子音の調音と直結している事實はないのである。

　そのようなものをさえ pulmonic 肺からの、と呼ばなければならないか。そう思いながら私は、舌打ち音の場合などをも考え合わせた上、言語音を形成するために氣流すなわち空氣の流れは原則上必須だが、と書いたのである。原則上必須ではあっても、上に擧げたような諸例において特に顯著であるように、それらが濁音、鼻音である場合までをも含め、また、句末の cat の-t などがしばしばそれに似ると、後の引用で敎授のいう ejective なども實は同じくそうであるように、氣流は喉頭部以上においてしか起きてはいない。pulmonic の名に値いするような氣流はそこに存在せず、それらはそんな氣流によるのでなく、むしろ氣流と無關係にそこに在った、より正確にはむしろ調音する者が意識的にそこに作り出す場合さえある小さな空氣塊に、方向性を與えて押しやろうとしているだけなのだ、というつもりであった。氣流ということばにおいて人が表象するようなものではなく、そこには單なる局所空氣塊の小さな動きがあるだけなのだ、というつもりでもあった。

　また、こうした場合、濁子音調音で聲帶が振動するといっても、それはその、聲帶部分の振動でしかないということもあり得るのであって、そこにも、それよりも下からの氣流が必須であるわけではない。まして淸音である場合、それが喉頭以下に關わることはない。子音の調音は、從って、ある場合例えば先の say での s-においては少なくとも氣流の制御であり、またある場合例えば cap の c-や great の g-など、それらが文中に先頭語としてではなく在る場合と考えれば、氣流のむしろ切斷である。文の先頭語のそのまた開始部に位置するというのであれば、勿論 say の s-におけると同じく氣流の、ただし恐らくは、より強い制御である。これは、いわゆる囁き聲においては母音調音においてさえ、また母音の無聲化調音においては勿論、同じように存在することである、と言える。

起こす。

　　Air coming out of the lungs is the source of power in nearly all speech sounds. When this body of air is moved we say that there is a **pulmonic airstream mechanism**. The lungs are spongelike tissues within a cavity formed by the rib cage and the diaphragm. When the diaphragm （a dome-shaped muscle） contracts, it enlarges the lung cavity so that air flows into the lungs. The air can be pushed out of the lungs by a downward movement of the rib cage and/or an upward movement of the diaphragm, resulting from a contraction of the abdominal muscles.

　　In the description of most sounds, we take it for granted that

---

　漢語についても觸れて置かなければなるまい。廣州語入聲の子音韻尾、すなわち nonexplosive 內破的な -p, -t ,-k なども、破裂は無くとも氣道の末端において氣流を切斷する結果となること、英語の場合と同じである。そうして例えば廣州音で「入聲」と言うとき、その二音の中間で破裂が起きて [jepsiŋ] となる、そのなりかたは上の英語 caps における -p-, -s などと相似であり、そこで起きていることは、すべて英語について見たのと別種のことではない。官話系諸方言でも鼻子音韻尾である -n, -ng など、私はかつてそれらがいずれも口腔內破裂を伴わないという特性のあることを指摘したことがあるが、同じく氣道の末端での氣流の切斷である。鼻腔からの出氣とでも言うべき空氣塊の動きそのものは確かにあるとしても、それは -n, -ng の前にあった母音調音のための氣流と區別することのできるものであり、そういう氣流の大勢については、やはりそこに切斷を見る方が自然である。
　逆にまた英語の cap など、その -p がしばしば nonexplosive として表現されること、われわれもよく經驗するところであり、それが正に氣流の切斷以外のものでないことを、われわれは確認しておかなければならない。そのような發音習慣のある人においても、caps の -p- は間違いなく explosive なのである。否を意味する「ンニャ」の「ン」までをも含めた撥音の例などを除いては日本語と無緣のことだが、こういう氣道末端での氣流の切斷、あるいは少なくともその制御、という調音の機構は、子音 consonant ということば自體、そもそもそれが母音と con 共に、あることによって初めて sonant 鳴る、という原義を擔うものであったことを想い起こさせるものである。つまり pulmonic の名は、ごく普通の、母音らしい母音の調音、子音なら /f, v, s, z, x, ɣ/ のような摩擦音、あるいは漢語韻尾におけるように口腔內破裂部は持たない /-m, -n, -ŋ/ などの一つ一つについての、長子音性もしくは連續性調音等、についてだけ妥當するものとすべきであり、子音調音は、こういう、いわばその特殊調音と言うべきものを除いて、すべてこれを一括し、nonpulmonic とでも名づけた上、それを glottal なり pharyngeal なり、また dorsal なり apical なりに何分割かし、さまざまの調音スタイルはそこに下屬させたらよい。そのとき、舌打ち音がそれだけで分類上の極めて特別な地位を占めるなどと私に考えることができないのは、ここまでの記述によっても明らかなこと、と言ってよいであろう。

音量としての漢語聲母

the pulmonic airstream mechanism is the source of power. But in the case of stop consonants, other airstream mechanism may be involved. Stops that use only an egressive, or outward-moving, pulmonic airstream are called **plosives**. Stops made with other airstream mechanisms will be specified by other terms[2].

引き續き、聲門氣流機構について言う。

In some languages, speech sounds are produced by moving different bodies of air. If you make a glottal stop, so that the air in the lungs is contained below the glottis, then the air in the vocal tract itself will form a body of air that can be moved. An upward movement of the closed glottis will move this air out of the mouth. A downward movement of the closed glottis will cause air to be sucked into the mouth. When either of these actions occurs there is said to be a **glottalic airstream mechanism**[3].

うち、閉じられた聲門の上行運動を伴うのが放出音 ejective であり、以下の解説はその軟口蓋音についてだが、その調音は、教授に從えば、順に次のような經過を取る。

1. Back of tongue comes up to form velar closure.

   Closure of the glottis.

   (These two movements occur approximately simultaneously.)

2. Closed glottis is raised.

3. Body of air in pharynx is compressed.

4. Back of tongue is lowered, releasing compressed pharynx air.

5. Glottal closure is released[4].

---
[2]Ladefoged, P., 1982, pp.119-120.
[3]Ladefoged, P., ibid. p.120.
[4]Ladefoged, P., ibid. p.120. Figure 6.1. The sequence of events that occurs in a glottalic egressive velar stop [k']. 圖について教授は、These are estimated, not drawn on the basis of x-rays. という。

振動する聲門の下降運動を伴うのが入破音 implosive で、こちらはその兩脣音についてだが、それには、こういう。

  1. Closure of the lips.
  2. Downward moving of vibrating glottis. Air from the lungs continues to flow through the glottis.
  (3. Little change in pressure of the air in oral tract.)
  4. Lips come apart[5].

2）漢語は單音節言語であるという、その單音節は以下詳說するように、そんなに短いものではなくて、例えば日本語などと比べてみれば、音の長さとして優にその二拍分を越す分量はあるであろう[6]。そういう

[5]Ladefoged, P., ibid. p.123, Figure 6.2. Estimated sequence of events in a Sindhi bilabial implosive [6].
[6]馮隆 1985, 131-195 頁。特に例えばその 178 頁にまとめられた「表 18 句中、句末、單發聲調時長比較 單位 ms」を見よ。それは、陰平、陽平、上聲、去聲、それぞれについて句中、句末、白測單發の數字を列擧し、それらが 248, 274, **436**; 259, 320, **455**; 249, 335, **483**; 248, 268, **425**; であるとする。ms は millisecond。 msec などとも書く。漢語では「毫秒」。この直後に引用する羅氏等が 1/1000 秒と解說する σ に等しい。白測とは、「白滌洲推算的結果」として早くその羅常培・王均 1957, 127 頁が同じ數字（上に列擧した數字の中の太字部分）を示した上、「也就是說：上聲最長，陽平次之，陰平又次之，去聲最短，不過彼此的差別很微細罷了。但是幷非所有語言或方言聲調的時値都相差很小，有的甚至于可能相差幾倍，比方臨川聲調：陰入 82σ，陽去 386σ」という。臨川聲調の數字は、羅常培 1940、19 頁に既に見えるものである。もちろん私のこれまでに述べて來た考えに從う限り、その陰入の數字と陽去のそれとの差は、そこに今いわれているように「相差幾倍」で濟ますことができるというわけではなく、二つの聲調の間の 300σ ほどの音長の差は、陰入の方に、代替としての强い調音、あるいは喉頭の緊張などがそこにあることによって補われ、他の聲調をもった音節との等量感もそれで十分にもたらされ得るといった狀況が無ければならないはずだと思われる。それについては本文 2)、9)、いずれもその末尾にある議論等をも參照せよ。それはともかく馮隆氏は、ここでそのいわゆる白測について、「北京話語音時長的測量分析開始于 1934 年，白滌洲使用浪紋計首次測量了北京話四個聲調的時長」（132 頁）とした上で、「設四種聲調的出現率相同則平均一個音節爲 450ms，若不計停頓、輕聲等，每秒只有 2.2 個音節，我們平時說話一般是不可能這麼慢的」（133 頁）とも言っている。われわれも、かれらの數字の方を標準的なものとして取り上げることが妥當だろう。林氏等の數字のうち、句中四聲調の平均 251ms を取って日本語における拍の長さと比べると、漢語一音節は、平均音長として日本語の二拍以上には十分に相當すると言うべきである。漢語の句末音節の平均 299.25ms を取るとなれば、その比は一層增大する。また例えば、吳宗濟 1986 は、英語名を *The Spectrographic Album of Mono-Syllables of Standard Chinese* と言い、その〈編者的話〉に「本圖册包括普通話四個聲調的全部單音節，共 1,200

長い音節を聲母と韻母とに區分しようというとき、韻母の場合母音一つということはむしろ少なくて、韻尾をも含めて二單音以上から成る方が普通である。聲母の方も、これも例えば英語などと比べてもその二子音分、もしくはそれ以上にも長い、あるいは少なくとも構音のための勞力の量として多い、と考えることができるのではないか、そうしてそういう長さ、もしくは構音勞力の量を持つことにふさわしく、下位單位の數も韻母の場合と同じように二以上の、つまり重い構造を持っていて、過去においてもまたそうあり續けて來たと考える方がよいのではないか、というのが小論の主旨である。なお、下位要素の合計を假りに構音勞力の量と呼ぶとして、下位要素は何時でも音そのものとして現れるわけで

多個音，由男女兩個發音人按自然語音來發音，用語圖儀作出寬帶和窄帶兩種語圖。每個音節以四聲（每聲一圖）配成一組」という體裁のものだが、その編者が第一部分《說明》の五、〈輕重與長短（韻律特徵）的聲學參量〉の中で、「音長的量測幷不困難，問題在于應該從哪一點量到哪一點。對一個音節怎樣定其起訖點，在視覺與聽覺上是有分歧的。如果單憑語圖上的痕跡來定起訖，凡有痕跡的都算在內，則元音中有許多彎頭段或降尾段等部分，是聽覺中所感知不到的。照此量得的音長必然比所聽到的音爲長，這樣就與實際聽到的音長不符。有一種儀器可以把語音重複播放，而憑實驗人的聽覺來決定這個音的起訖點，從而調節電鈕使能直接顯示或紀錄出音長的數據來。這種實驗方法對單音節還可以勝任〔當然，上文說過，單音節的音長只有相對意義，而不是絕對的參量〕，但是對連續語言，則往往因兩音相連處的分界不容易由聽覺來定，其長度也就量不準確，在這種情況下，根據語圖顯示，進行客觀地互相比較測量，就顯得更爲可靠些」（54頁）といっている、それを承知した上で、その第二部分《語圖》に並べられたそれらスペクトログラムのセットをかたちづくる一々についてその起訖を量ると、それらはしばしば毫秒にして400、500を超える。林氏等が言ったのと同じく、明らかに「平時說話」ではないにしても、これは白測の數字に極めて近く、大きい。あるいは、それを超えさえするように見えるのである。そこにいうように、それらが卽それらの音節の聽覺の長さではないかも知れないのだとしても、その日本語一拍などとの音長の差は、頗る大きなものになる可能性がある。もっともこの書物、そうであればなおのこと、〈編後記〉として、「本圖冊中有少數語圖的聲母輔音部分信號不全（主要是送氣音的陰平字），這是在出版剪輯整理過程中不愼切除的，請讀者觀測時注意」（54頁）といっているのなど、ちょっとした御愛嬌、では濟まされないことになろう。もともと圖版も不鮮明なことだし、などといっているわけには行かないのである。學術性の、特にこういう種類の出版物として當然差し替えがあって然るべきであった。なお、私が後の本文9）で、漢語の「冷」lengと京都などの強調の早口でのサムイサムイナアとを比べるのも、この場合、表現の場から考えて漢語の方も句末か單獨かでなければならず、その調音もゆっくりと念入りになされなければならないわけだから、そこでこの書物に採用されている、音長を大きくするような話し手たちの調音があるものと想定すると、漢語一音節の長さは時に日本語の八拍分にも當たることがあると言ったところで、それは決して誇張して言っているわけではないということになるのである。

はないので、表面には現れない部分をも含め、全體の調音のために使われるエネルギーの總和あるいは構音勞力の總量を議論の對象とすることにして、それを音量と呼ぶことにしたい。

ところで、漢語の無氣調音について服部四郎博士は、

> 無聲無氣音の持續部では、喉頭が緊張して居り、その緊張は、調音器官の破裂が起った後も直ちには消失せず、母音の持續部にまで尾を引いて行く樣子は、有氣音において氣音が尾を引く樣子と並行的である。これらの喉頭の緊張や氣音は子音音素に該當すると考えられるから、これらの子音音素の長さは、むしろ異ならない、とすべきである[7]。

と解說された。服部博士のこの記述に讀み取れるように、對應する有氣音の完成のために必要な一子音音素の存在に値するだけの長さは、それを持ちこたえることができなければならないために、このような音の調音に當たっては、調音器官は常に強く自身を制御していなければならない狀況にあるのだとしてよいであろう。そのことが喉頭の緊張となって現れるということがあったとしても、それは、ごく自然なことというべきである。だから喉頭の緊張もまた、音量への加算となる。要するに、音量 quantity of sound はしばしば音長 duration of sound そのものでもあろうけれども、しかし何時でも單に卽音長、なのではない。

後述するように、日本語などには聲母の、こういう多重的とでも言うべき、いわば重い構造は存在しないのかと言えば、必ずしもそうではなく、たとえばいわゆる拗音節の場合、その頭部の調音は、直音節のそれに比べて明らかに強く、ということは、勿論比較上の問題ではあるが、拗音節頭における下位要素の多い強い調音が、直音節の強くはないが長い調音と見合って、音量としては互いに相似の音節頭を作り上げ合っているのだと思われる。日本語の場合も、比較的早くから詩歌における音

---

[7]服部四郎 1960, 291 頁。

音量としての漢語聲母　　　　　　　　　　　　　　　　　51

數律が完成しており、ということは、その一拍一拍が、音量としてはすべて等しいものという自覺があるからで、だからこそ、いま拗音節を取り上げて、下位の單音數に關わりなく、それが他の音節と互いに音量を等しいものにしなければならないことを言ったのである。このように、日本語においても重い音節頭というものが無いわけではない。しかし、それに比べ遙かに顯著な漢語の重い音節構造を、これからわれわれは、論じようとしているのである。

　もっとも、同僚清水克正教授の指敎を私が過って受け取ったのでなければ、それに從って、日本語については次のように考えなおしてみることもできる。すなわち、日本語における二拍語三拍語等等のその一部が, 拗音のような、その他のものに比べて重いものであったとき、そうでない部分についてもただちにその重い拍との等量感が得られるのだろうと言ってしまうよりは、それらの語のうちの、どれか、もしくはどちらかがやや重く強いかも知れないのを、二拍三拍の全體の中でいわば相殺しあう形で、全體としては、やはり、等量的な二拍三拍であるというように頭の中での調整が行われているのだと考えるべきなのかも知れず、もしそうなのだとした場合、中國語との對比においていえば、拍の構成は一子音一母音の組み合わせであることが壓倒的に多く、平均して明らかにより單純であり、また、一つ一つの語構成における總拍數についても多樣性の度の高いはずの日本語において、そういうことはより起こりやすく、中國語において逆により起こりにくいのだとは、考えてもよいだろう。なお、この問題については、後、9) の末尾においても再び觸れるところがある。

　3) 漢語の、いわゆる西北方音のなかに、鼻音聲母が濁音の閉鎖音を伴って、たとえば共通漢語の [ma, na] に當たるものが [m^{b}a, n^{d}a] のような形のものとして現れるものがあると報告されているのは、日本吳音のマ行、ナ行音が、同じ日本漢音では原則としてバ行、ダ行音になるのなどと、千年の時間を隔てて呼應する變移だが、そうして、日本漢音の場

合その變移には、よく言われるように漢語社會における鼻子音無聲化の趨勢といった前提條件があったかも知れないとしても、これは、たとえば ma についていえば、漢語の/ma/が、日本語の普通のマのようにではなく、馬を ᴹマ、梅を ᴹメ、のように發音することを求めたかつての日の東京などのことばの中での、その馬や梅のその頭にも似て重く始まるものであるためにと考える、つまりもともと二つ以上の下位要素に分解されやすい長い聲母の存在を設定して、上に見る [⁻ᵇ⁻, ⁻ᵈ⁻] のような閉鎖音は、そこから、いわば析出してくるのだとする方が、そうでなく普通の/m-, n-/が [mᵇ-, nᵈ-] のような二音にいわば成長するなどと考えるより、遙かに自然であろう。現代共通漢語における/m-, n-/なども、實はこれに劣らず、十分に長く念入りであると私には思われる。これもまた聲母としての重さの一つと言ってよいものである。

　なお、念のために言っておけば、ᴹマ、ᴹメはいずれもそれぞれ二拍であって、それらの頭のように長く重い漢語の聲母と私がいうとき、それは、その ᴹ と書き表した、兩脣閉鎖の解除がまだ無い部分のように、というのであって、-マ、-メに懸かる部分について言うのではない。

　4) 反り舌子音、日本の漢語界で俗にいわゆる捲舌音を、破擦音もしくは摩擦音に反り舌要素つまり/-r-/の加わった調音の加重と考えようとする音韻論的解釋がある。この場合、反り舌要素は破擦音、もしくは摩擦音に後續するというのではなく、破擦音、もしくは摩擦音の全體に、いわば suprasegmentally にかぶさるわけで、それら破擦音もしくは摩擦音の、それぞれの長さに/-r-/の長さが加わるというのではないにしても、少なくともそれは、調音に一層の重さが加わるということであり、このように、聲母を單に長さのみをもつものというのでなく、比喩的にではあるとしても、そこに更に幅なり高さなりの加わった、より次元の多い量として捉える捉え方もあり得るのだと考えれば、重い調音とは、いわば多次元的な量の加重であり、こうした重い調音による聲母を含めて聲母群の全體があるのだとすると、漢語のように一つの音節の構造が一聲母

プラス一韻母というように定型的に決まっていて、一音節全體の音量もさきに 2) で觸れたように主覺的には一定のものとしてこれも決まっているというような言語の場合、（日本語については拗音節と直音節との關係として既に見たが）、重い調音によるものではないと常識的には捉えられている、日本語でいえば直音のような、いわば普通の聲母の音量もまた、同じく日本語についていえばその拗音のような、重い調音による聲母のそれと感覺上等量でなければならない筈だから、そうすると、重くはない調音による聲母の音量は、なぜ重い調音による聲母のその加重に相當するだけの分量がそこに加わるなりして、その結果として重い調音による聲母と等量のものであり得るのかを、次には問わなければならなくなる。

　なお、繰り返して言えば、反り舌子音についての、いま觸れたようなその音韻論的解釋が正しい解釋ではないとか、あるいは、少なくとも唯一の解釋ではないとか言えるのだとしても、この種の聲母の調音が、おそらく調音のための多くの筋肉の動員を必須のものとして、それで始めて可能となる、從って、そういう表現がよいかどうかは知らないが、いまも言うような、より普通の調音形態のもの、それらとは明らかに區別できる種類のものとしてあるであろうことだけは、疑いを容れない。重い調音という名をここに用いることに、格別の問題はないと言ってよいであろう。

　5）現代呉語の濁音節が、日本語などにおける濁音は濁子音に母音が接續するというのとは違って、清の聲母に濁の聲門摩擦音、[ɦ] すなわち [h] の濁音の色彩を帶びた母音が連接する、いわゆる清塞濁流をその特徴としていることは、早くから學界に報告されていたことである。このことに、共通漢語においても存在するような清音、次清音の對立を重ねた上さらに次濁音を加えると、かつては共通漢語においてもいまの呉語においてのように存在したはずの清音、次清音、濁音、次濁音の系列ができあがる。呉語においては、この次濁音についても、それが陽調に

おいて實現される限り、濁音において見られるのと似た濁流が存在するとされる。そうすると、清音すなわち無氣音は、既に述べたように、それが次清音でなく濁音でなく實現されなければならないということのためにも、喉頭の緊張を伴って調音されるという特徴はそこにあり得ることと重ねて見ると、續く次清音は清の、濁音、次濁音は濁の、それぞれ聲門摩擦音、つまり、總じて喉頭的な調音を加重するという性格を、この系列が共有することになる。また一つの、重い調音である。

　いま、吳語について見た清音以下の系列は、現代共通漢語において既にそのすべてを見いだすことはできない。しかし、現代吳語と、その下屬數として同じ狀況にあったと考えられる古漢語における狀況をやや變えつつ、現代の共通漢語において見られる清音、次清音、次濁音の系列の中にも、同じように、それぞれ（1）喉頭の緊張（これについては既に服部博士に借りて論じた）、(2) 清の聲門摩擦音、(3) 少なくとも/m-, n-/などには、例えば日本語の中でなら、音節形成が可能と言ってもよいような長子音的調音、のあることを、われわれは既に見た。共通する重い調音をここに見いだそうとするのも、ことさらに强辯するものということにはならないと思われる。

　次清音についてそれを、(2) の清の聲門摩擦音すなわち/-h-/の加重だとは認めない立場に立つとしても、それら次清音の聲母は清音のそれが lax であるのに對して tense であるとするとき、それは既に見た幾つかの重い調音にも似て、短いかも知れないけれども然し強いもの、をそこに重ねるという意味で、同じくまた音量の付加であると言わなければならない。

　6）吳語の中に、いまの系列の清音に當たるところに implosive、日本の普通の譯語で入破音と呼ばれるもの、あるいはそれに近いものを替わりにおく下位方言のあることも、また早くから學界共通の知見であった。その入破音一般についてラデフォウギド敎授は、こういう、

(1) The difference between implosives and plosives is one of degree rather than of kind. In the formation of voiced plosives in many languages (e.g., English; Hudgins and Stetson 1935) there is often a small downward movement of the vibrating vocal cords. This allows a greater amount of air to pass up through the glottis before the pressure of the air in the mouth has increased so much that there is insufficient difference in pressure from below to above the vocal cords to cause them vibrate. An implosive is simply a sound in which this downward movement is comparatively large and rapid[8].

(2) In all the implosives I have measured, the articulatory closure — in this case, the lips coming together — occurs first. The downward movement of the glottis, which occurs next, is like that of a position that would cause a reduction of the pressure of the air in the oral tract. But it is a leaky piston in that the air in the lungs continues to flow through the glottis. As a result, the pressure of the air in the oral tract is not affected very much. (In a plosive [b] there is, of course, an increase in the pressure of the air in the vocal tract.) When the articulatory closure is released, there is neither an explosive nor, in a literal sense, an implosive action. Instead, the peculiar quality of the sound arises from the complex changes in the shape of the vocal tract and in the vibratory pattern of the vocal cords[9].

二つの書物から借用したラデフォウギド教授のこの記述は、それらのなかにある音聲符號を見ても明らかなように、入破音を有聲音についてしか認めていない状況で書かれている。國際音聲字母 IPA の 1989 年改

---

[8]Ladefoged, P., 1971, p.27.
[9]Ladefoged, P., 1982, pp.122-123.

訂版によってその清音の存在（さらには硬口蓋音まで）が認められている現在では、吳語についてこれまでに報告されてきた、その入破音もしくは入破音的なものも、あるいはこれまでとは違って表記されることがあり得るであろうが、以下それには觸れないことにしておいて、さて、教授の (2) の記述にもあるような入破音の、教授は"peculiar"と呼び、後出の趙元任先生は「一種高音的音彩」と表現された音質は、實はここで"A small downward movement of the vibrating vocal cords."（1）といわれているものが時として適度を超えることによって主としてはもたらされるものであって、喉頭の過度の上昇が聲帶の尋常な振動を妨げて清の音質をのみもたらすようになるのと同じように、その過度の下降もまた聲帶を滿足には振動させないで、そこに生ずる音質を清の方向に連れて行くのだと思われる。いま觸れた、新たに認められているらしい入破音の清音はそのようにして生ずるもののはずである。そうして人はそれを、自らの調音器官を實驗機材として自ら操ることによっても知ることができる。

　いずれにせよ、このような入破音もしくは入破音的な音を生じさせるものが、旣に觸れた共通漢語の中での清音と同じく一種の喉頭緊張でもあるものとして、重い調音による聲母群をかたちづくるまた一つの下位要素であると私がそれを考えようとしていることは、同じである。

　7）吳語の中で、地域によっては、たとえば官話系方言において幫母のあるべきところに對應して無聲の [m-]、端母のあるべきところに對應して無聲の [n-] が、現れることがあるのは、早くから知られたことであった。/m-, n-/ は普通はそれぞれ明母、泥母に對應するものとして有聲である。それが無聲であるというところに、それらが正に幫母、端母の替わりとしてそこに在るのだということが、現れているのである。そうして、そのような [m-, n-] が現れるのには、一定の條件があって、それは本來そこに在るべき幫母字、端母字が、鼻子音韻尾に終わっているときである。そこには放出音 ejective や、また入破音 implosive に近いものが

置かれていることもあるという。

　平田昌司氏には、この問題を論じて「吳語幫端母古讀考[10]」の著作がある。その方言圈において見られる現在の狀況以前に、官話系方言との對比において、官話系方言においてはそれが標準であるところの幫、端兩聲母の無聲無氣音的調音に對應して、入破音的調音習慣が先行してそこに在る狀況、を假設しようとされるものであった。ejective ないしそれに近い glottalised と implosive とで、調音に當たっての喉頭の動きに、上行と下行、互いに相い反する方向性というものがあっても、なお、そこにある喉頭性調音という共通性を見ようとされたのであろう。そうして、ここに入破音を假設するならば、音節頭子音が、鼻子音韻尾を從える結果として起きる、無聲の/b-, d-/から無聲の/m-, n-/への、いわゆる逆行同化が起きたであろうことの說明をも、明らかに容易にする。

　上にラデフォウギド敎授の說明があるように、入破音の調音に當たっては、"A small downward movement of the vibrating vocal cords" は、いわば必須であり、かつ、顯著でもある。なお、その時、"The downward movement of the glottis …… is like that of a position that would cause a reduction of the pressure of the air in the oral tract. But it is a leaky piston in that the air in the lungs continues to flow through the glottis. *As a result, the pressure of the air in the oral tract is not affected very much. When the articulatory closure is released, there is neither an explosive nor, in a literal sense, an implosive action.*"（2）と觀察されていることは、恐らく敎授が自ら就いて見られたものであることによって重要である。つまり、ここで敎授は、入破音調音に關してよくいわれるような、喉頭以上口腔以下の氣道內における、周圍からの空氣の誘い込み的な流入を許すほどの、外部氣壓とのマイナスの差、そうして、そこに期待される吸氣的氣流の存在も、無いといっているのである。

　しかし、漢語の現況については、袁家驊氏等のように、吳方言におい

---

[10]平田昌司 1983–1984。

て見られる入破的調音を解說して、

> 浦東、川沙、南匯等縣發這套濁塞音却帶有喉部肌肉的緊張，微微有點兒氣呼倒流的瞬息，反而減弱了呼出的濁流。這一種發音類型可以標作 'b, 'd, 'g[11]。

という例が有り、これらの音についてまた、先驅的な次のような記述もある。趙元任先生が漢語破裂音の種類を十種類にまとめられた、その第九、第十についての記述である。

> 第九類是一個濁音 [b] 同時聲門有一點緊縮作用。我暫時用 ['b] 號來標它。這類的音見於 上海 附近的一個小區域裏，但不見於 上海 本市。比方 '飽'，浦東 跟 松江 ['bɔ]，上海 [pɔ]（第一類）。除此之外我只在 浙江永康 遇見過這類的音。
>
> 第十類跟第九類差不多，就是喉部更緊一點，口部的成音也强一點，所以如果第九類算弱音，第十類就是跟它相當的强音。這類的音聽起來跟讀起來都有一個特點：就是在爆發的時候，聲門那裏因爲緊縮的緣故，出來的氣太少，不夠充滿因開大而增加的口腔的容量，結果氣反而望裏吸進來一下，就發生了一種高音的音彩。這個事實曾經由 李方桂 在調查 海南 島方言時候用音浪計證明的。在他所得的曲線上，當平常所謂"爆發"的部分，曲線不但不望外動，並且的確是望裏動的。（可以比電燈泡的爆炸）在調查過的中國方言裏，這類的音只見於 海南 島的東北部。例如 文昌 '冰' [ˀbeŋ]，浦東 ['biŋ]，上海 [piŋ][12]。

海南島においてのみ見たとされる極めて珍しい例としてではあるにしても、觀察され、機器によっても確かめられたというこの吸氣傾向の記錄は、無視するわけに行かないだろう。ラデフォウギド敎授の經驗と趙

---

[11] 袁家驊等 1983, 60 頁。
[12] 趙元任 1935。

先生ほかのそれとの違いは、'A small downward movement of the vibrating vocal cords' が、その過度に至るか否か、による、というべきであろうか。

　さて、そもそも呉語の世界から離れ、漢語に隣接する南方非漢語のある種のものたちにまで視野を廣げてみると、先にいうような、幫母、端母對應の無聲の [m-, n-] の出現に類する交替は、幫母、端母などに始まるべきであった音節が同時に鼻子音韻尾に終わるものでもあったという、呉語においては必須として存在しているかに見える前提が、必ずしもそうと言えないようで、だとすると、幫母、端母の無聲の/m-, n-/との交替は、むしろ、以下のように考えることもできる。

　すなわち、喉頭の強い下降が口蓋垂の同時下垂を、いわば生理的に伴うことがあるのは、比喩的にいえば恐らく、有聲の/m, n/等いわゆる鼻子音の調音においては、口子音濁音の調音のときに比べて喉頭下降の度が高い（特に/m/の調音において高い）ことを、逆の方向から自然のうちに模倣しようとするものであり、そうした喉頭の強い下降が、有聲の/m, n/調音の狀況にも似た相關の關係を、喉頭から上の諸器官についてもたらして、聽覺上の近似をも喚起したのであり、このような喉頭の強い下降が鼻腔からの空氣の僅かな排出を時として伴うことがあるのも、鼻腔氣道の不完全な開通があることを示すのかも知れず、それならそれは、一層入破音聲母の聽覺を [m, n] のそれに近づけることになるに違いない、と考えるのである。なお、喉頭のこうした強い下降、私が先に、過度の、と表現したそういう下降は、有聲性すなわち聲帶の振動について言う限り、その不完全な實現をしかもたらさないことを私は既に述べた。無聲の [m, n] は、當然ここに現れるべきなのであった。

　ところで　ラデフォウギド教授の（1）の記述のうち、入破音の生成に關しては必須であり、有聲閉鎖音の調音に際しては起こってもよいものであるところの「振動する聲帶のわずかな下降運動」は、そこにいわれているように、まさに、「しばしば」あるに過ぎず、必ず、いつでもあるのではない。そうしてそれは、呉方言のうち、官話系方言における幫

母、端母を入破音聲母によって替えるものにおいても、見母をそれに對應すべき入破音によって替えるものはない、世界的に見て、漢語見母に對應するような入破音が見いだせないというのではなくて、だから、それを表すべき音聲符號もちゃんと用意されてはいるのにもかかわらず、少なくとも吳方言の中にそれは、存在することが報告されてはいないこと、をも說明することができる。つまり、見母のように軟口蓋調音の聲母として、可動調音器官の全體を上に引っ張り上げなければ成り立たない性格のものは、その一部である "vibrating vocal cords" を逆に下に引き下げる運動とは、容易には兩立し難いところがあるからであって、だからそれは、はっきりした濁音の軟口蓋調音聲母であるところの群母は何ゆえに等韻圖一二等、もしくは四等の內いわゆる純四等、というような比較的廣い、ということはまた同時に比較的に低い、母音を伴うことがないか、あるいは、あってもそれがきわめて稀であるということと、同源に出る事柄だといってよいのである。

　なおまた、同じ軟口蓋調音の有聲聲母といっても、次濁音に屬する疑母については、等韻學上、いま群母について觸れたような事情が存在しない。軟口蓋音という點で同じ牙音とされていても、見母や群母と、調音點で、疑母は明らかに違う。低い[13]のである。かつて服部四郎博士は、「[ŋ] の調音は音聲器官の休止狀態に近い[14]」といわれたことがあるが、意味するところは同じであろう。それが低い母音を伴うような場合でも、私が既にしたような、調音器官の可動部分を、まとめて上に引き上げる、とでも表現しなければならないような事情は、そもそも無い。あったとしても、比較的少ないのである。それが、有聲音の調音であることから起き得る喉頭の下降と、疑母調音點の確保とを、互いに拮抗させないでも濟むのだと、說明することができる。

　しかし、軟口蓋調音の聲母にあっては一般に起きることが容易でない

---

[13] 周殿福・吳宗濟 1963, 53, 84 頁などの插圖を見よ。
[14] 服部四郎 1960, 340 頁、注 8。

「振動する聲帶のわずかな下降運動」も、われらが官話系方言における幫母、端母の、濁音無聲化音的發音の方式による發現でそれがあろうとするとき、それよりは強い發音の方式、たとえば上海市區方言の聲母について、

　　清音送氣和不送氣音 p p' t t' k k' 等發音時肌肉比較緊張 [15]

などといわれるのとの違いを際だたせようためにもここに示現されなければならない。だからこそそれは先の服部音韻論 (1) のいうような喉頭の緊張でもあるのであろう。そうして又、いま上海市區方音の特徴について語られたその内部において [p-, t-, k-] 等が、それらと對應する有氣音との關係において同じくまた喉頭の緊張でもありうるものとして、それとも基本的に違いのあるものではないであろうと、私は論じて來たのであった。

　つまり、吳方言における、官話系方言の幫母、端母に對應する聲母がしばしば放出音ないし入破音であるというとき、その放出音ないし入破音は官話系方言における、また吳方言においてそうした放出音ないし入破音聲母はもたない下部方言における幫母、端母とともに、共通の、いわば喉頭の緊張を伴う發音習慣をもった異種言語圏の相互接觸とでもいうべきものの一方を、相い對する他方のものの異相として、どの場合でも代表しているのだ、とするのである。

　ラデフォウギド教授は、上の（2）よりもやや後のところで、

　　Historically, languages seem to develop implosives from plosives that have more and more voiced. As I mentioned earlier, in many languages voiced implosives are simply allophones of voiced plosives. Often, as in Vietnamese, these languages have voiced plosives that have to be fully voiced in order to keep them distinct from two other sets of plosives that we will discuss in

---
[15] 許寶華・湯珍珠 1988, 7 頁。

> the next section. In languages such as Sindhi for which we have good evidence of earlier stages of the language, we can clearly see that the present implosives grew out of older voiced plosives in this way, and the present contrasting voiced plosives are due to later influences of neighboring languages[16].

とも言っているのだが、この解説には、われらが吳語のうちに見いだされる入破音を、それが官話系方言の中での無聲無氣音の、有聲音無聲音化的調音に對應するものとして形成されてきたと考えることと、なんら矛盾するところが無い。つまり、われわれは少なくともこの場合、とりあえず、そこに今ある入破音の生成を、そうではなかったものの後身として說明することができさえすればよいわけで、そのとき、他種の言語における入破調音の狀況について語るこの解說は、なお十分に有效であるといわなければなるまい。ただ、本來"voiced"ではなかったものの、それに近づくような調音のタイプが、"have more and more voiced" あるいは、"seem to have more and more voiced" と表現されてもよい經過をたどり、從ってまたそれは、"have become more and more glottalic" ということにもなったのだとすれば、それはやがて入破音そのものにつながることになるだろうというのが、これまでのわれわれの期待であった。その場合、この解說でヴェトナム語の中での有聲子音の調音のタイプも取り上げられている、それと同じようなことが、われらがいま論じつつある、入破音をもつ吳語の中にも同じように觀察されるものかどうか、私は知らない。

　もっとも、かつて自身のサ、ス、セ、ソの頭音が、これまでのところ身の回りでは、どういうわけか孤立して、自身においてしか發見されない、/ɬ/すなわち無聲の側面摩擦音、あるいは無聲の/l/音、たとえばチベット語の中でのその存在が、日本などではしばしば好奇の口調をもってさえ語られる、その音であり、その調音について、たとえば城生佰太

---

[16]Ladefoged, P., ibid. p.124.

郎氏が、

> 聲道に於ける狹めが著しいので、自己診斷法としては舌の兩側もしくは片側がくすぐったく感じられ、しかも [s, z] のような摩擦的噪音が同時に響けば成功と見なせる。（一部分を太字にしたのは尾崎）[17]

といわれる、その條件をも充たして正にそのものであるとしか考えようのない音であることから論じ起こして、ある議論[18]を展開したことのある私には、幫母字、端母字の發音が、官話系方言の内部ではすべて統一的に/b-, d-/の無聲化音的調音によるものだという方が、實はむしろ不自然と映る。入破音、ないし入破音的調音は、幫母字、端母字の發音方式として、それらを官話系方言のなかに搜し出すことも、全くの不可能事ではないに違いない。そうして、こういうことを考えようとするとき、われわれは、ラデフォウギド教授が、こんなこともいっているのを、また忘れるわけには行かないだろう。

---

[17] 城生佰太郎 1992, 82 頁。
[18] 尾崎雄二郎 1981。
なお、亀井孝 1970 にも引かれる源爲憲『世俗諺文』の「文屋邊雀」と名付ける一條、千字文云秋收冬藏今案世俗以此文爲文室邊雀啼未詳。觀智院本では、フンヤノアタリノスズミ　センジモンニイヘラク、アキ　ヲサメ　フユ　ヲサムト、イマアンズルニ、セゾクコノブンヲモッテ、ブンシツアタリノスズミ　ナクコト、イマダ　ツマビラカナラズトナス、と讀める送りがな、かえり點がつけられているという。その讀み方は、全體を、以此文から雀啼までの世評について、それは未詳、とする、つまり、セゾク　コノブンヲモッテ、ブンシツアタリノスズミ　ナクコトトナス、イマダツマビラカナラズ、とされることになるのであろう亀井教授の讀みの、より通り易かろうのに恐らくは及ぶまいが、ただ、無理にでもその原訓點に卽して全文を讀むとすれば、「千字文に、シウシウトウザウ　秋收め冬藏む、とある。ところで世間ではこの表現を取り上げて、文室邊りの雀の鳴き方は解らぬということ、だといっている」とでもなるだろうか。つまり、しうしうなどと鳴くのは文室邊り、すなわち、あの邊の學生どもの言う雀に限るのであって、それ以外では雀は、例えばやはり、ちうちうなどと鳴くのだというのではないか。だから例えば、「秋收め冬藏むと掛けて何と解く。文室邊りの雀の鳴き方は解らぬと解く。心は。しうしう（秋收）」などと思ったらよい。心の底にはもちろん、なにも雀がしうしうと鳴きはしまいに、というのがあって、そのとき、雀の舶來の鳴き方、つまり杜詩の啾啾黄雀啅（啅本作啄、同）などの知識も含め、そもそも鳥の鳴き聲として、しうしうは異樣なもの、漢學を學ぶようなところでだけのごく特殊な「方言」鳴きとしてのみあり得るもの、とする意識があったのではないか。相い關わる問題の一つである。

In making a phonetic description of a sound the three phonological possibilities [ejective], [pulmonic], and [implosive] will not be sufficiently specific. Sounds may be weakly or strongly ejective or weakly or strongly implosive. For example, in my, and many other people's, English, the /t/ at the end of "cat" may be weakly ejective, particularly if this word is sentence final. Phonemically this sound would not be classified as an ejective, since it does not contrast with another sound that is identical but nonejective. But a phonetic specification of this sound in this particular position might indicate that the percentage value of this feature was, say, 75 percent. Similarly, many languages (e.g., Vietnamese, Zulu, and American Indian languages such as Maidu) have fully voiced stops /b, d/ that need not be classified as [implosive], but that are often, from the point of view of the phonetic specification, weakly implosive and could be specified as, say, 25 percent Glottalic[19].

われわれは以上すべてを、漢語聲母調音における、恐らくは漢語において特殊と言ってもよい重さの、その一つ一つをかたちづくるべき要素群のさまざまなありようとして、見てきた。ところでわれわれは、現代漢語官話系方言における無聲無氣音、無聲有氣音の對立に似た對立は、朝鮮語の中にも、對立の項は朝鮮語の方が一つ多いにしても、見出されることを、また知っている。その、朝鮮語において一つ多いという對立の項が無聲放出音ではないにしても、同じ音聲補助符號を用いて表すことが認められている音[20]であることをわれわれは、強く意識せざるを得ない。調音に當たっての喉頭緊張の隨伴、という發音習慣は語種を超えて隣接しているのであり、もしこれに、對立の性質は違うにしても日本

---
[19]Ladefoged, P., ibid., p.255.
[20]城生佰太郎上掲書、87 頁。

語琉球方言の例とか、また、但しこちらの方は、漢語や朝鮮語、琉球方言における狀況とは違ってそれと對立する項は缺くけれども、關東日本語の話し手たとえば私などの耳には、しばしば濁音とも聞こえかねない畿內ないし近畿のある種の日本語における無聲子音の無氣音的調音、をも加えてよいとすれば、喉頭の緊張を隨伴する、つまり glottalic airstream mechanism を利用する調音のさまざまのタイプが分布するその地理的な廣がりは、實に海をさえ越えてつながる。聲母調音の重さもしくは重くなさ、という見地からこれら漢語以外の言語群をも見て行くことが、それらと漢語との關係の檢討を含めて、今後必須のことになるかも知れないのである。

　8）上古漢語における複聲母の存在は、これを認めようとする人とそうでない人と、どちらが多いのか、私は知らない。認めない立場の私は、認める人が、その有力な根據になるとする、たとえば、『爾雅』「釋器」篇にいわゆる「不律謂之筆」などこそ、逆にその非存在の證しになる、少なくとも『爾雅』のこの箇條が採取されたとき、pl-のような複聲母は、だからこそ存在してはならないその證據になる、と考える。なぜならば、律という音節自體、たとえばこの筆の字の存在によってその聲母は、筆がそうだといわれるのと同じように pl- に始まるなどと、そういう說では考えられており、そうすれば p-に始まるべき不のそれと、その p-を重複することになってしまうからである。ただ、漢語と、現在いわゆる同系と考えられている諸言語との關係が、特にその個々の場合、どの程度に眞實と認められるべきか私にはわからないことばかりだが、それらの甚だ多くのものが今なお複聲母をもっており、今なお、というのは、それらがしばしば、單聲母へと移る過渡期に在ると說明されることもあり、ならば、漢語もかつてそのようにして、それまでは保有していた複聲母を捨てて來た歷史がある、と考えることにも十分な心證は、少なくともそれらの人々にとってはあり得るだろうと言わなければなるまいからだが、われらが漢語聲母を、これまで見てきたような重い構造のものと考

える限り、その重さというものの中には、pl-のような複聲母のp-にしろl-にしろ、他の要素と衝突を起こすことなく收まり得る、ということはできるだろう。

　なぜならば、漢語を含むいわゆる同系諸言語は原則として單音節的であり、ということは、その諸音節は構造的に等量の集合であって、漢語による文學がすでに觸れた日本語におけるそれなどとは比較にならない壓倒的に遠い昔、すでに確乎とした音數律の美學を完成させていたことからも推定されるように、あるいはこれまで見てきた漢語の現在もそれを示唆するように、そこでは、たとえばpl-が、-l-を後續させない單なるp-とも、完全に等量でなければならなかったであろう、そうしてその保障は、これまでに見てきたような聲母の、調音としての重い構造によってなされているというべきだからである。遠古漢語というのは、私もかつて上古漢語におけるその西北性とでもいうべきものを私が強く意識した上で、それをも自らのうちから導き出したものであるはずの、從って西北以外の地域の漢語先行形態をも包括していたはずの、一層の先行者として設定しようとしたことのあるものだが[21]、その中でなら、これまでにいうような複聲母の存在を假設することについて、私に格別の躊躇が無い。今の漢語にものこる聲母の、いまもいう調音としての重さこそ、遠古漢語においては存在したのでもあろう複聲母、あるいは複複聲母を引き繼ぐいわば遺傳現象の一つであるというべきなのかも知れないからである。

　9) 漢語音節を、つまり、一字一音一義といわれるその一字を、分割して聲母と韻母とにしようという時、どこがその分かれ目になるべきなのか、韻頭、韻腹、韻尾の三連合を韻母と考えて、從って韻母の一番長いものは三單音の連續になるということもあるが、それで本當によいのかどうか。一旦漢語を離れて考えてみる。日本語などの場合、一拍一音節と概しては考えてよいなら、その音節構造は漢語よりもっと簡單で、一

---

　[21] 尾崎雄二郎 1984-1985。

子音一母音の結合という例が最も多い組合せである。キャ、キュ、キョなどの、いわゆる拗音節は、音節としての構造が、直音節のそれよりも下位要素が多い分、それだけ複雜なわけだが、量的に、漢語音節の下位の多種、多單位なのには及ばない。で、拗音節をも含むこうした日本語などの場合、その音節は、一體どこで分かれるか。

　すでに2）で、拗音節頭における調音の強さを言ったが、それは、子音プラス拗音要素が聲母、と言って惡ければ音節頭、をかたちづくり、その子音連續に母音が連接する、その連接の場所が、音節の分かれ場所と言うべきであろう。だから、拗音要素は主母音とともに音節の後半部をかたちづくるのでは恐らくないのであり、また、そういう風に音節を分けるということの方が、音節の前半後半の量的な差を少なくして、安定感をももたらすことになるはずである。

　さて、漢語の場合にどうなるか。これもすでに觸れたように、反り舌子音、わが國でいわゆる捲舌音には、それが、破擦音もしくは摩擦音の基礎の上に、反り舌要素/r-/が、suprasegmentally に加重されることによって調音されるもの、という音韻論的解釋がある。私などには、しかし、反り舌要素がその上に加重さるべきは、自分で自分の調音器官を操ってという意味での音聲實驗として言っても、單なる破擦音もしくは摩擦音なのではなくて、破擦音もしくは摩擦音の細母音によって後續されたもの、すなわち、その口蓋化されたもの、でなければならないと見える。それに反り舌の要請が加重されたときに、はじめて反り舌子音の形成は完成すると言うべきである。別の言い方をするなら、それは、口蓋化の上に、それとは明らかに矛盾し合う要求であるところの、舌尖性を重ねようとすることになるといってよいものでもある。

　それは、等韻學が反り舌子音を圖の三等に置いて來た音韻解釋とも、恐らく矛盾し合わないものであるとともに、同時にまた、聲母と韻母との分かれ場所を、韻母を韻頭、韻腹、韻尾の三に分けるとした時のその先頭すなわち介母より後に置く、すなわち介母を韻母の側によせるので

なく聲母の側に引き寄せて、それの後に置く、そういう音韻解釋の立場に立つことの表明ともなるものである。いま、日本語音節について言ったのと同様の安定感は、その時、漢語音節の分割についても、見いだし得ることになるはずである。つまり、いまのラテン字母で zhang と書く音節などの場合、それは zh-, -ang と分割されるべきであって、zh 聲母の内部に入り込んで無理やりそれを分割すべきではないという態度の表明、ということである。bian などについていうとそれは、その音節を bʲ-, -an に分けるということになるだろう。ある意味でその細分化志向を優先させたかとも見える韻書の分韻とは必ずしも同じでなく、實地の詩作では普通、こうした立場からの押韻がなされていることにも、われわれはまた注意を拂うべきである。同時に、事實 bian の b-部がその調音の初めから口蓋化され-i-部と合體して聲母部分をかたちづくるものになっていることも、われわれは忘れてはならない。押韻もまた、しばしば一つの音韻論的解釋なのである。

音韻變遷史の問題としても、等韻圖三等に排列される破擦音字、摩擦音字は、かつては梵語口蓋音の音譯に當てられていたはずなのに、なぜ今はその二等の破擦音字、摩擦音字だけがそうであったはずの、反り舌音の方に引き寄せられてしまっているのか、現代共通漢語の反り舌子音を、破擦音、摩擦音の細母音によって後續されたものへの、反り舌要素加重の結果だとする考え方の方が、反り舌要素の單なる破擦音、摩擦音への加重だとするのよりも、遙かに問題の解釋を容易にすると私には思われる。反り舌音化の基礎に口蓋性を見ようと言う立場からである。

何よりも、一つの音節、もしくは拍を前後二つに分割しようとするときの、前後の等量感覺には、それなりの、十分な意味があると言うべきだと思われる。合口介母の場合でも、齊齒介母について見たように、文字としてはそれに先立って書かれる子音要素を、その開始からすでに合口的に色づけていることなどからも、音韻論的には同じく聲母の側に引き寄せておくべきものと考える。たとえば suan ならば、先にいわゆる齊

齒呼の場合について見たように、それを s^w-, -an と考えたらよい。zhuan は従って zh^w-, -an ということになる。そうしてその zh^w-などには、破擦性、口蓋性、反り舌性あるいは舌尖性、に合口性を合わせ、更にそれらすべての上に重なるものとしての無氣音性調音に伴う喉頭の緊張がある。零聲母の an 音節などと比べるのでなくとも、漢語聲母の調音としてのその重さの度の、最も高いものの一つであるということができるであろう。勿論すでに述べたように、音長としてそれが一番長いはずだなどと期待しているのでは、全くない。また、くどいようだが、an 音節における零聲母にしても、少なくとも、その頭には多分しばしば乘っている [ŋ-, ɣ-] など軟口蓋摩擦音などの調音が十分に長くかつ強いものであることによって、その zh^w-などとも、音量としては同等のものと自覺されるものにはなっているのである。

とはいうものの、漢語一音節を聲母と韻母とに分割し、音のそれぞれの負荷量を云々するとき、今までして來たように、聲母は聲母とだけ比べる、したがっては韻母は韻母とだけ比べることにもなるというのは、必ずしも正しい行き方ではないかも知れない。例えば zhuan と an とを比べるというとき、(何度もいうように、音節單位の負荷量が、音節どうし互いに極めて近似的であると感覺されているわけだから) 前者は聲母における下位要素が多い分 だけ韻母の調音にも影響するところが出て來て、後者の a-は前者との比較において遙かに廣くかつ強く實現される、前者のそれは逆であるというようなことは、當然期待できるところである。

韻母の方にも、そもそも韻腹主母音調音點の前後、開口度の大小、韻尾の有無、その韻尾調音の複雜か否か、というような問題點が、これまた同じように存在するわけだから、その組合せによって起きるべき事柄も、聲母なり韻母なりの閾内だけでは處理できないものが勿論多いはずで、私のこれまでの解釋は單に機械的に、その、いわば第一着手を提示して見たというに過ぎない。なお合口呼などとの關連において、撮口呼に

おける介母についての私の解釋にも觸れておけば、私はそれが、そう措定されることもある/-iu-/、すなわち/-i-/と/-u-/との合體、同時調音であるとは考えていない。それは二要素の合體ではないところの例えば/-y-/などでなければならないだろう、從って xuan なら、それは xʸ-, -an などとしなければならないだろうと考えるのである。

　漢語一音節の長さは、すでにいうように、平均して少なくとも日本語二拍分の分量は十分にあると思われる。それを遙かに超える場合さえあるであろう。たとえば「冷」leng を念入りに發音するとき、京都などでは大人のことばとしてもしばしば現れる繰返しによる強調表現、この場合それに對應するものとしての早口のサムイサムイナアなどと比べても、音長としてはあまり變わらないのではないか。さて、日本語の一拍は、それぞれが一以上の單音から成る子音部と母音部とに分けられる。そうして日本語において意味を擔い得る音構成でその出現の可能性の最も高いのは、ウマ、ウメ等、異域出自であるかも知れないものをさえ、多くはそのスタイルにしてしまうという意味をも含めて恐らく二拍であり[22]、關西の日本語ではカ（蚊）、メ（目）などの一拍語彙はそれを二拍

---

[22] 尾崎雄二郎 1990。「これは 1951 年私が京都大學文學部に提出した卒業論文と同名であり、内容的にも措辭の末に至るまで實はその卒業論文と同じ部分がある」、と自ら解題を加えたその論文の中で私は、
「その（中國語の、尾崎自注）單音節は一字の漢字によって書きあらわされるのが普通である。但し中國語にはたとえば王國維『聯緜字譜』が多くの例をあげるように、(…途中少し省略…) 一字ずつの意味の合成から成ると到底考えることのできない、逆にいえば一字ずつに割って考えることの到底できないような熟語が、その極めて古い時代から既に存在しつづけていて、少なくともその部分においてこの言語は初めから到底單音節語などとはいえなかった。」
といった上、更にすぐ續けて、
「それにこれは餘り人の觸れないことのようだが、單音節といっても、日本の假名がそれに對應している日本語の音節に比べると音量として明らかに大きく、大雜把にいって日本語二音節ぐらいの長さはあり、下位要素の數も、一番多い場合は、xiang, biao などのように四つの單音を含む。日本語も、本來の日本語である「やまとことば」でたぶん一番多いのはアオママ、アカ、クロ、クサ、ハナなどのように、意味の單位が二音節の場合であろうし、その場合その二音節が下位要素として持つ單音は四個ということがこれまた一番多いわけだから、中國語の意味の單位が單音節であるということも、少なくとも音量として特別のものであるわけではない。」

に伸ばして實現するのが普通であるというのもそれと切り離せない事柄であろうことなどをも考え合わせながら、意味傳達の單位としての漢語一音節と、同じく日本語で意味傳達の單位となり得る數として最も可能性の高い二拍の長さとを比べて、漢語音節の方が長い場合がある。漢語一音節の平均的な長さというのは、たぶん人間調音の區切りとして生理的に自然な分量として決って來たものなのではあろうが、意味傳達の機能を擔うものとしてだけ考えるとき、それは調音エネルギー消費型の、冗長度のやや高い單位になっているといえるのではないだろうか。ましてや書記言語としてではない現代口頭の漢語では、勿論これは他のレベルとも關わる問題なのだが、日本語でハハといえば通ずることが、たといそれが聲調を伴って發せられたとしても、mu（母）と言うだけですぐに解ることはまず有り得ない、すなわち、その意味を正確に傳達しようとするには、それはいささか力不足であり、そういうためには muqin

といい、かつ、その、本文後段への注の中では、
「キク、ミル、カグ、クウママ、などの動詞では、意味の單位は、本當は-ク、-ル、-グ、-ウママなどの動詞語尾より上、この場合についていえば、キ、ミ、カ、クなどの方にあるのかも知れない。なお、日本語において意味の單位は二音節であることが一番多かろうということは、人が七五調などの韻文を朗讀するとき、自らが氣づくことなく、實は七プラス五計十二の音節を、意味の區切りとは直接結び付かない二音節ずつに區切って讀む傾向があるという土居光知教授の『文學序說』の中での興味深い指摘を想い起こさせるものである。」
とも、いっている。この漢語音節の音量とその擔う意味の量との相關という問題は、進み具合こそ一向に捗々しくないものの、それでも私がずっと拘わりつづけて來た、卒論以來の、私の最も古いテーマの一つなのであった。ただし私がそこでいう、動詞の擔うべき意味とその語尾との關係は、あまりにも單純な切り取り方になっているようで、こんな形で議論を進めるわけには行かないだろうが、五十音圖の何の段と決まっている終止形その他の、つまり、動詞の數に比べれば明らかにひどく制限されている「語尾」音ヴァラエティーの乏しさを考慮に入れれば、こうした言い方も許される場合があるかも知れない。しかし、また同時に、これは、かつて泉井久之助先生がそう疑われたことがあると私は記憶していて、しかし出所は明らかにしないのだが、キク、ミル等は、實は、キ-ク、ミ-ル等なのではなく、それぞれ kik-u, mir-u 等なのだと考えるべきであるというような種類の問題なのかも知れなかった。ただし、例えば [miŋ]（＜*mʲəŋ）「明」cf. 離婁之明、[maŋ]「盲」、[mu]（＜*mʲuk）「目」等の排列に倣って、メ、マナコ、ミル、また、カヲリ、カグ、さらにクチ、カム、クフ、などと竝べて見れば、そうと決められもしないところはあると言わなければならないだろう。

（母親）とか fumu（父母）とか、どうしても、それを含む熟語仕立ての語彙に頼らなければならないというのを見るとき、その想いは強まらざるを得ない。

　漢語音節の現實について見る限り、韻母は、そこに立ち得る音種が極めて限られていて全體數が少ないため、辨別は聲母に頼る比率が高いということもあって、それが、一音節という生理的に豫測可能な總音量の中で、最大限複雜な構成の音節頭をも生じさせる原因となり、それは漢語音節の重さともなるだろう。そもそも音節單位の漢語の方は、その一音節が場合によっては日本語の何拍分かとも、音長という點だけでは大體對應するだろうといっても、日本語のその何拍かが、多くは一子音一母音の組合せで比較的明瞭度の高い、いわば開いた一拍ずつの重なりで、それだけその正しい聽き取りも保障されているといってよいのとは異なり、聽き取りを確實にするために聲母部分が強調されるということも本來起き易かったと言わなければなるまい。日本語では、意味傳達の單位としてそれが二拍として現れる可能性が高いとはいっても、三拍四拍でも差し支えない自由度があって、一拍單位での加重の必要度は低い。それは日本語一拍一拍の輕さとなって、ただし日本語の場合には、時としてはその何拍かを一まとまりのものとして調音しなければならないためのエネルギーが別にそこに加わることで、重い漢語一音節を輕い日本語の何拍かと等しいものにする音量上の均衡がもたらされるのだと言うこともできるだろう。

　10）漢字の重の字は、現代漢語における表意字としても古典學でもそうであったように、zhong オモイを初義として、時に二義の chong カサナル、カサネルその他でもあり得ることを、われわれは知っている。漢語聲母の調音についてその重さを問題にして來たわれわれは、例えば反り舌子音の調音についてそれを、單なる破擦音にせよ、その口蓋化音にせよ、その基礎のあるところに反り舌要素/-r-/が上乗せされる形でかたちづくられるものとする音韻解釋に觸れて來た。その場合われわれは、

破擦音なり、その口蓋化音なり、然るべき音的基礎、すなわち基礎となる層がそこにある上に、反り舌要素をそのうちに含んでそれを働かせ得る別の一つの層を重ねた、つまり層化 stratification の結果としての重層としてそれが在る、と考えようとしていると言うこともできる。われわれが使ってきた重の字を、この場合はまずカサナル、カサネルと見て、カサナル、カサネルから從ってオモイ、と考えようとしているのだということである。われわれが取り上げて來た漢語聲母調音の、多くの重さの例のどの一つ、例えば淸音、次淸音、次濁音、濁音という音系列の中の、これまでにも見てきたそれぞれのありようなどでも、それらに在る喉頭要素群のそれぞれも、〈單純な〉例えば閉鎖音などの層の上に、今の反り舌子音についてのような重層の一つ一つとして載るかたちで在ると言えるのかどうか、音韻論的解釋としても、音聲學的分析としても、そう處理できるのかどうか、またそこにある層の數は平均して 2 に近いか、あるいはそれを大きく上回るか、それらはどういう風に重なっているのか、そもそもそれらは重なっていると言ってよいのか、それとも、層という考え方自體が比喩としても成り立たないほど、それらは混じり合った區分しにくい構造のものになっていると考えなければならないのか、われわれの次の問いかけは、そういう種類のことである以外にはあり得ないだろう。

參照文獻

馮隆 1985 「北京話語流中聲韻調的時長」林燾・王理嘉等『北京語音實驗錄』、北京大學出版社、131-195 頁

服部四郎 1955 「音韻論（1）」『言語學の方法』279-301 頁

――― 1957 「音韻論（3）」『言語學の方法』323-352 頁

――― 1960 『言語學の方法』、東京：岩波書店

平田昌司 1983-1984 「吳語幫端母古讀考」、京都『均社論叢』14、18-30 頁（上）；同 15, 22-26 頁（下）

城生佰太郎 1992 『音聲學 新裝増訂三版』、東京：アポロン

亀井孝 1970 「すずめしうしう」『亀井孝論文集』3、447-464 頁

────── 1984 『龜井孝論文集』3、東京：吉川弘文館

Ladefoged, Peter 1971 *Preliminaries to Linguistic Phonetics*. Chicago, Univ. of Chicago Press（1981. Midway Reprint）

────── 1982 *A Course in Phonetics*. 2nd Edition. New York: Harcourt Brace Jovanovich, Inc.

羅常培 1940 『臨川音系』（國立中央研究院歷史語言研究所單刊甲種17）、上海：商務印書館（北京：科學出版社 1958 印本）

羅常培・王均 1957 『普通語音學綱要』、北京：科學出版社

尾崎雄二郎 1981 「圓仁『在唐記』の梵音解說とサ行頭音」、京都『立命館文學』430-432、535-544 頁

────── 1984–1985 「中國語」、特にその「歷史」の後段を見よ。『大百科事典』9（東京：平凡社）、840-843 頁

────── 1990 「符號語の說」、『名古屋學院大學外國語學部論集』1、298-306 頁【本書 233-243 頁】

Pike, Kenneth L. 1943 *Phonetics: A Critical Analysis of Phonetic Theory and a Technic for the Practical Description of Sounds*. Ann Arbor: Univ. of Michigan Press, pp.85-106, §6: Productive Mechanism

吳宗濟 1986 『漢語普通話單音節語圖冊』、北京：中國社會科學出版社

許寶華・湯珍珠 1988 『上海市區方言志』、上海：上海教育出版社

袁家驊等 1983 『漢語方言概要』（第二版）、北京：文字改革出版社

趙元任 1935 「中國方言當中爆發音的種類」『國立中央研究院歷史語言研究所集刊』5:4、上海：商務印書館（北京：中華書局 1987 印本）

周殿福・吳宗濟 1963 『普通話發音圖譜』、北京：商務印書館

漢語聲母の音量がもたらすもの

　以下の論說は、筆者が在職中、特に學內發表という點において不足があったという思いから、1994 年 3 月末の依願退職を前に、あらかじめ本誌への投稿を願い出て許可を承けていたものである。學校法人當局、舊同僚なかんづく外國語學部敎授會ならびに產業科學硏究所に關わられる諸敎授、事務擔當各部局の職員がたに對し、あらためて深甚の謝意を表したい。併せて、この 1 年に足りない期間に、あいついで慌ただしくも館舍を損てられた廣瀨、黃兩敎授を悼み、一方、兵庫大阪の大震に、思いもかけず多かった本學關係諸君子の罹災に深い憂慮の念を捧げる。1995 年 1 月 29 日。

　漢語史において脫鼻音化現象と呼ばれているのは、日本語もしくは漢語の表記のための漢字の漢土からの借用に伴い、日本において起きる轉化の積み重ねの結果としての讀音の體系、すなわち日本漢字音、によって說明すると、時代的に、從っては體系の年齢としてもより古いと言われる吳音ではマ行音、ナ行音に始まるものが、より新しい漢音においては、原則としてそれぞれバ行音、ダ行音に始まるものになっているという事實、たとえは馬が吳音では駿馬のメ、漢音では駑馬のバ、乃が吳音では乃至のナイであるのに、漢音では乃公出でずんば、のダイになる（いま引いた駑馬の駑がドであるのも同じ）[1] のなどがその例であるが、そうした「音變」の、漢土における背景として存在していたと考えられているものであり、現在の漢語標準音において m-, n- であるものが、同じく現在のいわゆる西北方音の一部その他において m^b-, n^d-、あるいは mb-,

---
[1] 日本漢字音は大矢透に依る。

nd- として現れることがあるのも、遠く時代を隔ててはいるものの、それと平行した現象であると言われている。英語でいう denasalization などの翻譯である。

　この論文では、この脱鼻音化現象を、漢語史において、また一つの目立つ事象として觀察されることのある無聲化現象と呼ばれるものとも、結び合わせて考えることで見えて來るものを、取り上げて論じてみたいと思う。英語で devoicing、また devocalization などと名づけられるこの無聲化現象というのは、漢語について言う限り、實は脱鼻音化現象と同根に屬する現象であり、そうして、それらがいずれも、わたくしがこの文章に先立つ「音量としての漢語聲母」[2]の中で論じた漢語の、例えば日本語のそれなどと比べて、極めて大きく重たい聲母調音のあり方と結び付く事柄ではなかったのかというのが、わたくしのこの文章の主題である。

　漢語において普通に言われる無聲化現象とは、先の脱鼻音化現象と同じように、しかもそれと同じ時期に、日本漢字音の上にもはっきりその痕を遺していることについては、後に觸れよう。そうして後に觸れるその外にも、それより遙かに古い漢字諧聲時代のこととして知られていて、漢語史上、同じように顯著な事柄とされているものがある。たとえば容榮鋭叡など若干の、そこへの特異な侵入の結果として現在はそうであるような文字を除いて、本來、泥娘兩母、すなわち現代標準音で n- に始まるものとの密接な關連を保ちつつ、同じく現代標準音では原則として r- に始まるものであるところの日母字、如が聲符となって作られている絮の音は、日本においてこそ、いわゆる讀半邊字で、如に引かれ濁音に讀んでジョとはいうものの、正しくはこの音、清音心母 s- に始まるべきショであり、それはまさに如の無聲化讀法に當たるものであって、つまりは、そういう無聲化讀法の在るような場所でこうした諧聲が行われたのだと考えるか、あるいは、この如のような音の調音にも、しばしば無

---

[2] 高田時雄（編）1994, 501-522 頁。[本書 43 頁以下に收録。]

聲化讀法、もしくはそれに近い狀況の現れ易いことを意識する人たちによって諧聲が行われたと考えるか、そのいずれかであると言うことは恐らく許されるのである。また一つの例で、疋、すなわち日本漢字音の吳音ではソ、漢音ではショの生母（あるいは山母）字であり、それが聲符であるところの疏、音は同じくソ、ショであるもの等、主としてその音による諧聲の系列がある一方で、また雅の正字と言われて音ガの疑母字、ŋ-でもある文字などについても、ŋ-の無聲化音、もしくは無聲化音的讀法の存在が、少なくともそれらへの志向が、伴ってそこにあるのでなければならない、と考えられている。疋、疏等、いずれも等韻圖では二等の生母字であるが、現代標準漢語音のすなわち反り舌摩擦聲母ʂ-はその生母の後身を、他のものも合わせてすべて包み込むものであるが、古音生母も現代標準漢語におけるこの聲母とは同類のcerebral、和譯して、舌先が腦を指さす、つまり向腦頂音あるいは翹舌音、の一種であったとされている。一方、漢語現代標準語の中では唯一純粹の濁音聲母であるとされる聲母ʐ-は、先にも觸れた日母の後身の大部を占めるものであるが、ここでそれを濁音というのは、實は、清音であるところの生母に對してその濁音だとされるのである。先に日母と泥母との近緣を言ったが、現代標準漢語における調音の方式について見る限り、泥母に關しては舌尖が硬口蓋先端部との間に閉鎖をつくるということがその要件としてあるのに、日母の方には、同じその現代標準音形ʐ-, ɚなどから見て、舌前部の硬口蓋に向かっての前進接近はあったにしても、舌尖と硬口蓋前部との間の閉鎖が、かつては作られたかも知れないと思わせるような特別なものは、現在、なにもない。おそらく日母は、その始源においてすでに、生母がそうであったであろうように、舌尖によって硬口蓋との間に閉鎖をかたちづくるような種類の聲母ではなかったのであり、さればこそ、その無聲化調音は、同じく舌前部が調音に關わるものではあっても、しかし舌尖性聲母ではないところの心母字の頭音などとも、場合によっては近緣の感じを人に與え、そこで諧聲系上のいわゆる交替も起き得たの

であろう。

　疑母については、後舌部と軟口蓋との間に閉鎖が作られなかったと言うことは、もとより出來ないけれども、これも前の論文に服部四郎教授を引用して言った[3]ように、この聲母には、全調音器官の靜止というのにも近いところが多分にあって、閉鎖があってもそれは閉鎖として極めて弱いものであり、さればこそ語頭聲母としてのそれが、現代標準語を含む多くの漢語支派においては失われてしまっているのだと言ってよい。それと先に見た生母字との交替が行われ得るのは、疑母が軟口蓋調音聲母の一つとして後ろ寄りであるところから、口腔内で舌が全體として後退し、それが生母字など舌尖が硬口蓋前部を志向する種類の、従っては舌の全體はそれだけ口腔の中で後退する種類の聲母と、場合によっては、と言うのは、そうした聲母の後にある種の韻母が連接したようなとき、口腔内感覺としても近似し、そこに併せて無聲化調音が伴えば、聽覺としてもまた近縁であり得たことによるであろう。なお、これはまた、わたくしの、この論文においてではないにしても、やがての重要な論題の一つとなるべきことでもあるのだが、聲母としての疑母と、韻母の末尾音すなわち韻尾としての-ŋ、殊にまずカールグレン教授、次いでは趙元任先生等によって北京方言について觀察され、趙先生ほかのそれは特にカールグレン教授への譯注として示されてもいる[4]、すなわちその、極端にと言ってもいいほどに後ろ寄りのタイプのそれなどとの間には、同じように考えてはならない違いもあるようである。

　次に、議論を進める便宜のためというだけのことだが、一つの、日本漢字音の例を先ず取り上げる。漢数字の三は、吳音、漢音とも音サンで

---

　[3]服部四郎1960, 340頁。わたくしが先に引く論文の中で、そのように服部教授を引用しながら、その論文の注（1）では、鼻子音韻尾に口腔内破裂を伴わない特質があることは、かつて指摘したことがある、などと、自分の古い仕事をまで引き合いに出しているのは、いわば二重の疎忽である。わたくしの引く教授の注自體、そもそも「implosif の鼻音については事情が少し違う」という表現に始まっているのであって、implosif の鼻音というのこそ、すなわち韻尾としての鼻音なのであった。

　[4]Karlgren 1915, p.289, 趙元任・李方桂（譯）1940, 192頁注（一）。

あって、違いがない。しかし、古くは日本でも -m に終わる音をもっていたと考えられ、痕跡としてという程度になら、日本語の中で他にその證據もある。たとえば人名としての三郎は、普通サブロウと讀まれて、サンロウとは讀まれない。それは三が、いまの朝鮮漢音字と似て、日本でも恐らくサムなどと讀まれていたであろうことの名殘であり、しかし、サムがサムでなくて、サブであるのは、一種の轉訛であって、日本語の中での脱鼻音化の結果であると考えるべきである。それは、こんなふうに説明することができる。そもそも鼻音に始まるム自體に、實は始原的に脱鼻音化の傾向が伴っているのであって、なぜかというと、ムのように奥母音を伴う音では、調音に際して、舌全體が口腔内で大きく後退するため、氣道の體積を小さいものにする。その結果、鼻腔に向かう呼氣の體積も當然全體として小さいものになり、鼻音性をも弱め希薄にすると考えることができる。サブロウの場合には、その上さらにロウという調音が連續することで、その傾向が一層強まる。ロウ、實際にはローの調音は、同じように奥母音を連續させるものだからである。

　日本語内で、マ行音ナ行音に同じように脱鼻音化が起こったと考えることで説明が容易になるようなものとして、サムイがサブイでもあり、鷗は、ある種の子供達の遊びの中でカモメではなくカゴメであり[5]、また己が、ときにオノレではなくてオドレ、乃至オンドレであるのを、思い出してもいいだろう。サムイはサブイでもあるが、普通にはもちろんサムイであり、カモメも、カモメを知らないかも知れない子供達のその遊びの中でだけはカゴメであっても、それ以外の社會ではやはりカモメでありつづけ、同様にオノレは、上にも記すようにオドレの形はあるにもせよ、時にオンドリャー（オノレハ→オノレャー）まで變形しながら、

---

[5] 有坂秀世 1937。その 433-434 頁には、カモメがカゴメである多くの方言地區の名を記録し、かつ、それらの中には鼻濁音をもたない地區が含まれることにも觸れてある。カゴメカゴメのカゴメ、すなわち、カガメ、あるいはシャガメ、の意味にかけられた、同時に鳥の名でもあり得るこの言葉を、その兩方の場合を含めて、方言語彙と考えなければならない特別な理由というのは、たぶん、無いと言ってよいであろう。

なお-nd-であって、鼻子音たる-n-の要素はこれを保存し續けていることでも示されるようにオノレの形を完全には捨てていない場合が平行して存在しているのに、サブロウの方は普通サブロウだけがあって、鼻音を含むサムロウの形を遺さないのは、これらム、モ、ノ、などに續く後の調音がどういう風であるか、サブロウのロウについて觸れたことが、解說になる。狀況が連續的で、念を押した格好になっているだけいわば強制的というに近く、完全には選擇可能でないという點、これら他の三者の場合とは違うだろうというのである。

カゴメ、カゴメ、と出て、カゴノナカノトリハ（籠の中の鳥は）、と承けることで、カゴメが實はカモメであることは知れる、と言ってよいだろうが、すでに注（5）にも言うように、有坂秀世博士はこの轉譌について、鼻濁音との關連を問題とせられる。と言うより、そこでは鼻濁音關連の問題としてこの轉譌が捉えられようとしていると言ってもよいのであって、そうでない場合の方こそ、わたくしの先ず取りあげようとする對象であったのとは、むしろ初めから異なっていたようである。從って博士の場合には、方言の地區として鼻濁音のないところに、どうしてこの轉譌が起こり得たかという疑いも出て來得る。しかし、モとメの直接という條件の下で、モが早くメの影響を受けることで、英語で言えばいわゆる逆行異化 regressive dissimilation として音それ自身の、脣における閉鎖を不確實のものにし、また鼻音性そのものをも希薄にするということが、それに伴って存在したとして不思議はないわけだから、それが、鼻濁音ゴをもった人たちはそれの調音と近似したものにもなり得て、その結果として、それと鼻濁音ゴとの取り替えも起こり得ようし、他方、鼻濁音ゴをもたない人たちにも、兩脣閉鎖の不確實、鼻音性の希薄さ、すなわち鼻腔からの呼氣の呼出の、そうでない場合に比べての少なさ等はまた、そこに鼻濁音でない口音ゴとの、それの取り替えが起こっても、同じ樣に少しも不思議ではない狀況があったといってよいのである。いずれにしても、われわれの取り上げて問題にしている、さしあた

りは漢語の、脱鼻音化であれ、無聲化であれ、人間の言語事象として、特別に珍しい事柄ではないことが、日本語の例によっても讀み取れるはずだと、わたくしは言いたかったのである。カゴメの捉え方が博士とわたくしとで、鼻濁音との關連において異なるのは、同じく東京の生まれとは言っても、いわば生得的に鼻濁音をもって育って來たのではないわたくしのような者と、逆にたぶんそうではない博士のような人たちとの間にある違いなのだと、言ってもよいだろうか。

ところで、わたくしの「音量としての漢語聲母」は、聲母を一應の主題としながら實は、漢語一音節ずつの音量が、それが日本語の場合などと比べるとき、びっくりするほどにも大きいということを語ろうとするものであった。

そういう大きい音量の上にであるからこそ、四聲のような聲調も、いわば超文節的に乘り得るのであって、いま普通には趙元任先生に從い、それを、55, 35, 214, 51 などの數字で表しているのではあるけれども、日本語のアクセントならそれでも扱える例えば低高、高低とか、あるいは低高高、高低低とかいうのと本質的には同じものでしかない上のような表記では、本當は表せるはずのない漢語の聲調のようなものは、いまも言うような、この大きな音量と恐らくは不可分のものであり、漢語が單音節語であるということと同時にそれが聲調言語でもあるということとは、しばしば表裏一體のこと、同じ一つのものの裏と表、として簡單に扱われがちだが、實はその關係も、そこに量が介在してこそ成り立つ性質の、逆には、つまり一定の音量の存在を前提しなければ必ず在るとは限らない種類の、選擇的とも言える關係なのであることを、われわれはここで改めて認識しなおさなければならないであろう。

ところで、初めにも觸れたような、現代漢語標準形への異形としての、m- に對する m^b-、n- に對する n^d- 等が、m- や n- から、いわば析出して來るものだとして、それらは、そういう大きな音量の支えのもとで現れ易いであろうことも、わたくしは、先の論文で言っている。同時に、その、

現れ易い條件とわたくしの考えた、漢語 m-, n-の、日本語などと比べて遙かに重く長い調音が、われわれ自身で實驗的に體驗できるように、鼻腔からの、中心部調音にひとまず先立っての呼氣の呼出を促し、從って中心部の調音に對しては結果的にその分だけ、それが先行分離調音という意味合いのものともなり、いざ中心音、という段になっての鼻音性をさえ弱くするという效果があったであろうことにも、われわれは充分の注意を拂っておかなければならない。

　いま觸れたような、重く長い性質のものとして漢語鼻音聲母の調音は、分離先行する鼻腔からの氣塊の呼出があって、中心音調音に際しては、そのために、その鼻音性が希薄になるという議論には、たとえば日本語で、特に女性の、驚き乃至は詠嘆を表す、そうしてしばしば非難の氣持ちをさえ内にこめた、つまり、これもまた重くて長い、ムマーとでも表記すべき間投詞が、その開始部の兩脣閉鎖から母音部にまでかけて強く無聲化されている種類のものと比べれば、こちら漢語の今の論議の場合には、時や場合を問わずにそうなのだという違いはあるにしても、われわれの議論の、いわば平行資料になるものであって、こういうものは、常にわれわれの視野の中にあるのでなければならないと思う。ムという出だしで早くも鼻腔からの強い呼氣の呼出があることは、誰しも、あらためて體驗しなおすこともできる事柄であって、城生佰太郎教授の『音聲學』[6]にも取り上げられている例である。外にも、日本語マ行音ナ行音、すなわち鼻音に始まることばは、今も言うような感情、場面などの影響を表面の違いとして表し易いようで、幼兒を叱るときのことばとして使われて來たメッ、あるいは特殊な場面でのマタ（又ぁ）、モウ（あなたったら、もう）などでのメ、モ、マ、また、催促のネエ、怒りのナニッ（何）などでのネ、ナ、ニ等が、いずれも同じような形を取ることがあるのを、われわれはしばしば經驗する。なお、この、假にムと表記した、さきの發話開始部の假名は、わたくしの前の論文で、少なくとも

---

[6] 城生佰太郎 1992, 62 頁。

六十年前の東京には確かになお存在し、特にわたくしのような、東京生まれではない親たちの子である小學生の、そうでない發音が年配の先生によってたしなめられることさえあったところの、馬、梅などの語頭をウマ、ウメという形にではなく兩脣の閉鎖に始まってその閉鎖は解除せず續けながらする調音の方式のその發端部を、この表記によって示そうとしたものなのでもあった。

　漢語の、鼻音調音の全體に亙って、いま言うようなことはあったに違いないし、鼻音に限らず、鼻音をも含めた有聲子音の調音という觀點から見ても、調音のこういう長さ重さというものは同じように作用し、その摩擦音では、そもそも聲帶の振動が音中心部の調音に先だって長く存在するために、もともと調音としても弱いその lenis の調音エネルギーをさらに費銷させて、その結果、音中心部での有聲性を、その重さ長さの分だけ、反って一層弱くするということがあるかも知れない。破裂音や破擦音においても、そこでは、破裂の起きたときが一つの區切りになるわけで、從って、摩擦音においてのように、聲帶の振動が先立って長く存在するというわけには、もちろん行かないけれども、開始部における重く長い調音のこのスタイルは、それだけ、同じように調音のエネルギーを費銷させることで、音中心部の調音をそれだけ弱くするという結果を、同じように、もたらし得る。あるいは同時に、それが聲帶の振動をも抑える、いわばわたくしの考える、一種の意志性をも伴うことで、かえって逆にその部分、すなわち喉頭の緊張をも引き出して、やがてはこの言語における有聲子音全體の無聲化に途を開くという方向に向かわせたのかも知れない。

　鼻音聲母の調音においても、鼻腔からの呼氣の呼出と聲帶の振動とが、音節中心部の調音に先行して在って、そのことのもたらす調音エネルギー減弱の結果としても、無聲化傾向は起きやすくなるだろうと考えられる。例えばこれも前の論文の重要なテーマの一つだったことであるが、吳語の一部に幫母字、端母字が無聲の m-, n- として現れることがあるという

事實にしても、もともとの明母字、泥母字等である有聲の m-, n-が、やはりその有聲性、鼻音性の弱い形で、いわば受け皿、乃至はモデルとして先立ってすでに存在する、という狀況下で、そういうものに對しての一つの對應の方式としての、そのような、いわば特殊の聲母の存在もあり得たと考える方が、そうでない狀況下に在ると考えるのと比べて、より一層、事象として起こり易かったということが言えるだろう。のみならず、いま述べた有聲破裂音のような場合、破裂をすぐには行わずに破裂のための呼氣をそこに止めておくという要求が、呼氣のための氣塊を内にくぐもらせ、聲門部より下に向かって壓縮する傾向もそれによって生じ得る。實はそれは、幫母字、端母字の一部が、もちろんこれらは、それとは違って無聲の破裂音ではあるけれども、それが頭音を、同じく無聲の m-, n-にして現れることがあるという、上に取り上げた方音事象とは密接に關わるとされるいわゆる入破的調音方式 implosive そのものだと言ってもよいものなのである。先の論文に引くラデフォウギド教授が、入破調音の、調音方式としての起源を論じて、ある種の言語においてこの調音の方式は、それの、より古い時代における有聲聲母から出て來た明白な證據があると言っている[7]のを、それに觸れることがいまの場合の解説として本當に正しいかどうかは別にして、ともかくも、われわれは想い起こすのである。

　漢語における、多くの方言支派での有聲聲母の消滅の歷史は、今まで述べてきたような、こういうアプローチで考えて見ることも意味のあることではないだろうか。日本漢字音は、その吳音の漢音への交替によって、すでに述べたような變化の痕を遺したが、日本漢音がそもそもその音を模寫しようとしたものだと言われる隋唐の新しい北方統一標準言語は、そういう有聲聲母をすでに失った言語であったと普通に考えられており、それぞれ明母字および泥母娘母字を寫すものとして、日本語音としては濁音であるところのバ行音、ダ行音、また、それについての説明

---

[7]Ladefoged 1982, pp.122-123.

は省いて來たが疑母字 ŋ- に對應すべきガ行音、を除いては、日本漢音が原則として濁音表記のものを持っていないのも、この有聲聲母の喪失という歷史的變遷に、外國漢字音として對應した結果だと解釋されているのである。これは、論文の發端に近いところですでに觸れた事柄である。

　漢語の m-, n-, ŋ- にそれぞれ結び付くバ行音、ダ行音、およびガ行音を除いてこのように有聲聲母を持たない日本漢音の體系で、吳音としてはかつて濁音表記を持っていて、つまり、もともと有聲聲母であったものの、すでに濁音ではない形のものに取り替えられていたと考えられているものは、現代標準漢語においてそうであるように、有聲聲母の內、平は陽平として帶氣次淸音に、仄は不帶氣音すなわち無氣淸音に、という分屬狀況になっていたと、いま普通に考えられているように見える。そのような、淸音次淸音への分割分屬という形での濁聲母の喪失という歷史を持った漢語は、その意味で例えば日本語とか英語とかに比べるとき、その點だけでは、やや特殊な言語だと言って言えなくもないのだが、それだからといって、漢語が例えばいまの吳語の多くの支派においてそうであるように、これも日本語や英語などに見られるような、いわば、より普通の濁音は、言語の集團全體として初めから持ってはいなかったのかも知れない、もともと消え易い別種の濁音しかそこにはなかったのだ、だから北方方言におけるかつての濁聲母喪失といったことも起きたのだ、などと、かつてはわたくし自身もそうだったのだが、そういう風に考えようとするよりは、吳語の濁音にしても、元來はいまのようでなかったのであり、漢語に共通の、その大きな音量を持つ音節の中で、われわれのいう重く長い調音が必然的にもたらすものとしてそこに置かれるようになった、つまり一つの結果、置き換えの後の二次的な體系であるに過ぎないところの、本來の濁音に比べては有聲性において既に一層弱いが、しかし、まだしも日本語、英語などに見られる普通のものには近かった濁音をモデルに、有聲性の弱さについてはその一層の強調である、やや特殊とも言える濁音形の、いわゆる淸塞濁流の濁聲母群を、體

系として作り上げることにもなったものなのだと考える方が、より自然ではあるだろう。

　さて、そういう風に、漢語全體の、鼻音を含めての有聲子音の調音において、漢語音節の調音の特殊性に基づいて、その有聲性、鼻音性は、例えば日本語、英語などに比べてはすでに弱いものであり得るという狀況を設定した上で、しかし更に、現實のものとして脱鼻音化現象は、漢字の諧聲時代にも起き得たのだということを、わたくしは、言おうとして來たのである。つまり、先に取り上げた、日母字たる如ジョを聲符として絮が、正しくは、無聲のショであるべきことを、また、疑母字としては音ガ、すなわち雅の古字と言われるものであると同時に、また音ソ、ショの生母字でもある疋は、なぜそういう風に二重であり得るのか、その音は、なぜガであるとともにソ、ショでもあり得るのかを、鼻音字でもあるものの脱鼻音化現象と關連づけて、わたくしは論じて來たのであった。

　鼻音性の無い有聲子音についての例もいま併せて考えるとすれば、來母字 l- を聲符としながらその無聲化音として讀まれる例えば婁に從う數を取り上げれば、婁は、吳音漢音とも、ル、もしくはロウ、それを聲符として數は、吳音シュ、漢音ス、である。これは生母字であるが、この生母は舌の先端部が硬口蓋前部に向かって隆起接近しなければならないものである。一方、來母は調音に當たっての舌尖性はその尤も重要な性質である、すなわち、その調音に當たって舌尖は硬口蓋先端部との間に閉鎖をつくらなければならないものであるが、この二種類の調音方式の間には共通するところがある。すなわちこれら二つの聲母は、舌先端部の硬口蓋前部への志向性、という點において共通していると言えるのである。なお、先に見た疋が、牙音のガ、齒音のソ、ショと二系統の音を持っていたのと同じことと言うべきだろうが、婁はまた、見母、群母とも、諧聲系を通して結び着いており、從って、これと、k-, g- などとの關連をも論じなければならないことになる。たとえば貧窶の窶、吳音グ、漢音ク、のこの字も同じく婁を聲符としているということを忘れるわけ

には行かない。

　そうしてそのとき、これもわたくしがすでに論じたことの一つでもあるのだが、來母のそういう舌尖性は、同時に口腔内部での舌全體の後退でもあるということが、特に注意すべき事柄となる。たとえば群母字として軟口蓋調音聲母字の一つである夔のそれとも、それは、矛盾するところがない。一般に言って舌尖性と前舌性とは、舌による閉鎖を伴う調音では、互いに矛盾し合う性格であり得るが、生母のように、たかだか舌の、他の部位に向かっての隆起というだけの場合には、その舌尖性が、たとえば審母の、すでに定説として言われている前舌性と比べて、實際の舌のそのときの形やその聽覺の上で、どれほどその特殊性を示しうるか疑わしいところが無いではない、とも見えよう。にもかかわらず、來母生母の交替についてはその例に事缺かない一方で、諧聲の實地の上での來母審母の關わりは絶えて知られていない。ということから、われわれはその審母の、そのように言われている前舌性そのものを取り上げて、それは、生母において見られる舌前部の形態とは一體どのように違うものであるかと言った具合に、あらためての研究の對象とも、なし得るであろう。しかしまた、生母が、牙音字として等韻圖二等に列せられ、カールグレンもかつて疑った[8]ように前舌性を持つことも期待できる疋（雅）字の別音を表す聲母でもあり得ることと、その生母が一方ではまた來母字婁を介在させることで、これは等韻圖三等、明らかな前舌性をもつはずの等位にいる夔とも、その意味では結び着くと言わざるをえないことと、必ずしも矛盾しない。おおざっぱな言い方とも聞こえようが、聲母の後に實際どのような韻母が接續しようとも、來、生、牙の各聲母が、口腔内部における舌全體の後退という性質を共有するものであることは、なお否定することができないことなのである。

　「音量としての漢語聲母」のなかで、わたくしは、p-, t-, k-など、無氣

---

　[8] 趙元任・李方桂上掲書、477-478 頁（e）二等有沒有前顎介音的成素？、第 1 段の後に加えた譯注に言う、「此下 [ ] 内的兩段是譯者參照著者的 Recons. Ac. p.24 改譯的。」

閉鎖音の系列、漢語の字母で言えば、幫、端、見の各字母を聲符とする文字の、頭音の調音における喉頭部の緊張などをも含みつつ、それが必ずしも卽音長になるのではないが、しかし、たとえば普通の日本語音節などとの對比において言う限り、かりに調音エネルギーの凝集そのものだなどと言ったとしても、そう言い過ぎではないであろうところの、漢語音節の一つ一つ、そうしてさらに言えば、その構成要素としての聲母部分の音量、について論じたのであった。すべての聲母は、それを頭音とする漢語のすべての音節の中で、漢語の話し手たち、聞き手たちの期待としての感覺の中では、音節の一つ一つがそうであるように、相互に等質の量であってもよいはずのものなのであって、たとえば來母字の頭音なら、明母字、泥母字について見たと同じように、大きな音量を持った音節の中でl-が、われわれが言う意味で重く長く調音される、すなわち、舌が調音點を離れる前、充分の時間をその接觸の場所で過ごすことで、もともとそのl-の有聲性のために費銷されるべきでもあった調音のためのエネルギーを、その場所で、ただ費銷してしまい、その有聲性は逆に弱いものにする、つまり、無聲化にもその途を開き得る狀態が作り上げられることになる。すでに見た、妻が聲符となって諧聲字數の無聲のシュ音、ス音を作り上げることもできるためには、そういう素地もあるのでなければならないのである。

　しかし、ここで最も重要なことは、いまわれわれは、漢語全體に涉るものとしての、そういう素地について語っているのであって、すでにわたくしの用いた言い方を繰り返すならば、そこには選擇可能な、必ずしも唯一それだけが可能というのではない、そういう場所がそこに開けていると言っているに過ぎないのであって、それらの中の、どの場所に實際向かって行くのかは、あらためての次の問題になるだろうということなのである。

　さて、脫鼻音化の實例を幾つか擧げる中で、わたくしは日本語の例をも取り上げたが、その時そこで見たものは、鼻子音聲母における脫鼻音

化現象が、その鼻子音が奥母音を伴う時に起き易いという場合であった。漢語の諧聲時代に起きた可能性のある同様の脱鼻音化、乃至無聲化現象も、そういう奥母音隨伴というようなとき、少なくとも主母音としての奥母音隨伴のときに起き易かったであろうことは、當然期待できるところであって、少なくともこれまでわたくしの擧げてきた例では、聲符の如、疋、婁いずれもそうであった。如、疋はいずれもいわゆる上古音の魚部、段玉裁なら第五部に屬し、婁は侯部、段の第四部に屬して、その主母音はいずれも奥であった、あるいは少なくとも前ではなかった、と推定される。絶對の要件としてそうであったとは言わないし、また言う必要もない。例えばまた日本語の、すでに引いた例に戻って言えば、サムイがサブイでもあるというとき、そのムがブであり得るのは、ムの奥母音性にのみよるのでは、恐らくは、ない。末尾音イを目指しての調音の移行、言い換えればその前舌性、すなわち、その氣道としての狹さへと向かって調音が移って行くことに自然に伴う、氣塊の鼻腔からの呼出のための配分の、量的な減少によっても加重され得るかも知れないのである。

　漢語に關して言えば、隋唐時代の標準語について特に顯著であったと言われている聲母の脱鼻音化現象についてである限り、そうした聲母に奥母音が必須條件として隨伴したというような事實は全く見あたらず、脱鼻音化は、様々な調音位置をもった母音に對して、同じように起き得たと思われる。それらの聲母への、前寄りの、狹い母音の隨伴は、同じく氣道の狹窄を、結果としてもたらすはずでもある。しかし少なくとも、いまのわれわれの問題である漢字諧聲時代における脱鼻音化現象を含む有聲聲母の無聲化傾向について言うと、たとえば上の、鼻子音に奥母音の連接するような時には、われわれがすでに日本語についても見たように、脱鼻音化、もしくは無聲化に對して途を開き易いという狀況が、いわば強制的にではなく、選擇可能なものとして在った、もしくは少なくとも、在り得たと考えていい。われわれの言う、重くて長い聲母調音の

方式がそこに加わるとき特にそうであったに違いなく、現實にそれ、すなわちある種の聲母の脱鼻音化、乃至有聲聲母の無聲化に支えられたわれわれの問題の諧聲は、正にそうして起きたであろう。漢語聲母における、こうした重く長い調音に必然性があるならば、漢字諧聲時代の、われわれがいま取り上げているような種類の諧聲は、その必然性によってもたらされる脱有聲音化、有聲性の弱化、を梃子に、當然起こり得べき種類のことだったと言ってよいのである。

なお、念のためにだけ言っておけば、すでに取り上げた日本漢音においてそうであったと思われ、また現代漢語西北方音の一部などにおいては實地について見ることもできる m-→ m^b-, ^{m}b-の交替は、ここまで見て來たような有聲聲母の無聲化と比べるとき、見かけ上、無聲化は伴っていないようにも見える。しかし、ここに現れる $^{-b-}$、乃至-b-は、それらを含めた上で聲調的にも全く m-聲母、それも、その鼻音性あるいは有聲性を大きく弱められた m-聲母の一部分として行動するのであり、だから、それは眞正の濁聲母-b-なのではない。つまり、漢語の脱鼻音化現象と無聲化現象、少なくともそれへの志向とは、別に二種類の異なった音韻現象がそこにあるというのではなく、實は同一の脱有聲音化現象、あるいは有聲性の弱化という現象、乃至はそれらへの志向の、ただそれが實際に起きる場所だけの違い、あるいは對象だけの違い、であるに過ぎない、と言ってもよいものなのである。

但しまた、それならば有聲聲母の一部としての鼻音が、いつでも自分たち以外の有聲聲母群の全體と、全く同じように行動したのかと言えば決してそうではなく、例えば現代標準漢語では、『切韻』の平聲に屬していたものでは鼻音と半齒半舌音つまり日母來母、及び [j-] の喩母、それらを除くすべての有聲音すなわち濁音を聲母とするものとが、すべて同じ陽平に分入するが、仄聲について見ると、上聲では半齒半舌音等とともに清音と同じように行動し、結果として陰上聲の調値を上聲の調値そのものとすることにもなった。入聲では鼻音を聲母とするものは半齒半

舌音を聲母とするもの等とともに、濁音上聲とも一緒になって、陰陽の區分の無い、ただし濁上聲をも含むが故に實は濁以外のものではあり得ないところの去聲の中に分入する。次濁音を別名淸濁音とも言うのは、次濁音が、このように四聲のどれに屬するかによって、濁音のようにもまた淸音のようにも行動するからの命名ではないかと考えたのは、わたくしの知る限り、橋本萬太郎故敎授であった。わたくしもかつてその說に從うと書いたことがある。廣州方言などにおける次濁音の現代音内部での分屬は標準漢語とは異なり、それらは有聲音と全く同じ歸屬になるという方式である。次濁音の各聲母が、鼻音として、また半齒半舌の各聲母のように口腔内的摩擦音をもたらすべき調音の方式として、他の有聲聲母には無い、鼻腔からの、あるいは口腔を通っての、呼氣の先行的呼出のプロセスをもつことの、結果としてもたらす違いが、標準漢語などでは、こうして現れているのであろう。

　ところで、ある一つの諧聲系が複數の字音のグループに分かれる、すなわち一つの諧聲系の中で字音が幾つかに分化しているというようなときには、個々の諧聲がそれを用いることによって行われたその聲符の字音が、時間の流れの中で、その時期その時期それぞれに形を變えて行きつつあったに違いない、その、變わりつつあったそれぞれの時點におけるかたちを、それぞれ個別に傳えるものとして、それぞれの字音を考えるのでなければならない、つまり、分化したその字音群の總體が、その聲符字の字音の、早い諧聲時期のものから、それに後れて續く、おそい諧聲時期のものまでの、歷史的な變遷を示す年表を形づくっている、とすべきだと考えられたことがある。この考えは、諧聲字の字種としてはそれが一番多いと思われる次のような場合、すなわち、聲符の字音が被諧聲字の字音と全く同じという構成のもとに作られたものであるときに、實は無效で無意味である。なぜならば、音變化に例外無しという、日常レベルのものであるに過ぎないと言われることもあるようだが、しかし適用範圍は極めて廣い例の法則が、この場合にも言い當てているように、

聲符字の字音と被諧聲字の字音とが完全に等しい形で諧聲が行われたのであり、その諧聲はまた、その時點でその聲符字の、その時の字音にもとづいて行われたのである以上、人が以後の時の流れのどの時點に身を置いて眺めて見ようとも、その雙方の字音は、原則的に常に同じでなければならない。互いに同音の二つの文字は、そのうちの一方、もしくはその雙方に個別の特別な變化が訪れるようなことのない限り、千年の後にも、原則として互いに同音であるはずだからである。

　従って、このような議論がなにがしかの意味を持つのは、いままで、われわれが見て來た交替のように、聲符字の字音が、被諧聲字の字音と、近くはあっても全く同じなのではない、というような特殊な諧聲をのみ取り上げて、それらの字音相互間の對應を論ずるときに限られると言うべきであろう。諧聲字の聲符であるからには、互いの字音は、もともと全く同じか、あるいは、少なくとも互いに極めて近くなければならないのである。そうであればこそ、今のようなとき、われわれは、某聲母に始まる文字を聲符とする被諧聲某字の字音によって、諧聲時期におけるその聲母に始まる聲符某字そのものの字音を、被諧聲某字のそれとも近い聽覺と、また口腔內感覺とを具えているであろうものとして措定することもできるのである。恐らくは同時に、その諧聲の目標であった文字が聲母として持つべき、聲母としてのその時期においての在りようについても、逆にそこから見てみることで、一層精密にその實態を把握することができるであろう。したがって、諧聲字における字音の分化について言うのなら、原則としてはそれは、聲符と被諧聲字との間に、諧聲時期においても、全く同音という關係はなかったことを、また、そもそも諧聲の時點ですでに存在していたはずの字音上の乖離、すなわち、その近さと、同時にまたその距離あるいは遠さとを、千年の時を隔てて示す場合が一番多いのだと考えるべきものだったのである。それら相互の間の、遠さという一方向だけについてなら、來母生母の諧聲上の交替にわれわれが事缺かない一方で、來母審母の交替となると、恐らく偶然に

漢語聲母の音量がもたらすもの　　　　　　　　　　　　　　　　　　　　　　93

依ってではなく、絶えてその例に惠まれないことに觸れて、審母のよくいわれる前舌性そのものについても、それは、調音のときの舌の形として來母とは舌尖性を共有する生母の調音のためのそれとはどのように遠いのか、を考えつつ、その反對の來母審母間の諧聲の例は無いという事實に適合する形でそれを設定しようと試みることが必要であり、かつはまた可能なことでもあるだろうということを、われわれはすでに論じたのであった。

　無聲化の度が高く、あるいはすでにそれを完成した言語集團の中での、われわれの取り上げた疑、日、來の各聲母におけるような無聲化調音は、先ず日、來兩聲母について言えば、その口腔内調音部位において共通して生じ續けるのは摩擦性噪音であり、一方、疑母はすでに服部敎授によって言うように調音器官の休止に近い、つまり閉鎖そのものも弱いわけだから、調音位置がそれに近い接近音すなわち摩擦性聲母によって取って代わられるということもあるであろうし、そうでなくとも、閉鎖の解除そのものもまた弱いために、解除に續く摩擦噪音の方が聞き手の耳には強く印象されるということがあるだろう、それらのいずれにおいても、同種無聲の噪音を産み出すはずの心母字、生母字などの頭音の調音におけるものとは遠くない聽覺や口腔内感覺を作り出すことができる。それぞれに軟口蓋調音性（疑）、また日母來母が舌尖調音性聲母であるための非前舌性、あるいは少なくとも、それらのことが結果としてもたらす、口腔内部での舌全體の後退という性格はこれを共有しているわけで、それは生母字やまた心母字などの舌の形、從ってはまたそれら生母心母の發話者にとっての口腔内感覺とも、勿論そのためには、特にたとえば聲母の如が絮を産む日母心母の關わりについての場合など、心母がある種の狹い母音を隨伴するときなどと、やや特殊な調音環境を選んで言わなければならないというような場合もあるのかも知れないにしても、それらと、またその聽覺とも、すでに見たように、互いに大きく離れることが無いはずだからである。交替の實際に行われる條件は、そうして調えら

れて行ったのでもあろう。舌尖によって硬口蓋最前部を含む範囲の中に閉鎖を形成する聲母である來母字の妻を聲符として作られた數の字が、これまた舌尖性聲母の生母字に屬するものであるのは、外にも例えば日本吳音リチ、漢音リュツ、同時には吳音はシュチ、漢音はシュツである文字として、來母字でもあり、また生母字でもある複數字音字としての率その他があることでもわかることだが、舌尖性調音字が聲符となって舌尖性調音字を諧聲系上に產むというこのような連係は、特に解りやすい。しかし、このような、調音方式の、かなり狹い範圍內においてもの、いわば一致が、いつも、われわれの諧聲上の交替について存在するとは限らない。そうして、見かけ上のそういう一致が必ずしもあるとは見えないような場合でも、ある種の交替は存在し、他方また、あって差し支えないように見えていてしかも現實にはその例を捜し當てられない、ある種の聲母間の、いわば斷絕もあることを、われわれはすでに見たように、知ってもいるのである。われわれが見て來たように、同種同類の聲母間での、とは到底言えない諧聲關係について、わたくしには、その中でそれらを指して、奇妙な諧聲、とわたくしの呼んだ1970年の、この問題についての專論とも言える述作がある[9]。そのとき既にわたくしは、そのことについて聲母の無聲化調音の、もしくはそのような調音の習慣をもつ人々の集團の、存在がこのような諧聲のあることに關して果すべき役割について、はっきりとした意識を持っていたと思う。したがって今から言えばすでに四半世紀も昔のものであるその論述と、このたびのこの論述との間に、特に例示などについて若干の重複あることは免れない。敢えてその重複を避けようとしなかったのは、このたびの論述は、たとい同じことを論じていたとしても、それはわれわれの言う漢語音節の、長く重い調音が直接もたらしたのであるはずの、結果としての無聲化調音について論ずることを主眼とするものであったからで、それと、四半世紀前に考えていたらしい、そういう調音のタイプ、あるいはそう

---

[9]尾崎雄二郎 1970。

漢語聲母の音量がもたらすもの　　　　　　　　　　　　　　　　　　　　　　　95

　いう人たちの集團が存在しているべきだという單なる可能性、あるいはそれへの願望、というのとは、大きな隔たりがあると信ずるからである。どのように重なり、また、どのように別のものであり得ているか、幸いに前考に就いて見られたい。
　これらの諧聲が行われた時期の漢語について、われわれは、すでに久しく行われて來ている慣習に從って、普通それを上古漢語と呼んでいる。漢語音節が、その構造上、われわれの言うような重く長い聲母調音を必然のものとする限り、これらの諧聲を行うように導いた有聲聲母の無聲化、もしくは弱化への志向は、上古漢語以來の漢語の中に、あるいは上古漢語以來の漢語の話し手たちの中に、恐らく常に存在し續けて來たであろうし、恐らくはこれからもそうであり續けるであろう。しかし、志向と、その志向が何らかの形で物質化する、すなわち上に述べて來たような、そういう志向に基づく聲母の交替が漢字の諧聲として實際に行われるということとは、それぞれ別の次元に屬することと言わなくてはならない。
　音變化への志向は、どの言語においても、樣々な種類、方向のものとして常に存在するであろうし、そうしてごく狹い範圍での音變化の出現は、われわれがその出現に氣づくかどうかは別として、また常に在るものでもあろう。しかし、そういう音變化と、それを支えて物質化することを可能にするための、その言語の話し手たちの中での、かなりの範圍へのその擴大浸透とは、これまた別次元のことなのであって、音變化には特定の時期がある、というのは、普通にはそういうことを指して言っているのだと考えた方がよい。ほかの言い方をすれば、しかし、音の變化は、常に起きてもいるし、また、日常習見のものを越える全體的な、すなわち、より高い次元としての一言語の全體の、いわば「動き」のようなものとしても、勿論そういうものを、特別に存在しているはずのものとして措定しておかなければならないとしての話ではあるのだが、ともかくも、常に起き得るものというべきであろう。

參照文獻

有坂秀世 1937 「古音推定の資料としての音相通例の價值」『國語音韻史の研究 増補新版』419-446 頁

─── 1957 『國語音韻史の研究 増補新版』、東京：三省堂

服部四郎 1955 「音韻論 (3)」『言語學の方法』323-352 頁

─── 1960 『言語學の方法』、東京：岩波書店

城生佰太郎 1992 『音聲學 新裝増訂三版』、東京：アポロン

Karlgren, Bernhard, 1915 *Études sur la phonologie chinoise*, pp.1-316, Leyde et Stockholm

Ladefoged, Peter, 1982 *A Course in Phonetics*, 2nd Edition. New York: Harcourt Brace Jovanovich, Inc.

大矢透 1932 『隋唐音圖』東京（東京：勉誠社 1978 影印本）

尾崎雄二郎 1970 「來母再說」『中國語音韻史の研究』46-66 頁

─── 1980 『中國語音韻史の研究』、東京：創文社

高田時雄（編）1994 『中國語史の資料と方法』、京都：京都大學人文科學研究所

趙元任・李方桂（譯）1940 『中國音韻學研究』、長沙（臺北：商務印書館 1962 影印本）

漢語喉音韻尾論獻疑

1 入聲は議論から除く。調音のし分け自體がむずかしい諸項目が、系列の中に音韻觀念として竝んで設定されるとは考えにくい、というのが議論の出發點であり、入聲では、短促なだけ韻尾の混淆も一層起こり易いことは、歷史的にも言えようからである。

2 現代標準漢語における鼻子音韻尾の體系は-n, -ŋ の二本建てだが、かつては、現代廣州音などと同じように、-m, -n, -ŋ という三本建ての時代があったことは明らかである。『切韻』などの韻書もそのような體系にもとづくものであったと、普通には信じられている。外國字音の一種として朝鮮漢字音もそれを今に傳えているし、日本漢字音の中にでも、痕跡としてならそれを見ることができる。ここでは、この三本建ての體系から二本建てのそれに向かって收斂して來た漢語鼻子音韻尾系列の歷史的な流れ、サピーアの用語でいわゆる drift[1] が、事實そこにあったとした上で、その流れを三本建ての時期から逆に遡ると、その韻尾系列の中に-ŋʷ すなわち圓脣化された-ŋ 韻尾をも含め、舌尖などとは違って調音器官としての動きが鈍く、示差機能もそれだけ低い喉音のそれを增設し、鼻子音韻尾合わせて四本建ての時代もあったと考えようとするのは、かなりむずかしいのではないか[2] ということを示して見たい。

3 一般に、三本建て、四本建てと言えるような、こういう組み合わせが

---

[1] Sapir 1921, p.149ff. §VII.'Language as a Historical Product: Drift'.
[2] 賴 1953、1956。わたくしは、人の生理の受容の限度から言うのである。

ある時、それらの組み合わせ內部の各項は、そういう組み合わせを構成すべき基礎部分での共通性を共有するだけ、その分だけ逆に、基礎となる共通性以外の部分について互いが互いの、他とは異なった部分を強調することによって、系列內部の他項とだけは紛れないようにしようとする自然の流れがあるだろう。例えばかつての漢語聲母の體系の中に p-, p'-, b-, m- のような四本建ての系列があるというとき、共通するのは調音開始部における兩脣の閉鎖であり、そこが共通している分だけ、たとえば p- はその無聲無氣音であることを、p'- はその無聲帶氣音であることを、b- はその有聲音であることを、m- はその鼻音であることを、強調して行かなければならない、という具合にである。現代漢語標準音としての p- などがもつ喉頭性も、そういう、この音の場合には特に p'- をいわば意識した示差機能強調の積み重ねのなかで、次第に今のような形に固定しようとして來たのであろうし、その現代標準漢語の、翹舌聲母 ẓ が ṣ の淸に對應する濁であるのを除いて、體系として濁聲母をもたない今の形も、この脣音系列を含むすべての聲母群の中から、こうした系列內部での緊張關係を通して固定させられて來たものであったに違いない。

　鼻子音韻尾は、その鼻音性を共有しているわけだから、それ以外の部分について、それぞれに自身を強調しなければならない。鼻子音韻尾の系列のようなもののために用意されるスペースは、もともと充分に廣いものではない。その中で、例えば先ず -n と -ŋ との間で相手に對して自分を強調するそのしかたを見るとすれば、その場合最も效果的な方法の少なくとも一つは、その雙方とも舌による調音であるという點がその最も主要な部分であるのだから、調音器官としての舌の、それぞれできるだけ相手方からは離れようとする位置の強調、が第一のものになるべきであろう。すなわち調音に當たって舌の前部が第一義的にそれに關わる韻尾である -n はできる限り前の方に、逆に舌の最後部が調音に關わる -ŋ はできる限り後の方に、それぞれその調音の場所を設定するという必要があるだろう。ただしそれなら -n の場合、その調音點を舌尖に選べばよ

いかと言えば、それは必ずしもそうでない。なぜかと言うと、そのように-n が舌尖音として調音されると、舌尖が舌本體に對しての突っかい棒になる形で、硬口蓋の最前部、齒裏、との間に閉鎖を作らなければならないのであるから、そのことによって舌の全體はその分だけ口腔内を後退し、結果的にそれだけ自身を-ŋ の調音態勢に近づけることになるため、聽覺としても兩者を近いものと感じさせることがあり得る。それを避ける方法の、これもまた少なくとも一つは、舌の前部が調音に關わる音という點は同じでも、いま述べたような舌尖によるそれでなく、前舌面への依存、つまり前舌性調音によって-ŋ との、聽覺的、また口腔内感覺としての距離を強調できるようにすることであって、現代標準漢語の-n 韻尾が前舌性調音によるものであるのは、そういう、いわば無意識の選擇の積み重ねられた結果であると考えることもできる。

4 カールグレン（高本漢）とかれの譯者たちとは、北京の-ŋ 韻尾について言う。

> 照我的意見，竝且有實驗的根據，北京 話 ŋ 的範圍相差很少，它在 'ing' 裡不過比在 ang 裡微微的往前放一點兒 (一)，就像在 'ang' 裡比在 ong [uŋ] 裡向前的那樣少。無論怎麼，在 北京 話裡它絕不出乎軟硬顎界線之前的。
>
> (一) 據譯者觀察，北平 'ing' 裡的 ŋ 簡直軋根兒就不放前。正是因爲不放前的緣故，所以別處人（放前的人）聽 北平 的 'ing' 像 iəŋ 而不像 iŋ 也不像 ɪŋ。[3]

このように、かりに北京型と呼ぶことにしよう、ここにも説かれているように、先行する母音の調音位置によって「軋根兒」、すなわち、根っから影響を受けること無く、あるいは、影響を受けること極めて少ないという-ŋ 韻尾における北京型のこの調音は、-aŋ においても-uŋ の位置から、それどころか-iŋ においてさえ、そもそも前方向に移行することが

[3] Karlgren 1915, p.289；趙・李 1940, 192 頁 '定性語音學：輔音・疑母'。

無いと言うのであるから、調音位置としてそれだけ深い、と言っているのとそれは同じであろう。そうして、人の、動物としての機構自體に内包されたものと言うべきだが、食物攝取に必須の嚥下と恐らく繋がる機能の一つとして、舌根の口腔深部への引き込みは、兩脣の、内に引き寄せられる形での閉鎖、あるいは少なくとも接近への、強い傾斜を示すということが、以下の問題に關して、特に記憶に留められなければならない［補 1］。

5 この調音位置の深い-ŋ韻尾について、それが、かつては前寄りのものであったのが、音變によって後ろにまで下がって來たのであろうと、考えて見る人はあるだろうが、しかし、どうやって、-ŋ韻尾が後ろに下がるなどということがあるだろうか。韻尾というからには、それは韻母の一部、より正確に言えば、恐らくは常に音節の一部として在るのであり、音節全體の中で例えば韻尾部分だけが前に出たり、逆に後ろに下がったり、という具合に行動できる性質のものではないに違いない。變化が起こるというのであれば、だから、その韻尾部分を含みつつ、音節全體が、他の音節全體と、調音の方式自體として、まるまる取り替えられるというのでなければなるまい。調音の方式自體として他の何かと取り替えられると言うとき、そのようなことを起こさせるその最も大きな力は、普通には調音生理の必然というものであり、今のこの問題に關しても、一般的に言って母音-i-の後に續く-ŋには、その調音生理の必然として、たぶん、そうでないものに比べて前寄りのものの方がふさわしいはずである。なにか特別の力が加わらない限り、つまり音聲學の實習で、-i-と-ŋとを續けて一音節として發音せよとだけ命じて、あとは學習者の自由に任せる、というような場合を想定すれば、-iŋ韻母のその韻尾の形は自然にそうなるだろう。そうして、北京型の-iŋにおいて、音聲として出現するとされている[-iᵊŋ]ではなく、普通に言われている、音韻の一種の型として/-iəŋ/というのが韻母としての目指すべきところであったとして

さえなお、このような北京型-ŋ に比べれば、その/-iəŋ/の中の-ŋ は、調音の位置において、より前寄りのものであり得るだろう。だから、今の北京型のような、極めて意志的な-ŋ 韻尾の形が、あるいはそれを部分とする音節の型そのものが音韻觀念取り替えの結果であったとして、そのような觀念そのものが先行して、いわば理念としてそこに存在しているのでなければならないと、わたくしは考える。わたくしの「長い音節」のモデル[4]は、この場合にも、何分かの意味を持ち得るであろう。

　北京型-ŋ 韻尾は、それが連接すべき母音部の調音位置の前後からは、多くの拘束を受けない種類の韻尾という音韻觀念として、初めから存在していなければならないのである。そうして理念と呼ぶべきこのような音韻觀念について、それが現實に存在し得べきものだと言えるとすれば、それは、ある韻尾の設定というものは、複數のそれから成り立っているはずの、それをも含む系列の中の一つとして、他の韻尾のそれぞれの、最も聽き分け易い調音の在りようとの、兼ね合いの結果でもなければならないはずのものだからである。-ŋ 韻尾に關して言えば、それはすでに見たように、たとえば-m 韻尾との混淆なども極力これを避けるように、設定されているのでなければならない、というようなことから、それは、自然のうちに規定されて行くものなのであろう。

　そうして、先に見たように、舌根の口腔深部への引き込み自體が兩唇の閉鎖傾向を伴うものだとすると、われわれの、こういう北京型-ŋ 韻尾は、その本來からして既に-m 韻尾との混淆の可能性を内藏していることになる。鼻子音韻尾系列内の項目として、互いが互いから可能な限り遠く離れるためには、-ŋ 韻尾はできるだけその調音位置を深く、逆に-m 韻尾、-n 韻尾はできるだけ前寄りに、設定される方がよい [補2]。-n 韻尾の、前寄りに前寄りに、という要請に應えるその應え方は、結果としてその-n に前舌性の色づけを施すに到らしめた可能性があると、われわれは既に考えた。-m 韻尾に關しても、同じく人間生理の自然がもつ、-ŋ

---
[4] 尾崎 1994、1995。

韻尾との、混淆をも引き起こすべき接近を避けた設定を考えるために、それとできるだけ遠い狀態というのが何であるのかを、まず見なければならないであろう。

6 漢語古音學の韻部である中部と蒸部とには、時として同じ古音韻部の一つである侵部との間で規格外の押韻すなわち通押、段玉裁の用語に從えば合韻、の行われることがある。それは、韻尾としてはそれぞれ完全に獨立しているはずの、前二者それぞれにおける-ŋ 韻尾の一方の連鎖つまりそれぞれ複數ずつの韻字の列の中に、侵部談部と、古音には二種類の-m 韻尾があるうちの一方である前者侵部の中に含まれるはずの文字が、時として同じ連鎖の一部を擔うものとして現れることがある、ということである。

　中部、侵部間の通押の例を、先ず見よう。たとえば今人王力がしたように、『詩』「大雅・雲漢」二章の韻字、甚蟲宮宗臨躬という一系列の漢字群が示されたとして、いま、そのうちの蟲の字を漢語現代標準音で音讀する。IPA、國際音聲字母でなら-tṣʻoŋ と綴られるその字音の、-ŋ であるはずの音節末尾は、實はしばしば-m に近い。-m と言ってもこの場合は、脣が輕い圓め、あるいは輕い突き出しを伴った-m に近いのである。そうして、時には、そういぅ-m に近いというより、むしろ弱いけれども兩脣の閉鎖まで伴って、その意味では-ŋ の異音であって同時にほとんど-m そのもの、-m の異音でもある、という場合さえある。『詩』の、その時代における中部、侵部の通押も、恐らくこれと大して違わない狀況の下に行われたと考えてもよいのではないか、とも思えるが、ともかくも今は、その現代標準漢語音による音讀について、それら相互間の、條件は特に附けなくともの近さ、を言うだけで足りる。もちろん、それが平聲に屬するものである場合、濁音澄母字の一つである蟲が、濁音にではなくて次淸音聲母に起こるのが標準調音であるようになるのは、はるか後の時代に始まったことであろうというようなことは、ひとまず取

り除いての話である。「雲漢」の韻字系列の現代標準音による音讀のなかで、宮宗躬等は必ずしも-m 韻尾との近さを感じさせないのは、主母音部分の開口度の廣さによるであろう。それが狹いほど、近似感も起こさせ易いのである。

　古音のこの兩部の近似感の再現をもたらすのは、實は、必ずしも圓脣化ではない。圓脣化が-ŋ 韻尾を兩脣閉鎖にまで導くことはあるけれども、ここでは圓脣化はたまたまそこにあって、その傾向を助長もしくは代行しているだけであり、少なくともそれを、原因の首要なものとするわけには行かない。圓脣化された-ŋ でなくとも、-ŋ が本來もつ兩脣の閉鎖傾向を妨げるにまでは至らない韻腹の狹さがそれをもたらし得る、と考える方が恐らく正しい。それをわれわれは、次の蒸部侵部間の通押についても確かめることができるだろう。なお「雲漢」韻字系列の中にある甚を、後の江氏の著と同名の王力『詩經韻讀』以外は、『詩集注』の朱熹、『六書音均表』の段玉裁、『韻譜』あるいは『古韻譜』の王念孫、また江有誥、甚の平聲に非ざることを嫌うためだろうが、いずれも韻字とはしない。

　蒸部、侵部の間で行われた通押の例の一つは、同じく『詩』「秦風・小戎」三章の韻字として膺弓滕興音である。この弓などを除き、古音蒸部の大部分は今韻蒸登の韻、曾攝に屬して今の韻母は、梗攝のそれと同じ-iŋ, -əŋ である。北京型のような深い-ŋ 韻尾に前接する母音部分の開口度の問題は、ここでも大きな意味を持つ。-iŋ など前接母音部の開口度が特に狹いものの場合、-ŋ 韻尾に本來ある兩脣の閉鎖傾向は、その深い-ŋ の前でいわば自然に現れ、聽覺としても-m 韻尾と遠くないものとなり得よう。-iŋ が北京型において實際にはむしろ-iᵊŋ と表記さるべきものとされ、聽く耳に「わたり」が著しいものと聞こえる、いわばそれを強調しさえするような構造になっているのも、本來、それが歷史的に-iŋ そのものであったわけでなく、恐らく-iaŋ, -iʌŋ, -ieŋ などの後身として現在は-ieŋ であるに過ぎない、そのためにこそ今そうであるのだとして

も、同時にまたそれは、-im に紛れてしまうことは避けようとする、無意識の意志の積み重ねにも支えられ續けて來た結果として、-ə- を著しいものとする今の形に、なっているのだと言えるかも知れない。

これを逆に -m 韻尾の側から言えば、韻腹の狹さの故に、古音中、蒸兩部 -ŋ 韻尾との間には、時として顯著な近似を示すことがある、ということになる。つまり、これら -m, -ŋ 二種類の韻尾もまた、その相手方と紛らわしい形になることが起きないように、それぞれを設定しておく必要があるわけで、それには二つの途が考えられる。

一つは、-m と兩脣の狀況その他が似て來ることが無いように、-ŋ 韻尾の方をその可能性からできるだけ遠ざけて設定することである。例えば、ただでさえ調音位置として深い -ŋ 韻尾が圓脣化されて、もともとある兩脣の閉鎖傾向が、傾向でなく現實に起こる、というようなことは避けることである。もう一つはそれの反對、つまり -m 韻尾の方をその後寄りの調音から遠ざけ、それによって -ŋ との紛らわしさが起こりにくいようにする、すなわちその調音點を、できるだけ前の方に移すことである。調音點を前の方に移す一つの方法は、その上に前舌性を付け加えるということである。現代標準漢語にまで流れ着いた、恐らくそれは今と同じように、もともと北方漢語の一部だったものなのであろうが、その實際の歷史の中ではこの二つの途のうちの後者、つまり -m 韻尾を前寄りのものにすること、實質的にはそれを前舌音化するという方が恐らく選ばれたのであって、それは舌本體の、それも特にその後部のように運動性の比較的に低い、言葉を換えて言えば、こういう二つをはっきりと區分しておくための道具としては動きの鈍い、あるいは動くことの難しい部分の、その變化に頼るより、舌の前部や脣のように動かし易い部位を區分のための場所に選ぶ、ということの方が遙かに效率的であったからに違いない。

7 結果的には、しかし、後の標準漢語に流れて行くべきその言語の話し

手たちは、自らのその選擇によって、三本建て韻尾の體系のうち、口腔内最後部に位置する-ŋ韻尾を除いた兩項、つまり口腔最前部にある-m, -n兩韻尾が、共にそういう位置にあるものだからこそ互いに持ち續けるべきであった示差の機能を弱め、-m韻尾の、やがての-n韻尾への流入を用意したことにもなったのだと言うことができる。-m韻尾の-n韻尾への流入は、たとえば今日、韻書によって兩韻尾のそれぞれの個所に收められている文字の數を比べて、-n韻尾に入るものの方が相手方の三倍にもなろうかというほど、壓倒的に多い事實を確かめてみることにも意味はあるだろうが、そういう數の差の上に、あたかもそれに念を押すような形で、-m韻尾が前舌音化することによってもたらされることにもなった、既に述べたように、同じく前舌音化された-nとの間の聽覺上の接近、という事實が出來上がってしまっていたことも、それに劣らず重要な役割を果たしていたと考えるべきであって、かつてわたくしが、こうした-m韻尾について、對する口音としては -ɥ がそれに向かい合うものと考えたのは、少なくともその時それに關連して、この韻尾が強い前舌性への志向をもっているべきだとしている點で、なお、わたくしの立場であるとしなければならない。同じ前舌音化とは言っても-m韻尾は、鼻腔からの出氣が先行するため口腔内壓が非鼻音聲母の場合ほどには上がらず、呼氣を止めておくための兩脣の閉鎖壓も低くて、時には逆に兩脣開放の志向さえある、と言えなくもないという點で、-ɥと向かい合うものとは言い易いのである。-m韻尾の、-n韻尾への合流の經緯を語り得る他の説のあることを、不幸にしてわたくしは今も知らない。しかし-m韻尾は、諧聲上その他の面でも-j韻尾と繋げることが可能であり、その-m韻尾が合流して行った先の-n韻尾については、一層その關連が明らかなのであるから、-m韻尾の-n韻尾への流入は、兩韻尾がすでに完全に口蓋化しているという狀況の中で行われたと考えるのこそ、最も自然なことと言うべきだろう[5]。

---

[5]尾崎 1970。

そうして、-m 韻尾の-n 韻尾へのこの合流は、前舌音化された-m のような、調音が舌本體のみによるのでなく、むしろ、それとは別の調音器官である脣の閉鎖をその一層重要な要素とする、いわば調音方式上の異分子を韻尾系列の中から排除し、その結果として鼻子音韻尾を、調音部位が舌面であるという點では共通していて、ただその同じ舌面上の前後の違いだけが問題であり、うち前部が調音に關わる韻尾-n と、逆に後部が調音に關わる韻尾-ŋ、そうしてそれ以外には無いといういわば純血性と、それ故にの經濟性をもこの言語にはもたらすことになった、という意味もあるのである。

8 古い時代において、その混淆を極力避けようとする結果が、どういう形にそれぞれの韻尾を落ち着かせるかは、更にいろいろと考えてみなければなるまいが、すでに見たところからもわかることは、少なくとも古代の一時期における韻尾の體系は、そのうちの-m, -ŋ 兩韻尾についても、時によっては、そもそも混淆も起こし易い形に設定されていたかも知れないのであり、それに後れる時代においては、そういう混淆を起こし易い、體系自體の性格について、それを回避しようとする自然の欲求、自然の流れが、そうであればこそなお、起こり得たのだと思われる。

兩韻尾が混淆を起こし易いというのは、『詩』における、すでに見た通押についてだけ言うのではない。例えば漢字の諧聲そのものの中にある、混淆の、そうした起き易さの痕跡を、われわれは『切韻』韻部の隣り合う排列の中からも見出すことができる。今韻平聲一東の韻にあって-ŋ 韻尾字である「風」が、じつは-m 韻尾字の「凡」を聲符として古音の分部では侵部に屬するものとされていること、逆に古音中部に屬して-ŋ 韻尾字である「宋」を聲符としてそれに人偏が付く、すなわち『說文解字』流に「人に從う宋」（ただし字は『說文』に見えない）では蘇紺切で、去聲勘韻に收められる-m 韻尾字になること、さらには古音侵部に屬して-m 韻尾字である「朕」を聲符として「勝、騰、謄」その他がいずれも-ŋ 韻

尾字であることなど、すでに『詩』の通押に就いて見たと同種であるのを、『切韻』では、その全體を一つの圓環に見立てたとき正に隣り合う、あるいは少なくとも極めて近い排列であるところの通攝と咸攝、もしくは通攝と深攝、あるいは深攝と曾攝との間などにおいても、また見出し得るのであり、ということは漢字諧聲の時代においても、近似音節群のそれぞれの部分として-m、-ŋ兩韻尾なども、時には混淆を起こし易い形に設定されていることがあったと教えるものであるかも知れない。そうして『詩』にそれぞれ少數だが、-m, -ŋ兩韻尾間について既に見た中部蒸部のそれぞれと侵部とが關わる以外の通押では、談部と陽部とのそれが「商頌・殷武」四章に監嚴濫遑として、-n, -ŋ間のそれさえ、中部眞部の通押として「大雅・文王」七章に躬天、眞部陽部の間のものでは「小雅・車舝」四章に岡薪もしくは岡薪薪（あとの薪をまで韻字と認めるのは王念孫の『韻譜』である）などの例が見られる。-mと-ŋとの、また-nと-ŋとの間に相互關係として存在し得る調音としての近さについて、わたくしはすでに一般のこととして論じたのだったが、これら『詩』の通押も、自己とその相手方、乃至仲間との間に、互いに可能な限り相手を避け合う相互乖離の關係がまだ十分に打ち立てられていない場合もあった、その實例となるものなのであろうか。こういう場所にならば、これ以上の鼻子音韻尾の增設も考えられないでないと、言う人もあるだろうが、後の流れからいわば逆算してわたくしは、ここは、しかし既に充分に混み合い過ぎている [補3] と考えているのである。

9 -ŋ韻尾に圓脣母音が先行すると、それが兩脣の閉鎖に終わることがあり得る。しかしまた、兩脣閉鎖にまでは至らないこともまた多い。というより、そうならないことの方が普通だと言うべきかも知れない。したがって、それと、-ŋʷが-m, -n, -ŋとともに系列を形成し-m, -n, -ŋ, -ŋʷという連鎖の中の一要素としてここに存在し得るか、ということとは、明らかに全く別のことである。/-ŋʷ/は、かつてヴェトナム語/ɔŋ͡m, oŋ͡m, uŋ͡m/等における韻尾のŋ͡mについて報告されたところからも充分に推測できるように[6]、特にそれがわれわれのいわゆる北京型-ŋ であるような

---

[6] 三根谷 1956。ヴェトナム語の南部方言では、その北部方言における-nc, -on, -un に對應するものとしては-ŋc, -oŋ, -uŋ が、一方北部の-ŋc, -oŋ, -uŋ に對應するものとしては-mɲ͡m, -oŋ͡m, -uŋ͡mが現れるという。そうして後者-mɲ͡m, -oŋ͡m, -uŋ͡mの出だし-ɔ-, -o-, -u-の部分は、音聲觀察としては、それぞれに對應する非圓脣母音に始まりながら、速やかに圓脣化して-ŋ͡mの調音へと移って行く、と説明される。そうしてヴェトナム語において鼻子音韻尾系列は、北部方言では-m, -n, -ɲ, -ŋ、南部方言では-m, -n, -ŋ にこの-ŋ͡mを入れていずれも四本建ての構成になるというのである。
　しかし、このヴェトナム南部方言における鼻子音韻尾四本建てというのは、その四という数だけ見てただちに引き續いての議論に入って行く、というわけには行かないところがあると思われる。つまり、韻尾の種類の總數としては確かに四なのだが、同時に機能としても四なのかというと、少なくともこの言語の全體について、何時でもそうなのかと言えば、そうは言い切れないように思う。そこでは、母音-a-について見ると、北部方言の-am に對應しているのは南部の-am だが、北部の-an には南部の-aŋ が、北部の-aɲ にはまた南部の同じ-aŋ が、北部の-aŋに至って初めて南部の-an が、という對應になっている。つまり、南部方言における-ŋ 韻尾が、北部方言での-n, -ŋ 兩韻尾の擔うべき仕事を擔わされているだけ守備範圍が廣くなるが、全體として言えば、要するところ母音-a-について言う限り、南部方言には、北部方言におけるのとは違う三本建ての鼻子音韻尾系列があるというに過ぎないと、門外のわたくしなどには見える。そうして、北部方言の鼻子音韻尾系列の四本建てが文字どおり四本建てであるのは實はこの母音-a-に關してだけなのである（亀井・河野・千野 771 頁。その-a-においてさえ四本建てが頼りにするのは、-n, -ɲなど、舌本體の中でより動かし易い前部を用いた調音による韻尾であることを見よ。）鼻子音韻尾の示差の能力は、その調音位置の前後などによる違いを考慮に入れたとしても、もともと位置そのものとして恐らくそう高くなりようの無いものなのであろう。
　圓脣母音を主母音とする韻母-mc 以下の南北方言での對應を見ても、北部の-mc には南部の-mc が對應するが、北部の-nc になると南部が-ŋc であり、北部-ŋc に對して初めて-mɲ͡mが現れる。つまり、これら-ɔ-, -o-, -u-に關して言うと、鼻子音韻尾は、南北ともに三本建ての系列なのであり、南部方言にだけある-ŋ͡mも、-ɔ-, -o-, -u-以外の母音に連接するのではない。かつ、この韻尾は、音聲のレベルとしては、北部方言においても圓脣母音に直接したとき、同様に現れるものと報告されていて、ただ、南部方言ではそれと異なり、それを含む音節は、先ず-ɔ-, -o-, -u-と同部位の非圓脣母音に始まり、それらが急速に圓脣化して-ŋ͡m韻尾の調音へと移って行く、と上に引用した解説でも言われているように、北部方言におけるそれのように特定の圓脣母音に連接することで音韻觀念-ŋ 韻尾に關して起きる音聲的變異なのではなく、非圓脣母音の後においてもそういう形に調音さるべきものとだという音韻觀念として、その限り確立されたものだとされている。しかし、この韻尾は、北部方言においても奧母音-ɔ-, -o-, -u-の後では音聲レベルのものとして現れ得るということと、また逆に、-ŋ͡m韻尾を音韻觀念としてもつ南部方言において、北部の-nに對應するものとしての-ŋ については、やはり圓脣母音の後に連接する韻尾として、そういう音聲的變異が同様に起こってもよさそうなのに、しかし實際にはそうした音聲上の變異形の報告は無い（ように、わたくしには見える）こととは、ともに重要なことだと、わたくしは考える。

漢語喉音韻尾論獻疑　　　　　　　　　　　　　　　　　　　　　　　　　109

　場合、いまも觸れた調音點の深さに伴う兩脣閉鎖への傾向と合わせて、選擇の餘地は多くない。-m 韻尾との混淆の可能性は極めて大きく、上のような四本建ての系列そのものを成り立たなくさせると考える方が自然である。

　われわれは、鼻子音韻尾系列の一つであることを目指した-ŋʷ の設定そのものが、-ŋ とその-ŋʷ との關係は單なる調音點の前後の違いなのか、それとも脣音化の有無の違いなのか、いずれの一方とも決定することは回避しつつ行われたことを知っているが、同時にまたそれが、聲母における例えば k- と kw- との對立などを意識しながらなされた[7]ということも、想い起こさないわけには行かない。ところが、同じ-ŋʷ でも、それが聲母である時と、內破音として韻尾である時とは、明らかに違う。聲母としての ŋʷ- は、それが口形として m- の少なくともある種のものと同じであったとしても、その閉鎖の解除において、それが m- とも ŋ- とも違うことを、いわば不充分にでも示すことができるだろうが、口腔內閉鎖の解除を伴わない韻尾としての-ŋʷ では、その特殊性の示しようが無いのである。

10　韻尾系列の中に喉音韻尾を一項加えて計二項にする增設の中で、そ

　　したがって、いまの問題であるヴェトナム語北部方言の、-ŋe に對應すべき南部方言の-ɲe 韻尾などに、そのような兩脣閉鎖が現れることはないのだとすれば、それは音韻の觀念、あるいは意識としてそうなのであり、ということは、その-ŋ が、機能としては實は-ɲ ではなくて-n なのだということ、つまり、本來の-ŋ のようであることが、むしろ意識的に、いわば注意深く避けられているのだろうと考えてもよい、ということにもなるのではないか。ここでも意識を言うのは、もとより、わたくしの勝手な用語法だが、南部方言で-ŋm 韻尾に前接する-ɔ-, -o-, -u- 等の奥母音の調音が、今日、ひとまず調音部位の同じ非圓脣母音に始まって、それから圓脣化して行かなければならないということ自體、逆にやはり機能として、北部の-n に對應する-ɲ のようには-n なのでないという、意識としての選擇の積み重ねによると考えてよいのではないか。

　だから、もし、音韻を機能としてだけ考えるとすれば、-ɔ-, -o-, -u- に連接する南部方言韻尾の系列は、北部方言と變わらない-m, -n, -ŋ の三本建て系列なのである。ついでに言えば、-a- に連接して北部方言の-n, -ŋ に對應すべき南部方言の-ŋ も、實は機能としては同樣に-n なのであり、北部の-ɲに對應する-n の方は、從って機能としては-ɲ である、とすべきであろう。

　　[7]賴 1953。

の一項が-ŋ に比べ調音點が前寄りになる-ŋʲ を選ぶという行き方は、一見、それなら韻尾として-m や-ŋ と系列を共にすることができるかも知れない、と思わせるところはある。たとえば北京型ではない-iŋ 韻母でならば、そこでの-ŋ 韻尾が口蓋化を伴って現れることも充分に豫想できるからである。しかし、音聲的出現、すなわち他の韻尾との音聲的混淆もあり得るという、時によっての可能性と、他の韻尾との混淆は避けるというのが先ず要請せらるべき音韻としての設定とでは、レヴェルが違う。その場合だと、舌と口蓋との間に形成される空隙の體積の互いに似た小ささから言っても、それと-n 韻尾との混淆が、特に聽覺の問題として出て來る可能性が大きい。-ŋʲ,-n の雙方とも、舌本體の前部がその調音に當たって主要な役目を果すべき音であり、また同時にその雙方が、-ŋ 韻尾に對してはできるだけ自身を口腔内前部に向かって遠ざけていなければならない、したがって-n 自體もまたすでに口蓋化されていて然るべき性質のものだからでもあって、そういうとき、舌の全體の中で、より動き易いのはその前部か後部かを考えて見れば、-ŋʲ は、調音として同時に-ŋ と同じ後舌性を併せ持つものであるだけ、競合の結果として系列に留まるべきものが-n の方になることは明らかであろう。

11　-ŋʲ というほど前寄りの設定でなくとも、北京型ほど後ろではなく、しかも、北京型のように先行母音の如何によってその位置が前後することがないという強制は無いものとした上で、また一つの-ŋ 韻尾のためにその調音點を設定すれば、すでに北京型について見たのとは違って、-o-、-u-など後舌圓脣母音などの後ではその韻尾も、從ってはまたその聽覺も保障されるだろうが、それ以外だと、例えば-a-などの後でさえ、恐らくやや前倒しの舌本體は、前舌面で硬口蓋に大きく接近し、その態勢は、ちょうど口蓋化された舌面の態勢に相似の状態となって、調音の口腔内感覺、聽覺、ともに口蓋化された-n 韻尾のそれに近づき、それによる、やがての取り替えを準備するであろう。いわゆる西南官話での通攝以外-n,

漢語喉音韻尾論獻疑　　　　　　　　　　　　　　　　　　　　　　111

-ŋ 未分の韻尾系列は、これの積み重ねの結果として、充分に說明できる。

12　あり得べき鼻子音韻尾系列の中から、-ŋʷ, -ŋʲ など、いずれもこれを排除するということで出て來る次の論點は何か。われわれの、**10** でのテーマであった-ŋʲ と-n との混淆が假りに起きないものとして、設定すべき二種の喉音韻尾を分けるのは、從って單なる調音點の前後の違いであるに過ぎないと言い切ってしまうと、そうすることで、圓脣母音を通江兩攝の主母音として設定することが引き起こし得る體系上の非整齊を恐れるが故に、圓脣性は韻腹にでなく韻尾の上にこれを設定し、それが逆行的に韻腹に影響を與えてそれらの韻腹を圓脣化するのだと說明しようとしたその試み[8]が、それでは成り立たなくなってしまうことになるのを、われわれは知っている。しかし、そもそも、この試みは、われわれの言う漢語の流れがあるとして、そこにその流れのあることを見ていないものと言わなくてはならない。現代標準漢語の、われわれが目前にしている諸音節は、概して韻尾の調音に向かって弱まる、いわば下降性のものであり、韻母/-aw/などにおいても、韻尾の-w が逆行的に、先行する-a-に合口の色づけをするなどのことは、絶えて無い。むしろ反對に下降的に緩んで、-w の接近音性の方が喪われ、正書法上の-ao となる。合口性の-ŋʷ 韻尾がたとい設定されたとしても、さらに特別の條件を併せてそこに付與するのでもなければ、通攝には今日確かに具わる主母音の圓脣性が、その韻尾によって逆行的に與えられたもの、と言い得るようにはならないであろう。その圓脣性はいわば始原的な、標準漢語の現在においてそうであるように、その始原においてもまたそうであったかも知れないものという方向から、その歷史を考えようとすることも必要なのではないか。

そもそも前舌圓脣母音や後舌平脣母音[9]などの調音には、それが音韻と

───────────
[8]三根谷 1956。
[9]脣の圓めを缺くのが生理の自然であるとき無理にその圓めを調音に重ねるのが前舌圓

しての設定である時、人間の生理に背反することから來る無理がある。現代標準漢語で、yu（/-ɥ-/）の調音が -i- に終わると言われる[10]のにも、また、/-ɤ/に對應して、それがあってよいはずの音節/-wɤ/は缺き、その分を、恐らく/-wo/[11]が代理しているのにも、それぞれについて主母音の本來あるべき脣形には反しているところから來る不安定という、いわば基礎があることも、忘れてはならないだろう。北京型のような深い-ŋ 韻尾も、後舌調音の子音としてはむしろ安定で、前寄り-ŋʲ などは逆に不安定なのである。深い、このような-ŋ 韻尾に前接する主母音としてなら、そういう韻尾の在る方向へと調音が進むとき、それが後舌的なものであり、圓脣性のものであるという方が安定であろうことは、充分に期待できる。漢語語音の體系に圓脣主母音を導入することによって起こる非整齊を言う人はいるが、その導入を避けて作られた一覽表に、一體どれだけの整齊があったと言うのだろう。

［補 1］「我」が現代標準漢語標準音として [wo] もしくは [wɤ] であるのは、語史的に見ると、よく言われるように異例の一つであり、それは本來、四聲は違っても聲母韻母の組み合わせとしては同じ例えば「俄」などとともに、先立つ子音聲母は無しの、音 [ɤ] なのでなければならない。それがこのように [w-] に始まるものになっているのは、この場合韻母ではないけれども、同じく深い/ŋ-/の、調音に伴う脣のこの閉鎖傾向の存在と、切り離して考えることのできないものである。/ŋ-/のこの調音としての深さが、少なくともある時期の北京型漢語の話し手たちにとっては、いわば根元的であったかも知れないということの、側面

脣母音、反對に、脣の圓めのあるのが自然なのに無理に押さえて調音するのが後舌平脣母音である。平脣を「ひらくち」と言う例は、1955 年のもの（柴田武）しか知らないが、それだと、あるべき意志の面を傳えにくい。平を（展脣でもよかろうが）他動詞の「のべる」だとして、「くちのべ」調音などと言ってみるのも、1875-76 の Sweet を最も古い例とするらしいその洋語 delabialize（Simpson & Weiner 1989）の精神に、幾らかは近いと言えるかも知れない。

[10] 服部 1950, 182 頁。
[11] 趙 1965 の 1.3.3. Finals and Vowels では、音聲として [wɤ] だとされている。

漢語喉音韻尾論獻疑　　　　　　　　　　　　　　　　　113

からの證據となり得るもの、と言ってよいであろう。

［補2］-m 韻尾については、北京型-ŋ 韻尾におけるような舌本體の深い引き込みを伴っての調音も容易だが、-n 韻尾については、それはかなり困難である。-m 韻尾のそのような調音は、北京型-ŋ 韻尾との、聽覺上の差異をも極めて小さくすると思われる。それは-m,-ŋ 兩韻尾の、いわゆるニアミスともなりかねない聽覺、口腔内感覺雙方における接近を誇張して、それをモデル的に示すものだと言うことができる。-m,-ŋ 兩韻尾の間に關してなら、われわれの問題としては、それら雙方の口蓋化について兩者の關係を見たらよいのである。

［補3］廣州方音において、-m 韻尾に終わるべき脣音音節が-n 韻尾のものに取り替えられている異化は、ここに在る同種の混雜を示す一表徵であると言って差し支え無いであろう。

參照文獻

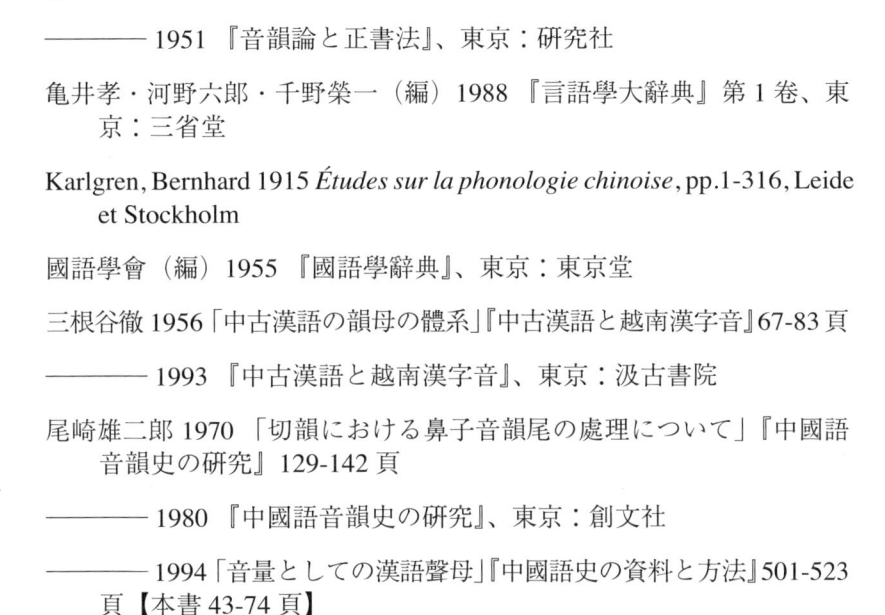

服部四郎 1950 「國語の音韻體系」『音韻論と正書法』115-195 頁

─── 1951 『音韻論と正書法』、東京：研究社

亀井孝・河野六郎・千野榮一（編）1988 『言語學大辭典』第 1 卷、東京：三省堂

Karlgren, Bernhard 1915 *Études sur la phonologie chinoise*, pp.1-316, Leide et Stockholm

國語學會（編）1955 『國語學辭典』、東京：東京堂

三根谷徹 1956 「中古漢語の韻母の體系」『中古漢語と越南漢字音』67-83 頁

─── 1993 『中古漢語と越南漢字音』、東京：汲古書院

尾崎雄二郎 1970 「切韻における鼻子音韻尾の處理について」『中國語音韻史の研究』129-142 頁

─── 1980 『中國語音韻史の研究』、東京：創文社

─── 1994 「音量としての漢語聲母」『中國語史の資料と方法』501-523 頁【本書 43-74 頁】

―――― 1995 「漢語聲母の音量がもたらすもの」『名古屋學院大學外語學部論集』VI-2、165-179 頁【本書 75-96 頁】

賴惟勤 1953「上古中國語の喉音韻尾について」『中國音韻論集』139-154 頁

―――― 1956 「中古中國語の喉音韻尾」『中國音韻論集』222-227 頁

―――― 1989 『中國音韻論集』、東京：汲古書院

Sapir, Edward 1921 *Language, An Introduction to the Study of Speech*. (1949, A Harvest Book, Harcourt, Brace and World, Inc., New York)

柴田武 1955 「母音」『國語學辭典』847-848 頁

Simpson, J.A. & Weiner, E.S.C. (prepared) 1989 *The Oxford English Dictionary*, 2nd Edition, v.4, Clarendon Press, Oxford

高田時雄（編）1994 『中國語史の資料と方法』京都大學人文科學研究所

趙元任 1965 *A Grammar of Spoken Chinese*, University of California Press, Berkeley and Los Angeles

趙元任・李方桂（譯）1940 高本漢著『中國音韻學研究』（Karlgren, *Études*）長沙（臺北：商務印書館 1962 影印本）

音韻設定の音聲學
――「漢語喉音韻尾論獻疑」二稿

1 カールグレンや、その譯と補注とである趙・羅・李にいう、北京型とでも名づくべき-ŋ韻尾[1]は、調音位置が深く、しかもその、先行の母音如何による調音位置の移動の、極端に少ない種類のものである。

1.1 調音位置が格別に深いものでなくてさえ、舌本體が後退して、後舌面と軟口蓋との間に閉鎖をつくるという鼻音ŋ-の調音には、嚥下機構との關連で兩脣の閉鎖あるいは少なくとも狹窄への強い志向が伴う。我の現代共通語音がその聲母として兩脣接近音w-をもつのは、本來その音節頭に、兩脣狹窄を志向する、ŋw-と表示してもよいような聲母があり、そもそも兩脣のそのような志向が存在していたところへ、主母音そのものがまた後ろ寄りで、こうした聲母調音に伴う兩脣のそういう志向に抵抗しない種類のものであったために、組み合わせとしてその志向は語頭に留まりつづけ、結果として、初期の音形は、/ŋwɑ/というようなものででもあったか、調音點が深いだけ逆に軟口蓋との接燭そのものは全體として決して強くないものであったであろうし、そこで聲母頭のŋ-はやがて消失し、その脣形だけは遺構としてのこることになったのが、兩脣接近音w-に始まる普通話の音形だと考えることができる。

1.2 兩脣の閉鎖あるいは少なくとも狹窄への強い志向は、韻尾として

---

[1] Karlgren 1915, p.289；趙・羅・李 1940, 192 頁「定性語音學：輔音・疑母」。

の-ŋ が後舌圓脣母音に後接する調音などの場合にも、もとより強い。それが句末に位置して韻尾調音も念を押した發音になれば、繼起的には、-m 様の閉鎖に近く終わることも皆無とはいえまい。そこまで行かずとも、-w などと近い狹窄を實感することはできるだろう。そうして後舌母音に後接する-ŋ, -w 等の韻尾が、兩脣の閉鎖か、それに近い狹窄への強い志向を示すのはむしろ自然であり、そうでない連接があったとすれば、それにはむしろ何か特別の理由があるとしてもよいのである。

一方、-ŋ が閉鎖、狹窄に到る條件は圓脣だとされることは多いが、その閉鎖、狹窄が常に圓脣を前提するのではなく、兩脣の完全な閉鎖やそれに近い狹窄は、むしろ常に非圓脣的である。我の共通語音の先行形態を ŋw-とし、それがいまの w-に續くと書いてはいても、それがしばしば非圓脣脣齒接近音 ʋ-に始まるということも、私は忘れていない。

1.3 -ŋ 韻尾の調音點を、展脣志向なしに前移させようとすると、その意圖だけでもすでに圓脣化が起きかける。この場合の圓脣化も兩脣の閉鎖に到ることはあり得るが、それは圓脣を存したままの閉鎖である。

1.4 -ŋ, -w 等の韻尾に隨伴する兩脣の閉鎖への志向に、意識的に逆らってみると、自然にまかせた調音に比べ、舌の前部が前進している。後舌面だけが隆起していた前の場合と違い、後舌面の隆起は抑えられながら、前舌面もある程度盛り上がってきていることが分る。-ŋ, -w 等の韻尾調音に本來伴う兩脣閉鎖の志向に逆らうことが、自然に後舌面の隆起の抑制、その結果としての舌前部の前進、相對的な前舌面の輕い隆起、すなわちある意味での齒裏指向ともなる。-w でも同じことだが、その傾向をもった-ŋ 韻尾の調音は、兩脣の閉鎖乃至は狹窄への志向に抵抗するところがあるということでもある。

調音の自然によって繼起的には兩脣の閉鎖にも到り得る-ŋ を、嚥下と似ていることで嚥みこむ-ŋ と呼ぶなら、これは嚥みこまない-ŋ である。調音點が深い一方、-m の閉鎖には終わらないことも求められる漢語韻

音韻設定の音聲學　　　　　　　　　　　　　　　　　　　　　　　　117

尾の-ŋ は、この種のものでなければならない。

1.5　漢語の場合、聲母と呼ばれなくとも、それが必ずそこにあるという意味では示差の機能とも無縁でない、例えば長安というときの安、の前に、確實に出現するとされる音節頭音 ŋ- は、われわれが共通語の先行時期に聲母としての存在を期待したのと同じ、調音位置の充分に深いものである[2]。

　そうして、韻尾としての-ŋ が、その場合と全く同じように調音位置の深いものであるのは、聲母と韻尾とで音種の異なる n の場合と違う。n には、その調音器官である舌の中で最も動き易い先端部を、さまざまな形で利用する自由がある。その自由によって-n 韻尾も、初めは舌の最先端と齒莖との間に接觸部をもつ種類の調音であり、そのため舌端を突っかい棒にして舌本體を後退させ、結果的に軟口蓋調音の-ŋ 韻尾と似た聽覺をもたらしていたかも知れないものを、口蓋化傾向を伴うものの方を選擇することで、-ŋ 韻尾との關係を、同じ舌面上の位置の前後の違いという對照し合う場所に置かれたもの同士の關係に構成しなおしたのでもあっただろう。一方で、舌體最後部で調音される ŋ の方は、そこでの細かい差異を明瞭に示すことが容易ではない。現代共通漢語をも導き出す漢語の大きな流れの中で、口蓋化の色づけをもった-n と、それとできるだけ調音の部位を離すように設定されることになった-ŋ との間に、例えばさらに前寄りの、もう一つ別種の-ŋ 韻尾を介在させることなどなくて終わったのは、つまりはその餘地もなかったのである。

1.6　前寄りの-ŋ 韻尾を深い-ŋ 韻尾に組み合わせて設定するというのは考え方としては可能でも、すでに見たように、前寄りの-ŋ 韻尾も圓脣性の兩脣閉鎖には到り得る以上、それと、深い-ŋ 韻尾の兩脣閉鎖乃至狹窄とは、聽覺の近似からくる混淆を避けがたい場合があるだろう。一方-ŋ 韻尾の前移が展脣志向を伴うとき、-n 韻尾に合流する例には乏しくない。

---

　[2]周・吳 1963, 27 頁, 第 11 圖 ng- の解說。

結果起き得る-ɲへの近似などを介してであろう、韻母でなく聲母の場合だが、牛、逆、虐、擬など、疑母の細音つまり ŋj-を音節頭に持っていたはずの文字で、現代共通漢語音 n-に始まるものがまれでないのも示唆的であるといえる。實際深い-ŋ か淺い-ɲj かに兩者とも合流するか、あるいは-ɲj が狹さを嫌って初めから-n であるか、-ŋ, -ɲj の組み合わせ自體、極めてありにくいのである。後舌部での韻尾重複の議論は、それほど成り立ち易いものではない。

2 私はかつて古音を論じて、-k 韻尾字は、後來その細音字が撮口韻尾として現れることが多いのを説明するためには、音節頭の一部としての介母-j-, -w-の共起、すなわち合口韻における細音という條件だけでは不充分であるとして韻尾自體が準備するものを期待して-t 韻尾を-j-と聲門閉鎖音との二重調音とするのに合わせ、すべての-k 韻尾も、撮口摩擦子音、聲門閉鎖音の二重調音から成ると考えようとした[3]。-k 韻尾字の、現代における共通語音としての撮口韻尾を引き出すためには、-w-の圓脣度には到らず、しかし兩脣の開度は-j-程度には低いと同時に、また-j-のように内側に引きつけられてもいるというように、後舌調音性でありながら-j-のような展脣の要素をも少なからず併せ持つはずの、撮口摩擦子音、聲門閉鎖音の二重調音は、前提として許される。それらの性質はまた、鼻子音韻尾として古音においてもそれに對應して存在すべき-ŋ 韻尾の方にも、それとの對應上その後舌性とともに、かなりの前舌性の色づけを帶びること、が期待されてよい、まさにそれと共通するものなのでもある。すなわちまた、-ŋ 韻尾に終わる音節の調音を、ごく狹い韻腹に後接する場合にでも兩脣閉鎖にまでは到らせない、すなわち嚥みこまずに終わらせる力にもなるものとして前舌面のある程度の隆起をも拒否し

---

[3] 尾崎 1984, 272 頁以下。韻腹を、侯、屋、東の系において-ɑ-、魚、鐸、陽の系において-ə-、としたのを相互に入れ換え、例えば東の韻母を-ɰe とすることによって、議論はなお有効である。そのときは、本文 **6** にいうように、-əŋ を、更に-ɤŋ に讀み替えるべきである。

音韻設定の音聲學   119

ない-ŋ 韻尾の設定である。それは、舊通攝の主要部分であり圓脣後舌母音を韻腹とすることが否定し得ない東、冬、鍾諸韻字においてさえその現代共通語の-ʊŋ に對應するのが、長沙、雙峰ではそれぞれ-ən, -an のような-n 終わり、また福州の特にいわゆる白話音ではしばしば-øyŋ, -œyŋ などである[4]こととも矛盾しないものであるといえるだろう。

3　聲母は母音を率いて、その母音によって、いわば顯彰される。つまり他の聲母との、場合によっては微細な差異も、母音がそれを承け、それによって解放されることでより際だったものにもなり得るのに對して、韻尾は音節の納め、音節がそこで內破的に終わって解放のないものであるから、聲母の場合ほどには韻尾同士の差が明瞭なものとはなりにくいところが、その本質としてある。

3.1　賴 1953 にも觸れられている水(スイ)語では、聲母の體系としては k-, kh-と q-, -qh-とを對立させている[5]が、その對立は韻尾に及ばない。その言語が聲母の體系としては保持している清濁、有氣無氣の對立なども、それらが韻尾の對立の中に持ち込まれることは、絕えて無い。

4　越(ベトナム)語の南部方言は北部方言に比べて韻尾區分の嚴密さに乏しく、北部方言にある-ɲはすべて-n に合流し、-n, -ŋ の別も、-i-, -e-兩主母音に連接する場合以外消失していると解說される[6]。

　三根谷 1956 によると、南部方言では、-ɔ-, -o-, -u-の後に、北部の-n に對しては-ŋ が、北部の-ŋ に對しては二重調音としての-ŋ͡m が現れる。すなわち南部方言においては、圓脣後舌母音-ɔ-, -o-, -u-に後接するという同一環境のもとで、二種類の異なった韻尾が現れることになるわけで、喉音韻尾としてこれら異なった二種類を設定しなければならない[7]という。北部でも、圓脣後舌母音-ɔ-, -o-, -u-の後にはこの二重調音としての-ŋ͡m

---
[4]北京大學中國語言文學系 1989, 354 頁以下。
[5]賴 1953, 148 頁、張均如 1980, 3 頁以下。
[6]龜井・河野・千野 1988, 764 頁以下。
[7]三根谷 1956, 72 頁以下。

韻尾が同樣に現れる[8]のだが、ただそこでは-ɔ-, -o-, -u-の後に-ŋ͡mは現れても-ŋ は現れない點が南部と違っていて、-ŋ͡mを-ŋ と別の音韻とする必要がないというのである。

　しかし、こうした問題が分布、すなわち、どの音の後にどの音は現れ、他のどの音は現れないかということだけで、決められるとは思えない。北部南部とも、-ŋ͡m韻尾の-ŋ-と-m 雙方の閉鎖が、二重調音としてほぼ同時に起こるとされていることは重要であって、すでに語音一般の問題として見たように、先行する音環境が、繼起的には-ŋ 韻尾を-m 樣の閉鎖に導き易いのだとしても、同じ條件がそれを、すでに別種の調音方式である二重調音の-ŋ͡m韻尾にまで決まって導いて行くことはあり得ない。北部方言においても圓脣後舌母音の後に二重調音の-ŋ͡m韻尾が現れるというとき、それはそこに現れないことも可能なのであって、この調音方式は、獨立の音韻として他と無關係にそこにあるのである。

　われわれがそれを單純に、圓脣後舌母音の後には-ŋ͡mが-ŋ と相補的に現れるということは許されない。圓脣後舌母音の後、-ŋ は繼起として-m 樣の閉鎖に終わることがあるというのは期待できても、二重調音としての-ŋ͡mというなら別のことである。尾崎 1995a が、越語南部方言での-ŋ͡m韻尾を獨立の音韻であるとする條件として、三根谷 1956 に、それを含む音節が、問題の圓脣母音の調音點にほぼ相當する非圓脣母音に始まると記述されていることに觸れたのはそのためであった。その觀點からすれば、二重調音による-ŋ͡m韻尾は、北部南部とも圓脣後舌母音の後にだけ出現するという意味では、-ŋ 韻尾と相補的に分布することになるだろうが、嚥みこまない-ŋ に對し嚥みこむ-ŋ-と-mとの二重調音は、すでに別種獨立の音韻である。固定したものとしての-m の閉鎖をまで伴う以上、後舌部を調音上他の喉音韻尾と分有し、拮抗關係に立つものということはできない。

　-ŋ 韻尾が、圓脣後舌母音の後で-m の閉鎖を伴い易いという理由づけ

---

　[8] 三根谷 1956, 72 頁以下；龜井・河野・千野 1988, 769 頁。

音韻設定の音聲學　　　　　　　　　　　　　　　　　　　　　　121

なら簡單なことでもあろう。しかし、そうならなくてはならない必然性はない。ましてそれが二重調音の-ŋ͡m韻尾でなくてはならない理由など存在しないのである。それは、日本語のガ行音が、語の第二音節以後にくるとき、ほとんどの場合鼻濁音にならなければならないというのと似ている。共通日本語ではその調音のスタイルが普通だというだけのことで、そうなり易いことの説明はできても、そうならなければならない音聲學的な理由というものはない。だからこそ同じガ行のゴでも、醍醐の醐の頭音は鼻濁音でも、第五の五はそうでないのである。しかもその共通日本語の中で、鼻濁音は明らかに一つの獨立した音韻である。

　越語は兩方言とも、圓脣後舌母音に後接したときの-ŋの兩脣閉鎖志向を誇張することで-ŋ͡mを生んだ。重要なのは、それが二種類の喉音韻尾を體系に組み込んだことにはならず、-ŋ͡mはむしろ異種として追い出し、單音韻尾をだけのこしたことになる點である。調音可能域の狹さによるだろう、嚥みこむ-ŋから複合韻尾を作りながら、複合という結果のその特異性が、逆に嚥みこむか否かの、調音方式の相對から自身を外させたのである。

　韻尾としての-ŋ͡mの共存は、漢語もかつて-ŋ, -ŋw兩韻尾を區分したと主張する根據にならない。嚥みこむ-ŋに調音位置の時々の深淺があっても、合流の恐れは-ŋw、繼起的-ŋ͡mのいずれとも常にあることを、これは傍證として示すものともなるからである。

　また、越語の-ŋ͡m韻尾が本來-ŋ韻尾の圓脣化からきたとしても、初めから豫定されているような二重調音の-mの閉鎖は、本來圓脣と背反的である。漢語舊通攝所屬諸韻の韻腹がいま圓脣母音であるのは、もとの非圓脣が、圓脣化した-ŋ韻尾の逆行的影響によってそうなったのだという根據にもならない。

　そもそも漢語を含む單音節言語において調音のため音節に配分される力は、その末尾に向かって次第に減衰する形で放出されるのが普通である。したがって影響としての力は、前の要素が後の要素に及ぼす進行的

な働きであることが多いのは、當然豫想される。越語南部方言の-ŋ͡m韻尾についてその同一音節內先行要素への逆行的影響を論ずるといっても、論じ得るのは、その音節の終着點として先行要素の進行方向を示す信號たるに止まると考えてよいだろう。その牽引は、あったとしても、前接母音に對する後舌化要請以上のものではあり得ない。漢語の例でも、韻尾の逆行的な影響力として、-j, -nj においては強く-w, -ŋ では弱いのが普通である。

　-ŋ 韻尾の調音點が前移すると普通自ら圓脣化し、逆に-ŋ が圓脣化すると調音點は前移しようとする。それらが、志向だけで調音點は變わらない場合でも、舌體の前傾で後舌部における-ŋ の閉鎖を弱くし、それを鼻音化された-w と呼んでもよいものにするだろう。その前接諸母音への逆行的影響が-w 程度に弱いことは充分に考えられる。逆行的影響どころか、韻母/-aw/などの場合、その音聲的實現は普通-ao で、自身がすでに弱い。

　越語の-ŋ͡m韻尾で調音の直前に圓脣化が始まるという、韻腹の、調音途中でのこの變動が、韻尾の牽引によって起こるはずはない。韻腹本來の要請であったものが、初めは韻尾の、嚥下の行爲に酷似する調音そのものの深さを嫌う逆行異化として非後舌非圓脣母音に始まり、すぐ本來の調音に復歸する過程であると考えれば分り易かろう。母音調音に入る前の、脣の片隅をひきつけるような特異な運動の報告もあるのである。この場合韻腹は、調音的に-ŋ͡m韻尾と遠く離れたものでなく、單音節言語の音節としての一定の音量を充足するため[9]には、かえっていわば回り道が求められたものと理解すべきである。

4.1　南部方言の-ŋ 韻尾が、圓脣後舌母音に後接しても、北部方言におけるような、特に記述すべき變形を伴わないらしいのが、そもそも不自然である。同じ音環境のもとで起きてよいはずの、-ŋ 韻尾への影響が見

---

[9]尾崎 1995。

音韻設定の音聲學　　　　　　　　　　　　　　　　　　　　　　　　　123

られないことになるからである。一般に-ŋ 韻尾調音の首要部分は後舌面の軟口蓋に向かっての隆起であって、-ŋ はその後舌面の隆起があるために-n などと違い、調音部位が前寄りのものでさえ、兩脣の閉鎖、狹窄を導き易いのである。それがそうならないのは、むしろ音韻觀念としてそれが拒否されている、すなわち、少なくとも嚥みこむ-ŋ が目指されてはいないと思うべきである。

　越語でも北部方言では-ŋ と相補的に分布するという硬口蓋調音の韻尾-ɲ[10]が、南部方言には音韻として存在しない。そこで南部方言で-ŋm 韻尾に對立するとされたもう一つの喉音韻尾の解釋としてわれわれの嚥みこまない-ŋ を、その-ɲ 韻尾と聽覺的、調音感覺的に近く、舌面前部の齒裏への接近の志向はありながらそこに明確な接觸はない方式のものとして、設定することができる。

　尾崎 1995a は、-n 韻尾が舌尖調音によるものである場合、舌全體をその舌尖を突っかい棒にして後退させ、その結果、軟口蓋調音の韻尾である-ŋ とも、充分接近した聽覺をもたらす可能性があり、調音點が前後に離れていても、同じ舌面上の韻尾である-n, -ŋ 兩者の間には、相互に干涉し合う關係のあり得ることをいっている[11]が、それは、われわれのいまの場合にも當てはまる。-n, -ɲ, -ŋ 三者の間には、**1.6** でも見たように、後方あるいは前方への、調音點の單純な移動だけで相互に取り替わる、つまり、-n の調音方式如何によっては、その見かけよりずっと近い關係が存在する場合もあるのである。

4.2　舌尖性調音といっても、舌尖部のそのまた最先端が他の調音器官との間に明確な接觸部をもつことが、いつも、その調音について最も大きな意味を持つものであるとは限らない。越語の南部方言における-n 韻尾原初の形は、いま-n が-i-, -e-兩主母音に連接する場合にしか現れないという、現實に存在するその分布の狀況から考えて、北部方言のそれと、

---

[10]龜井・河野・千野 1988, 769 頁。
[11]尾崎 1995a, 第 3 節。

もともと違いがあったとして然るべきものである。

　南部方言におけるこの韻尾は、その-n をまで含め、それ以外の主母音に連接するときの-ŋ のすべての場合を併せ、それらがいずれも、後舌面の隆起は抑えながらの前舌面の硬口蓋に向かってのある程度の隆起と、その歸結としての舌前部の齒裏指向を保持し續けていて、全體として、一つの音韻觀念の表れであった時期を考えることもできなくはない。尾崎 1995a は、そういう志向がないことでむしろ成り立ち、さればこそまた時としては兩脣閉鎖にも到りかねない、嚥みこむ/-ŋ/との對比で、それを、機能としての-n[12]と呼んだが、嚥みこまない-ŋ がそういう音韻觀念として、舌最先端が齒裏などと明確な接觸部をもたない性質を方言本來の-n 韻尾と共有していたために、その-n 韻尾をまで含み込むものとなったことは明らかである。

4.2.1　こうした韻尾を設定すれば、自身口蓋性調音の母音である-i-, -e-に後接したとき、やはり-ɲなどを經て-n に合流する部分があり得るのを除いて、それ以外の-ə-, -a-, -ɔ-, -o-, -u-諸母音に連接する場合にも、それら前接母音による牽引が調音點を後ろあるいは下に移させ、一層-ŋ あるいは少なくともそれに極めて近い音聲として發現することを可能にするだろう。嚥みこまない-ŋ は嚥みこむ-ŋ と違って、圓脣性後舌母音-ɔ-, -o-, -u-などが先行することから生ずる變形も、容易に受けつけない性質のものであるから、それら圓脣後舌母音が嚥みこむ-ŋ に前接する時の、繼起としての-ɔŋm͡, -oŋm͡, -uŋm͡なども、滅多には現れようがないのである。

5　いま現代共通漢語の東、冬、鍾諸韻における韻腹の音韻論的解釋としても、圓脣後舌母音である-ʊ-を設定するとしよう。韻腹-a-の場合だと、-j, -nj, -w, -ŋ などがその韻腹に續くものとして、-aj, -anj, -aw, -aŋ などの韻母の存在が可能となる。そこに-ʊ-などを假設して、可能なのは-ʊw, -ʊŋ などだけということにしてしまうのは、整齊の立場から見て適切で

---

[12]尾崎 1995a, 11 頁。[本書 108-109 頁の脚注 6。]

音韻設定の音聲學　　　　　　　　　　　　　　　　　　　　　　　125

ないとされる。

5.1　　しかし、-ʊ-に結びつくことができるのは、現代共通漢語の中でも決してそれだけではない。-ʊj, -ʊnj なども充分に可能なのであって、そうすれば、-aj, -anj, -aw, -aŋ などという系列を形成する主母音-a-の設定と變わるところはないことになるのである。問題は、等韻學の解釋が唯一のものであると考えるかどうかというところにあるといってよいように思われる。實際、等韻學は多くの場合そこに合の轉を建て、いまいう-ʊj, -ʊnj などを、-wəj, -wənj と解釋しようとしてきたのだが、逆に『切韻』系でも、『廣韻』『集韻』などやや後れる韻書において、しばしば分韻の結果としての開口韻にいわゆる合口小韻が、逆に合口韻に開口小韻が排列されることが、特に臻攝において著しいのを、後代音變を取り入れた結果とのみはいえまい。いまの問題をわれわれのように處理して行かなければならない場合が、特に合口韻に關連して存在する可能性のあることを、この分韻は示しているのではないだろうか。

5.1.1　　等韻圖的な整齊が音聲の眞實を傳えるものでは必ずしもないであろうに、こういう解釋は、それらのすべてについてではないにしても、その等韻學そのものの系譜、あるいはその延長としての注音字母の體系までひきつがれてきている。しかし例えば、惟、文、翁をそれらの現代共通語音によって wəj, wənj, wəŋ などと綴るのと同じように、對、敦、東をそれぞれ twəj, twənj, twəŋ などと綴ろうとすると、その綴りが代表する音韻論的解釋と、現實の音聲との乖離が問題になる。調音としての對、敦、東などには、それらの記述である twəj, twənj, twəŋ 等、t-に始まり韻尾-j, -nj, -ŋ に終わる線の上で、t-を圓唇化させるとする-w-のその兩唇の接近が、韻腹-ə-によって解除される際の、空隙の急速な擴大によって生ずる、表記からは期待される-w-を最狹部とした、いわば waistline は、現實には存在しない。あるのは、すでに輕く-ʊ-化された t-の閉鎖の、その-ʊ-による解除だけである。表記だけの問題だとはいうまい。音韻解

釋と實際の音聲との間にある乖離は少しでも少ない方がよいに違いないのである。

5.2 現代共通漢語についての今のような考察は、それを歴史的にも遡らせ、韻書における分韻の問題、すなわち一般に官韻系韻書が開合や-j-介母の有無によって別韻とする場合があるその雙方を、なぜあるときは韻分けによって分離し、またあるときはそうしないのか、考えてみなければならない。

5.2.1 顯著な例を擧げれば、等韻圖や『廣韻』では、いわゆる開口合口の對として、痕韻と魂韻、欣（殷）韻と文韻の組み合わせと同じように、寒韻と桓韻、歌韻と戈韻の組み合わせが見られるのに、原本『切韻』において、寒韻から桓韻を、また歌韻から戈韻を分出して別韻とすることがなぜなかったのか、また同じく等韻圖ではいずれもその一三等として區分されるものが、例えば東韻においては韻分けにまで至らない一方で、陽・唐のように互いに別韻とする場合もあるのはなぜか、というのはその代表的な例である。それは、音韻家がかえって忘れがちな、韻書は元來押韻のための書物であることからすればむしろ當然のこと、分韻が趣味の問題[13]であることから來るのではなかった。等韻圖の上で開合あるいは等呼が異なるという扱いを受けていても、それだけでは分出の資格として充分でない。開合あるいは等呼の組み合わせとされるそれぞれを比べて、それぞれ同士の間に、その開合もしくは等呼の別あることを原因として、韻母の中核部が互いに異なりあうという事實が存在して、はじめて『切韻』としての開合あるいは等位の違いによる韻の分離が行われたのである。逆にいえば、『切韻』編者にとってそれが眞正の合口であるかないか、すなわちそこに-w-介母が存在するかしないか、あるいは眞正の齊齒呼であるかないか、すなわちそこに-j-介母が存在するかしないかの問題は、かえって見かけの開合もしくは見かけの齊齒非齊齒の

---

[13] Karlgren 1922, p.20, 尾崎 1970, 149 頁。

みによっては韻を分けない、そういう種類の韻の中にしかないということにもなるのである。

5.2.2 古音學における分韻でも例えば段玉裁の第十二部には、旬、匀、淵、穴、血等、個別の諧聲系に所屬するものを除いて合口字が含まれることはまれであり、その分、第十三部には、少なくとも後世では第十二部所屬の開口字に對應する合口のものと扱われるのが普通であるような文字が、多く入りこんでいることなどからも窺われるように、その先驅を含む『切韻』ほかの諸韻書の、編者あるいは個々の韻についての分韻をおこなった者たちにとって、例えば魂韻は必ずしも痕韻の-ənj と、文韻は必ずしも殷韻の-jənj と、それぞれ開に對する合の對を形づくるものとして-wənj, -jwənj であるのでなく、韻の組み合わせのそれぞれ前項は、それらをむしろ-ʊnj, -ʏnj などと解釋することもできる。そもそも押韻のための分韻は、單純に韻母の違いにのみもとづくべきである。魂痕、文殷と、それらを隣り合わせに置く排列が、單にそれぞれの前項の出自を、併せて示すためであったかどうかは、あらためて問題として取り上げる必要がある。逆に-w-介母の在不在、すなわち開合による分韻のない例えば寒韻の內部においてならば-ɑnj, -wɑnj の對立も、同じく-j-介母の在不在によって別韻を作らない東韻の內部においてなら-ʊŋ, -jʊŋ の對立も、韻腹の違いとしてでなく、それぞれ介母の在不在の對照としてだけ存在するとされたであろうことは疑うに足りない。

6 現代標準漢語における舊通攝中の東、冬、鍾諸韻所屬字に現在現實に具わる圓脣性のうち、等韻圖において開合の轉とされる冬、鍾兩韻とは、開の轉として別の扱いを受ける中古東韻のそれについては、-ʊ-でなく-ɤ-のような非圓脣後舌母音を設定しておき、その圓脣性は、後舌調音は圓脣的である方が、逆に圓脣は後舌調音に伴う時が安定という、ŋ の圓脣化に表れた語音の、嚥下につながる生理にも支えられながら、後舌的聞こえは共通にする冬韻に合流した結果と考えることが不可能ではな

いし、むしろ必須のことであるかも知れない。段玉裁第九部の中に同居し、のち中部と區分されるようになった東部についても、同じことはいえるだろう。

参照文献

北京大學中國語言文學系語言學教研室編 1989.『漢語方言字匯 第二版』、北京：文字改革出版社

龜井孝・河野六郎・千野榮一（編）1988『言語學大辭典』第 1 卷、東京：三省堂

Karlgren, Bernhard 1915 *Études sur la phonologie chinoise*. pp.1-316. Leide et Stockholm. Archives d'Études Orientales, XV-1.

─── 1922 The Reconstruction of Ancient Chinese. Leide. *T'oung Pao*. XXI, pp.1-42

三根谷徹 1956「中古漢語の韻母の體系」『中古漢語と越南漢字音』67-83 頁

─── 1993『中古漢語と越南漢字音』、東京：汲古書院

尾崎雄二郎 1970「切韻の規範性について」『中國語音韻史の研究』143-161 頁

─── 1980『中國語音韻史の研究』、東京：創文社

─── 1984「古音學における韻尾の設定と音韻特性の「豫約」の問題」『東方學報（京都）』第 56 册、269-291 頁【本書 13-37 頁】

─── 1995「漢語聲母の音量がもたらすもの」『名古屋學院大學外國語學部論集』VI-2、165-179 頁【本書 75-96 頁】

─── 1995a「漢語喉音韻尾論獻疑」『立命館國際研究』VIII-1、1-12 頁【本書 97-113 頁】

賴惟勤 1953「上古中國語の喉音韻尾について」『中國音韻論集』（賴惟勤著作集 I）139-154 頁

─── 1989『中國音韻論集』（賴惟勤著作集 I）、東京：汲古書院

張均如 1980『水語簡志』（中國少數民族語言簡志叢書）、北京：民族出版社

趙元任・羅常培・李方桂（譯）1940　高本漢『中國音韻學研究』（Karlgren, *Études*）、上海（1995、北京：商務印書館再版本）

周殿福・吳宗濟 1963『普通話發音圖譜』、北京：商務印書館

1996 年 4 月 21 日、9 月 3 日訂。

古代漢語の脣牙喉音における
極めて弱い口蓋化について
——いわゆる輕脣音化の音聲學

1 どんな調音でも、そのときどきの、ある局部にのみ着目して見ると、複數の、大なり小なり互いに距離があってよいはずの調音活動のその局部どうしが、相似の、時として相同ともいえる形態を取り合うことがある。例えばア樣音に-ŋ韻尾が後接するときわたり音として韻尾の前にイ樣音が析出する可能性について見てみると、その-ŋ韻尾そのものが前寄りのものである場合にはもちろんそうなるだろうが、この韻尾がそういう音を析出するためには、實は特に前寄りである必要はない、どころか、その調音位置が充分に深いものであっても、そのわたり音を [i] とまで限定せず、いまいうようにイ類の音という程度のものとするなら、それは全く同じように現れ得るのであって、それはつまりア樣音の調音から-ŋ韻尾のそれへの移行の途中で、舌體のうちのそのような音の調音に關わりある部分も、全體の一部としては當然、舌根の深い個所を用いてのその調音全體の一部を分擔するものとして動くことになるから、硬口蓋から軟口蓋までの口腔の天井に、一つの全體として近づく形で引きつけられる運動の中に吸收される。その經過の一部として當然イ樣音調音のそれに似た態勢を取ることにもなる、そこで起こり得ることなのである。

2 漢語の普通話を始めとして、粵語を含む多くの方言に現在も廣く分

布している幫母出自のそれと同じ f-聲母が、その粤語など一部の方言において古溪母曉母合口字の語頭に、普通話などでは [kʰ-, x-] 聲母であるのに對應して現れることがあるのを、われわれは知っている。これら聲母の普通の調音として、單なる脣音性調音としての [f-, p͡f-] に見られる下脣の上齒端に向かっての引きつけと、その結果としてのそれとの弧狀の接觸とは、上に述べた調音點の深い、尾崎 1997 が "嚥みこむ-ŋ"[1] と名づける-ŋ 韻尾のその調音に引き續き、時にはかなり強い志向としても起こり得る、同じような下脣の上齒端に向かっての繼起としての引きつけと、その結果としてのそれとの弧狀の接觸とも、脣齒性である點では同じだが、同時にそれが、その深い-ŋ 韻尾の繼起として現れるものには當然見られる舌根の口腔後壁との明確な接觸を必ず伴うものだとは、一般的にはいえない。しかしそれら單なる脣音性調音としての [f-, p͡f-] 等が、ある場合そのような舌根の口腔後壁との明確に觀測できる接觸を伴って現れることも、調音の一つ一つのスタイルとしては充分にあり得ることであって、例えば、下脣の上齒端への引きつけのその接觸の線が下脣の內側に向かうほど、舌根部の口腔後壁との接觸が確實になることは、容易に觀測できることでもある。人體の、口を取りまく生理機構は、食物攝取と切り離せないものであり、聲母調音に際して觀察されるほどのことが、食物攝取について觀察されることと重なるのは極めてあり得べきことであって、いま幫母調音の場合に限って見ても、その聲母の準備狀態と同じ、ただし調音活動と一應は切り離された單に兩脣の閉鎖がいま完成したという狀況を、食物攝取の生理に關連づけてみれば、咀嚼も終わり、さて嚥下というその段階の兩脣閉鎖と考えられ、下脣の上齒端に向かっての引きつけとそれとの弧狀の接觸とが、口腔後壁との明確な接觸を伴って起きることが、それを更に承けるものとして、連動して現れたとしても不思議ではない。幫母の調音に例えばごく弱い口蓋化が要請されるようなときにも、上齒の側から逆に下脣をくわえこむ形を取るこ

---

[1] 尾崎 1997, 4 頁以下。

とで同樣の效果が現れ、舌の口腔後壁との接觸も容易に起きるようになる。調音がそのように行われれば、聞こえの近さから、溪・曉兩母出自の [*p͡f-, *f-] 聲母などと合流し易い狀況を作っても行くことだろう。影母の合口や微母から來る普通話の w-聲母が、疑母出自の、本來軟口蓋閉鎖を伴う"我"などをも含みつつ、しばしば [v-] とも表記できる脣齒調音によるものであるのも、口腔後壁と接觸して聲母の混淆を促す微母ほかの深い調音の方式と無緣でないに違いない。

3 漢語普通話の鼻音 [ŋ] の調音位置はかなり深く、舌根による閉鎖といっても、それが軟口蓋となのか、口蓋垂となのかは、なかなか決め難い。Waengler に見るドイツ語の場合[2]などと、それは明らかに違う。それが韻母としての -ŋ であった場合、尾崎 1997 にいう"嚥みこまない -ŋ"、周・吳が、語頭の ng- に比べ"舌尖離下齒背比 ng-近"という[3]幾らか前寄りのもそれだが、假にそのようなものであったにしても、である。

4 廣州粵語において普通話の例えば苦、快/婚、灰などの音節頭 [kʰu-/xu-] に對應するのが [f-] であってそれぞれ [fu, faːi, fan, fui] などとなり、梅縣客語において普通話の gong に對應するのが [kvoŋ] であるとされるのなど、いずれもそれらの祖音あるいはそれらの方言音を生み出すもとになったその當時の共通語音であったかも知れないものにおける [*kʰ-, *x-] また [*k-] などの調音點が深いことに、大きく關わっているはずである。軟口蓋音として調音點が深いものであるとき、これもまた嚥下に關連する生理の一部として、舌體の深い引き込みに伴い、下脣は奧に引きつけられて上齒端との間に弧狀の接觸部をもち易いこととなり、それがやがては脣齒摩擦音聲母の出現をまで準備する可能性は高い。いま粵語では溪・曉兩母字、普通話音形 [kʰ-, x-] 聲母によって率いられるものが、原則として [h-] 聲母字として出現する。それは、それらがいずれも

---

[2]Waengler 1968, Tafel 6.
[3]周・吳 1963, 40 頁。

普通話の [x-] と同じものを經過して現れたことを示すのであろうが、軟口蓋摩擦音の調音點が充分に深いと、普通話の-ŋ 韻尾や客語の [k-] 聲母の場合と同じく、下唇を上齒に引きつける志向を生み出すことができる。そうしてこの場合粵語では介母あるいは韻母の、客語では韻母の、調音點の深さから逆行的にも許容されて、軟口蓋調音聲母の調音點は一層深くなり、それと連動したものとしてこれらのことも起こる、そこで [*h-] に先行して [*x-] が標準的であった時代の粵語においてもまたそのような [*xu-] が [*fu-] を出現させたといってよいであろう。

4.1 脣音の、いわば脣音らしい聞こえが可能な兩脣閉鎖狀態を保持しつつ、下唇のできるだけ内側の位置で上齒端と弧狀に接觸させる態勢を取ってみる。これは舌體の、口腔後壁との明確な接觸を持ち續ける、言い換えれば、調音點の深い-ŋ 韻尾の調音を準備するときとも似た態勢で、このとき舌體の前半は、これもすでにいうように、その直前イ樣音を、わたりとして發出できるわけだから、中舌的、もしくは、ごく弱い口蓋化をしか蒙ってはいない狀態、ということもできる。そうしてこの口蓋化については、ごく弱くというのが、實は缺くことのできない要件なのであって、脣音調音における少しでも強い口蓋化は、兩脣の兩端を口角の方向に引っ張って、それが、咬み合わせた上下齒に引きつけられて密着に近い態勢に向かおうとすることはあっても、しかしそのときの、下唇と上齒端との弧狀の接觸の位置は、上のごく弱い口蓋化の場合と明らかに異なり、下唇を上齒端との弧狀の接觸へと特に向かわせる、上にいったような意味での志向性は、むしろ失われてしまうとさえいってよいだろう。先にも觸れた*pf-などを經過して、來たるべき f-聲母などの出現を準備するかも知れない先行狀況の出現をそこに期待するという意味では、かえってそれと遠いものになってしまうのである。いまも言い、後の議論にも出てくることであるが、脣音そのものがその本來の聞こえを保持し續けようとするのであれば、強い口蓋化とは、それはそもそも兩

古代漢語の脣牙喉音における極めて弱い口蓋化について　　　　　　135

立しがたいところがあるのであって、等韻圖四等に置かれることが被口蓋化の強さを意味するのなら、それは、7 にも引くそのベトナム音に見られるような [t-, tʰ-, z-] などに、自然に傾くべきものでもあっただろう。一方、現代普通話脣音字における韻頭や韻腹を表す綴り字-i-, -i が代表しているのは、現實にはいずれも古四等字をすべて含み込むものでありつつ、しかもまた、眞實そうであるとは信じがたい、高くない形のものばかりであるのも、そのことと無關係ではあるはずがない。脣音字が、二種の異なったスタイルのイ類の音を率いていて、少なくとも他種あるいは他地區の言語でなら、一方を強い口蓋化という形でそれを受け止めることがあり得るというような場合にも、その言語では、脣音らしい聞こえの保持のために、中舌的乃至ごく弱い口蓋化をしか蒙っていない狀態の方に統合されてしまう、ということもあったのだろう。

4.2　Chao は、音韻史上、重脣音聲母が輕脣音聲母に取り替えられたとされるいわゆる輕脣音化をもたらすべきものとして、"..., if a labial word has a high *i* and is further followed by a central (mixed) or a back vowel, which is usually associated with a retracted position of the jaw, then there will be a tendency for the lower lip to touch the upper teeth, thus resulting in dentilabials." という[4]。事實は、尾崎 1970 がその著者の名を擧げることなくいう[5]ように、人間の下顎は、通常の咬合位置から若干の前進はできても、後退は全くできない構造になっているのであり、下脣が上齒端に引きつけられてそれと弧狀に觸れるというのも、したがってそれは下顎の問題なのでなく、文字どおりの下脣の問題、すなわち下顎とは一應は切り離すこともできる、下脣だけの後退の問題なのでなければならない。その後退が、先に言うごく弱い口蓋化にも似た舌體と口蓋との相對關係によってもたらされると、いま私はいっているのである。Chao のこの高い *i* が、もしも強い口蓋化をいおうとしているのであれば、いま

---

[4]Chao 1941, p.224.
[5]尾崎 1970, 97 頁注 8。

見てきたように、それはむしろ下脣の上齒端との、上にいうような接觸を不可能の方向に導こうとするものとさえなり得るだろう。そうしてまた、ここで labial この場合重脣を、dentilabial この場合輕脣にまで、その高い i とともに導くと考えられた central (mixed) すなわち中舌、もしくは back すなわち後舌の母音というのは、實はごく弱い口蓋化ともいえるものによってもたらされた下脣の上齒端とのこの弧狀の接觸を、その狀況のまま維持するのにこそ必要な要件であったと考えた方がよいのである。

4.2.1 重脣聲母の輕脣聲母による交替は、[*p͡f-, *b͡v-, *m͡v-(>*ɱv-)] などを、例えば現代普通話等の f-, w- などに先立つ混在の中の、あり得べき可能性の一つとして設定しておくことが有利であり、f-, w- などは、自らを含む混在の中からやがて選び取られた調音のスタイルの一つ一つとして、後には標準調音の地位を獲得するようにもなったのだろうと考えればよいのだとすれば、さしあたってわれわれは、兩脣閉鎖を保持しつつ下脣の上齒端との接觸をもたらすべき自然の生理をそのまま維持し易い條件として、その聲母に續く韻腹を規定しておきさえすればよいことになる。いま普通話の f-, w- などの調音點は、上に -ŋ 韻尾との相關において述べたそれのように深いものではないが、それもまた後代の選び取り、あるいはその繰り返しの結果と考えることができるだろう。

4.3 普通話 bo, po, mo が讀音 [pᵘo, pʰᵘo, mᵘo] であるのは、脣音の漢語聲母としての音量の大きさが、兩脣閉鎖の持續という形で現れるのである。等韻圖脣音の配屬が韻腹により開合を殊にするのは、そこに韻腹の如何による強弱、從っては時間の長短が重なり、その大きな音量から合口介母樣の狹窄を析出し得るや否やの違いを示す。脣音自體に開合の別あるのではない。ごく弱い口蓋化が脣音の上に加わっての脣齒接觸にも、韻腹の違いによる強弱はある。例えば高くかつ脣形として脣齒接觸と遠くない介母もしくは韻母の *-u- 類で強く、やや低くかつその圓脣性が脣

齒接觸と兩立し難い*-o-類で弱い。それに*-u-は脣齒性聲母に續くとき、自身脣齒性母音に取って替わられると考えることに無理はない。一方同じ脣齒接觸でも、明母は鼻からの呼氣がある分口腔內壓が低く接觸の力も弱い。幫滂竝三母と比べて弱いその脣齒接觸も、韻腹が高く、自身が脣齒性非圓脣母音に取り替えられ得る虞韻では保存されるが、韻腹がやや低く、虞韻の場合と違い圓脣性を保持する東屋韻三等及び尤韻では脣形自體脣齒接觸を嫌い、恐らく"嚥みこまない韻尾"ペアの逆行的影響もあって、兩脣性調音のまま終る。韻腹が低いとすべてそうなるのではない。韻圖合轉に配屬される韻腹は脣齒間接觸も強く、解消されることはないのである。

4.4 ごく弱い口蓋化にも似た調音狀況というのが、等韻圖の構造から見て脣音三等の屬性であってよいなら、脣音におけると同じように等韻圖の牙喉音三等とされるものにおいても、それは期待できるのではないか。『切韻』反切を『韻鏡』などに重ねてみると、反切上字としての、いわゆる C 類韻に所屬する牙喉音の日本吳音形は直音であり、さらに例えば『切韻』に遙か後れる『集韻』反切の上字としても、特に開口韻では一二三四の各等を通じ、歌居何切、岡居郎切、姦居閑切、斤擧欣切、口去厚切、企去智切、欠去劔切、休虛尤切、海許亥切、效許教切のように、居、擧、去、虛、許など、三等で日本吳音同じく直音の C 類字が廣く用いられている。つまり、われわれの考える『切韻』反切上字と同じく、讀書音であろうが『集韻』のそれも、假りにあったとしてごく弱い口蓋化しか蒙っていない可能性は決して小さくない。これら反切上字の一つ"去"の現代音は、北京舊音 [kʰɤ]、太原口語音、武漢、揚州の白話音それぞれ [kʰəʔ, kʰɯ, kʰəi] であることなどを、われわれは古音の遺跡として同時にまた想い起こすこともできるのである。

5 いわゆる三四等重韻における脣音の諸反切が、A 類字 B 類字とも、しばしばその反切上字を C 類に選ぶのは顯著な事實であり、したがって

それが、C類字とA類字B類字との間にはかなり親しい聲音上の關係が、ただし異聲母間の問題としてでなく、介母の違いの問題として存在することを示すであろうとは充分に推測される。われわれがすでに見たようにC類字には口蓋化があったとしてもごく弱いそれをしか蒙っていないとして、それに比べれば例えば日本漢字音について見ても、それがイ段音でなければエ段音に始まる、つまり、比較してより強く口蓋化されているに違いないA類字B類字との關係において、その、弱い口蓋化をしか蒙っていないはずの反切上字としてのC類字の上に、より口蓋化の度の高いA類B類なりの韻母を重ねる、すなわちC類字がA類字なりB類字なりを、いわば呼び出すための反切上字となり、その手續きを經て口蓋化の度のより高いA類あるいはB類の下字が代表するはずの韻母をそこに載せようとすることは可能でも、C類反切がB類字あるいはA類字を上字として選ぶというそれとは逆の關係は、A類に屬すべき匹の字の場合を除き、罕有絶無といえる狀態にあることは特に注目すべき事柄であるはずで、わずかに王仁昫『刊謬補缺切韻』全本の上聲C類范韻にB類上字の明范反小韻があるにとどまり、敦煌寫本 S2729, P3383, S10V 等いわゆる殘卷『毛詩音』、時代は後れるが『廣韻』、いずれにも同種の例がない。普通話で w- を聲母とする微母出自の音節が他の方言ではすべて m- 聲母に始まる音節であることが珍しいことではないところから見ると、この例外と見える一例が、普通話 m- 聲母の、C類微母とは同根の明母に率いられるものであることには意味があるのかも知れないが、例外は例外である。ともかくもA類字B類字がC類反切の上字になる例は、これ以外にはない。

6 A類字B類字ともC類字反切の上字とはならないというのが、脣音に限らず、牙喉音反切においても全く同樣に觀察されることは重要である。C類字には、脣牙喉音を通じ、あったとしてもごく弱い口蓋化をしか期待できないからで、C類字を反切の上字として用い、そこに口蓋化

の度のより高いA類字B類字を下字として重ねる形でA類字なりB類字なりを切出する、つまり、脣牙喉音を通じて、ごく弱い口蓋化の上に、より強い口蓋化を重ねることで一つの音を切出することは容易でも、逆に、より強い口蓋化がすでに存在しているところから、われわれが問題にしてきたような、ごく弱く口蓋化された音、もしくはそもそも口蓋化されてさえいないかも知れない音を導き出そうとする、すなわちA類字なりB類字なりを反切の上字とし、C類字を下字とすることによってC類字を切出しようとすることは、調音の生理の自然としても、ほとんど不可能といってよいだろう。もともと反切そのものが、讀書音の體系を一つの全體として腦裏に藏める人たちのためのもので、よしそれがどんなに古めかしい音であろうと、日常言語の範圍を超えた何か特殊の音連鎖など跳び出てくるはずもない以上、反切の技法を用いて所與の文字のその場での讀音を指定するのに、一一口唱という檢證を經なければならないとは、私も考えはしない、しかしたといそうではあっても、反切そのものが、音理から見てできる限り無理のない構成のものであることが目指されているのも、また明らかなことだからである。

6.1 この、A類字B類字ともC類反切の上字にはならないという關係にも比せられるものがA類字B類字相互の間にもあり、A類字B類字とも相互にまたそれぞれ相手方の反切上字にはなり合わないということも、この問題に關して極めて重要である。A類字B類字のペアが作るこの三四等重韻が、それぞれのもつ介母の相違によるものだと假定して、反切上字として使われる時そのそれぞれが、子音性介母要素の韻頭における存在非存在すなわち*-ji-, *-i-のペアを代表しようとするものであろうとか、あるいは相互に異なった二種類の母音性介母*-i-, *-ɪ-の分有を示そうとするものであろうとか、われわれも知る異なった少なくとも二つの考え方に關して、もし前者のように、それらの代表しようとするのが、一方は介音として*-j-をもち、一方はそれをもたないというだけの

ことであるなら、C類字がA類字B類字のいずれに對してもその反切上字になり得ることと照らし合わせてみて、A類字B類字とも相互にそれぞれ相手方の反切上字とはなり合うということが、どうして許されないのであるか、説明はむつかしくなる。つまり、C類字が、A類字B類字のいずれに對してもその反切上字になり得るというのは、いまもまた見たように、口蓋化の度の極めて低いもしくは無い狀態の上に、口蓋化の度のより高い狀態のものを重ねることは可能なためなのだとすれば、一方が、この場合B類字に對してA類字が、B類字を基礎にしてそれの缺いている*-j-介母を載せた、つまり前舌部が口蓋との間で摩擦噪音を引き起こしやすい韻頭を內に含む韻母を代表すべき反切下字となることを期待することは、逆にC類字が、A類字B類字のいずれに對してもその反切上字となり得るところから見て、そんなに困難なことではないというべきだろう。にもかかわらずそれがそうでないということなら、この設定自體に無理があるのかも知れないと考えて見てもよい。B類字がC類字とともに同じ三等の欄におかれるものであるとき、少なくともA類字B類字雙方の間で口蓋化の度はより少ないと考えられるB類字の上にA類字を重ねる、すなわちB類字をA類字のための反切上字とするほどのことは許されてもよいはずであるからで、しかし、脣牙喉音のすべてにわたって現實の例はないのである。

6.1.1　A類字B類字とも、相互にまたそれぞれ相手方の反切上字とはなり合わないということについての、A類字B類字とも、後者、すなわち、反切上字としてそれぞれが互いに異なった介母*-i-, *-ɪ-の分有を示そうとするものであろうという設定は、介母がその兩者において音種あるいは音質として異なると考え、その異なる介母どうしの、音種音質としての違いを代表するものとしてそれぞれがあるのではないかと考えることである。A類字B類字が、反切上字として相互に、言い換えれば口蓋化の度の上で明らかに低いはずのB類字でさえ、反切上字としてA類

字の基礎となり得ないという、この確實に觀察される音韻事實を解釋するための設定としては、こちらの方が明らかに說得的である。ここにすでに在るものとして示した介母の、音としての設定自體が眞に妥當なものであるかどうかを別にして、その介母が相互に、それぞれ相手方を基礎としてその上に自分を重ねるというかたちで自分自身の存在を表現できるとは、特にこの場合不可能のことに屬する、そういう形の設定にはなっているといえるだろうからである。

6.1.2 異なった介母*-i-と*-r-を分有し合っていたものどうしが、後には合流するに到る、だからというべきか、當時としてさえ韻分けまでするに及ばない、しかも嚴然たる別音であることだけは示しておこうというその口蓋化の程度にしても、そこに口蓋化があったとしてC類字よりは大きい、という共通性はあるものの、明らかにまた相互の間に音種音質の相違というものはある。一方脣音では口角方向への兩脣の引きつけがその閉鎖自體を弱め、破裂の意味そのものを弱いものにしてしまうことを恐らくその理由としての强い口蓋化への拒絕、牙喉音では、口蓋化すなわち硬口蓋化の名で呼ばれる舌體の狀態そのものが、そもそもそれが歸屬すべき軟口蓋調音性とは背反し合うものであり、漢語史上のいわゆる破擦音化も、その衝突を回避するためにこそ起きたであろう、その、强い口蓋化には逆らおうとする志向が本來軟口蓋調音そのものに內在していること、來母や舌頭音聲母が三四等重韻ではほとんどその三等にしか現れないことによって示されるのも、舌尖性調音に伴う舌體の後退がもたらす軟口蓋調音との近似によること、舌上音正齒音等も、それらがいわれるような單純な口蓋化音でない色づけをもっていたからこそ、後代における舌尖調音性の獲得もあった[6]に違いないそういう前舌母音性への拒否のあることなどが、それらの音種を原則的に韻圖三等の欄、すなわちその本質をわれわれが論じたような形のものと考える限りでのC

---

[6]尾崎 1970, 87 頁以下。

類字と同居できるものにしたのだろう。言い換えれば、そもそも高い前舌母音は韻圖三等の欄になじまないのであり、三四等重紐の組み合わせにおいて、反切上字としてのA類字B類字をそれぞれ子音要素*-j-介母の存在非存在の違いとし、主母音どうしに差異はないとするのは、その主母音に*-i-などを置くのが韻圖四等の音の解釋のためにも最も考え易いのである限り、やはり取るべきではなかった。牙喉音における破擦音化は、牙喉音なら自然に遠ざかりたい高い前舌母音の*-i-が、それら牙喉音にも續くようになった方言、今の普通話の祖形を含む『切韻』の知らぬ方言、で起きたのだろう。日本漢字音によっていえば、梗攝青韻の吳音を除き、いずれもエ段もしくはア段の音をもって始まる齊、先、蕭、青、添諸韻に屬する諸字が韻圖四等に置かれるようになる、つまり韻腹はその先行形*-æ-などであったか、*-ɛ-, *-e-を經過しやがてその前に*-i-介母を析出するのを標準の發音とするに至る方言においてである。

6.1.3 口蓋化があるにしても、A類字に比べればその度がまだ低いはずのB類字まで、C類字のための反切上字となり得ないということは、A類とまとめてではあるが、すでに論じた。忘れてならないのは、B類字も三等字という點でC類字と同じだということであり、記憶すべきもう一つは、等韻圖の同じ等位に排列されるということが必ずしも互いに同じ介母をもち合うことにはならない、ということだろう。われわれは、重紐の相手方として四等字と向き合う三等字であるところのB類字の、その介母を*-ɪ-だと考えようとした。それは四等に屬するA類字のそれを*-i-とすることとの相關においてであった。それならC類字は、それらの措定に配慮しつつ、どのようなものとすべきだろうか。『切韻』反切の牙喉音C類上字は、日本吳音として直音であったが、それが四百年後の『集韻』反切についてもまた同じであることに、われわれは注目した。それが讀書音なら、牙喉音にとどまらず、C類反切上字については、口蓋化の存在そのものを無視できるかも知れないと考えてみることも必

要なのではないか。われわれの對象つまり韻書などというものは、そもそも讀書音の世界以外にはあり得ないのではなかったか。

7 ベトナム漢字音で四等開口に屬する兩脣音には、期待し得る [b-, p^h-, m-] ではなく、しばしば [t-, t^h-, z-] などが現れるのを、有坂は琉球語の例をも加え、それが脣音の"一種の口蓋化現象の結果と見られる"[7]とする。強い口蓋化をいうのだろう。このベトナム音に見られると同種のことが漢語方音の中にも現に存在した、というのではない。しかし、それを引き起こすものが當時の漢語の側にあり、ベトナム語がそれをそのような形に受け止めたに過ぎぬ、と考えることは決して無理な想像でもない。なぜなら、漢語自體の中にかつて起こったこととして、いま脣音四等の欄におかれる杓甫遙反が、『集韻』に的歷切、陟略切の音をまで採用する之若反、市若反の勺聲に、同じく彌が爾聲に、杪が少聲に從うなど、それらがいずれも根本的にそれと異なるところがないからであり、それらがまた、兩脣の閉鎖が解かれるところまでには至らないにしても強く口蓋化されていて、その解放がただちにそれら反切上字の代表しようとする聲母にきわめて近い狀態を示す狀況にはあった結果であるためだとすれば、漢語の中にも、さきのベトナム漢字音を生み出すに至るいわば直前の狀態はあり得たと考えることにそれほどの困難は無いからでもある。しかし **4.1** でも見たように、脣音に率いられる漢語イ類の音は今日その口蓋化の度が低いのが通例で、等韻圖に當てはめていえば、かつての四等はいま恐らくすべて三等の方に合流してしまっているといってもよい。かつてベトナム語にあの漢字音をもたらした四等韻、逆にはそれとのまた同時に C 類諸字との、反切上字の共用をさえ嫌う三等韻、その雙方の音韻としての在り方、そのいずれもが、單に自らをその相手方から際立たせようためだけの、人工の區分に過ぎなかったことを示すものなのかも知れないのである。

---

[7] 有坂 1937-1939, 342 頁。

參照文獻

有坂秀世 1937-1939「カールグレン氏の拗音說を評す」『國語音韻史の研究 増補新版』1957、東京：三省堂、327-357 頁

Chao, Yuen Ren 1941 "Distinctions within Ancient Chinese", or "Distinctive and Nondistinctive Distinctions in Ancient Chinese". *Harvard Journal of Asiatic Studies*, Vol.5, Cambridge, pp.203-233

尾崎雄二郎 1970「漢語史における梵語學」『中國語音韻史の研究』1980、東京：創文社、77-99 頁

─── 1997「音韻設定の音聲學──「漢語喉音韻尾論獻疑」二稿」『アジアの歷史と文化 阿賴耶順宏・伊原澤周兩先生退休記念論集』、東京：汲古書院、3-17 頁【本書 115-144 頁】

Waengler, Hans-Heinrich 1968 *Atlas deutsher Sprachlaute*. Berlin: Akademie-Verlag

周殿福・吳宗濟 1963『普通話發音圖譜』、北京：商務印書館

（1997 年 3 月 18 日、7 月 30 日訂）

ミョウガを論じて
反切フェティシズムに及ぶ

　　高木正一教授。私が個人として受けた深い恩義が假りになかったとしても、何とも言えず懷かしい先輩である。一九六四年三月、香港一年の滯在を終え廣小路の研究室に挨拶に伺ったのを、河原町丸太町角の酒亭に伴い、歸國を祝って、相客はない宴を張って下さった。ご病氣を見舞うこともないうちにの訃報であった。申しわけなく、無念である。先輩に一度は聽いて頂きたかったテーマで書くことを外部の私に許された中國藝文研究會に對しては、そこで特に深甚の感謝を捧げる。

1　ミョウガというのを、手近の『廣辭苑 第四版』で引いてみると、茗荷という形で出て來て、茗はメウではあり得ないにもかかわらず、それが古體として示すメウガという語形を、そこから引き出したいためもあったのだろうか、語源として括弧に入れて、

　　　　メカ（芽香）の轉という

と附け足す。メカの轉というのは大槻博士の原本『言海』にもあるのかどうか、就いて確かめる手だてが無いのだが、これも手もとの『大言海』には確かにすでに載っている語源説であって、ただし學史的にそれがどこまで遡るのかを私は知らない。しかし『時代別國語大辭典 上代編』でも「めが」を見出し語として古文書（正倉院古文書か）から賣我、女我等とした例を擧げ、それとともに、その植物の漢名漢字をそのまま用い

た蘘荷の例をも示した上、『和名類聚抄』（931-938）がやはりその漢名を見出しとして、菜蔬部菜類に

　　　嬢何二音、米加

とするのをも取り上げている。この嬢何二音というその嬢何は、蘘荷と同音であり、『廣韻』反切（いわゆる『切三韻』反切においても、従って恐らくは原本『切韻』においても同じ）で女良切、また汝陽切とされるのが、日本呉音でニャウガ（ニョウガ）、漢音でならヂャウガ（ヂョウガ）、ジャウガ（ジョウガ）となるのである。そのニャウガの訛りがミャウガ（ミョウガ）になるのであって、これ以外にこの言葉の出所はない。そうして、さきの『時代別國語大辭典』は、たまたま天平十一年（739）の賣我の例を、天平寶字二年（758）の女我よりは時期的に先行するものとして擧げているのだが、その賣我は、それがさらに生み出したものであるに違いない『和名抄』の米加などとともに、實は嬢何と同じ表音的表記であることは目指しながら、日本語音の體系の中に當時すでに取り入れられたものとしてのニャウ音は、ニョ音などの場合と異なって後れる時代と同じように頗る稀であり、さりとて字畫の多い蘘荷を嫌えば外に當てる字も無いその當て字としての女我すなわち本來その字の呉音讀みとしてニョガ、ことによると初めからニョウガを期待して、それでニャウガの代りにするつもりの連字であったものを、女の訓讀み メ と我の音讀みガとが一緒になったものと誤解されてしまったためにその連鎖で作られた、つまり、いわば湯桶讀みの最も早い例の一つによって引き起こされたと言ってもいい誤りであり、だからその メガ というのは、單に一つの無稽の作語に過ぎなかったとすべきなのではなかったか。古文書の表記が、單なる覺えとして、ちょうどスーパーのチラシが醬油を正油などとすることもあるようになされたのだとすれば、ニョウガがニャウガの代りとして受け容れられる可能性は、一層高いものになると考えていいのではないか。いずれにしても、古文書の女我をニョウガと見る

ミョウガを論じて反切フェティシズムに及ぶ　　147

　私の考えが仮りに通らないものだったとしても、ミョウガ（ミャウガ）は、ニャウガすなわち蘘荷以外のものではあり得ない。『本草綱目』が『頌』を引き、

　　……春初生、葉似甘蕉、根似姜芽而肥、其葉冬枯、云々

というのを見て、葉はその大きさこそまるっきり違うが、言われてみれば甘蕉つまりバナナの葉に似ているなどと、あらためて納得するほどのことではないのである。

　ちなみに言えば、ミョウガを食いすぎると物忘れするというのに關聯して『大日本國語辭典』が、ミョウガにはまた愚鈍なる人の義あり、それを言うかとして、『柳樽』の

　　大門をはいるめうがに出る生姜

を例とするのなども、どうであろうか。ミョウガがバカとすると、生姜は同じ辞書が吝嗇なる人をいう隠語とする、つまりケチか。そもそもこの句のつくられた時代に、大門を入るのはバカ、とするのが吉原通いについて何よりも先ず第一に來る受け取り方であったかなかったかなどと問うほどのことでもないとして、句のままなら、一旦入った大門を思いなおして出るケチとでもいうのであろうか、あまり分りやすい解釋とは思えない。同じ生姜科の食用植物として見かけ上も似たところの多い、そのミョウガの花穂といわゆる新生姜と、ともに生食するときの對象部分そのままに、刻む前のミョウガはまんまるに肥え、一方味噌などつけて口に運ぶ新生姜はもとよりほっそりと痩せている、というのを比喩として使おうとしているに過ぎないのではないか。遊里の大門を、入ると言い出ると言う。ことの終わりたるや否、萎えのあとさきを言うと見たほうが理解しやすい。ましてこれを例としてミョウガには愚鈍なる人の義ありと言うのも、恐らくはまた當るまじく、やはりわれわれの普通の了解がそうであるように、ミョウガを食うと、あるいはまたそれを食いすぎると、その結果としてものを忘れるというのであって、物忘れが直

ちにバカと言えるとしたところで、ミョウガがバカの同義語であるのではなかろう。従ってここも『綱目』が、同じく『頌』が干寶の『捜神記』として、同じ話が二十卷本なら卷第十二に載る

　　外姉夫蔣士先、得疾下血、言中蠱、其家密以蘘荷置于席下、
　　忽大笑曰、蠱我者張小小也、乃收小小、小小亡走、自此解蠱
　　藥多用之、往々驗也

を引くのに、ひとまず注意すべきであろう。これが例えば『太平御覽』では、得疾下血したのは名前のうちに先の字のない蔣士で、その蔣士に有傭客、と、別人のことにしているとか、ミョウガを席下においたことをその人には不使知とことわって、前に置いた密の字と意味上重複することになるとか、そのミョウガも、それらではその根をアンペラの下に敷いた、以蘘荷根布席下というのであり、また忽大笑曰もそこでは乃狂言曰に、蠱我者以下が食蠱我者乃張小人也、乃呼小小、亡去、であるなど違いはあるが、重要なのは、忽大笑曰でも狂言曰でも、その行動が、いずれもミョウガとの關わりのもとでその主人公の身に起きた、やや異常な精神狀態を示そうとするものである點であって、ミョウガを食っての物忘れ、というのと共通したところがあると言わなくてはならないことである。ミョウガの藥效を言うのにも、『御覽』ではその記述が、今世攻蠱多用蘘荷根となる。われわれの話でも、食用とするのはミョウガの根ではないのだから、これは『御覽』のようにわざわざことわってくれていてもいいわけである。なお、『大日本國語辭典』にいう『柳樽』は、『日本國語大辭典』等によれば、その122篇に見えるという。

2　ミャウガがニャウガの訛りであり得ることは、ミゴヒとニゴヒ、その他「近似音」の問題についても論じた露伴幸田成行の『音幻論』(1947) に取り上げられていてもよかったように見えるのだが、そこには實は、

　　マ行に隣る音としてはミャミュミェミョがある。新古今和歌

ミョウガを論じて反切フェティシズムに及ぶ 149

  集卷第二十釋教歌に載ってゐる傳教大師比叡山中堂建立の時
  の有名な歌、阿耨多羅三藐三菩提の佛たちわが立つ杣に冥加
  あらせたまへ、の三藐は人名にも三藐院などがあり、また冥
  加だの妙見だの明神だのといふ發音の語もあるが、これらの
  音は上代の我が國に存したのではなく、印度から佛教が渡來
  すると共に入り來ったものであるから多く論ぜずとものこと
  である（「音の各論」1945）

とあって、議論は夙くからわれわれに任せられていたと言っていいのである。

 ミャウガがニャウガの轉であり得ると私が考えるのは、もとより『音幻論』が國語について論じているのと同じ、ここには音の近似がある、と思うからである。漢字音出自ではあっても、この場合、論ずるのは當然日本語音の問題としてでなければならない。そこでミャウガ、ニャウガの、日本語音としての近似、合流をいうについて、ミャウの側から言えば、頭音が口蓋化されていることから來る兩脣閉鎖としての弱さ、つまりそれが閉鎖に近づきながら完全なそれには到らない、單なる狹窄の狀況に轉ずる可能性をもっていることであり、ニャウの側からは、後れる日本共通語形がそうであることから同じように期待できなくはないその頭音の非舌尖性、言い換えれば前舌調音性をもつことである、と言えるだろう。語音の近似による合流には、いつも問題の雙方からの近寄りがなければならない。舌尖性のニの調音では、舌尖の齒裏との接觸が舌體を全體として後退させるために、舌體の他の調音器官との相對的な位置關係が全體的にイ類のそれとは遠ざかり、普通のミの調音のときと比べて兩脣の相關の位置も、それと違ってくる。假りにニャウが時により人によって舌尖性調音方式に從うものであったとしても、その頭音の、口子音としての破裂が、奧母音に終る拗音節ャウによってなされることで、その頭音の調音點は後ろに下げられ、結果それを前舌調音の方式に從う

ものとも遠くないものにする可能性はそれだけ高まるだろう。發音としてのニャウガがミャウガの方に一方的に引きつけられたというとき、『音幻論』の先の引用にも見える佛語冥加がそれに先行してあることによる牽引もあったと考えることもできるだろうか。ミャウガは、語として冥加というのが先在することで、少なくとも音連鎖の可能性としては、國人の腦裏に前もって存在していたといっていいのに對して、ニャウガの方にはそれがなかったと言ってよかろうからである。

3 日本語音としてのミ、ニではなく、またミャウガ、ニャウガにおけるような拗音節が後續するというような助けもないが、吳音ではニとなる聲母は日母の漢字である耳、爾等、恐らく現代日本共通語音ニのように前舌調音性のものがその吳音の原音になっていたのではないかと思われるのだが、それらの文字を聲符としながら實は兩脣音字を作り上げているものにおける耳、爾など聲符になるものと、弭、彌など被諧聲字との、漢字音韻學的な關係は、日本語音ニとミとの近似の關係に、少なくとも相似であると見える。

そうして漢字で弭、彌など日母字を聲符としつつ兩脣音の諧聲字となったこれらの文字は、等韻學のいわゆる四等字である。等韻圖における四等字は、三等字の方は中舌的な介母をもち、四等字はそうでなく前舌的な介母をもつということで互いに組み合わせのペアとなり合う、というのが今のところかなり多くの人々によって承認された考え方であると言っていいと思われる。さきには耳、爾等日本吳音ニとなる文字を取り上げた。それらの漢字は、その等韻圖上の地位としては實は三等なのだが、それらが日本字音を導き出したころの原音は、舌尖調音的なものでなく、前舌調音的なものであったと考えて、ひとまずは矛盾するところがないとされている。

漢字の場合でも、聲符と被諧聲字との間の關係は、それが成り立つための條件として、聲符字、歸字、その雙方からの、相手方へのそれぞれ

の近似が存在することが必須であると言わなくてはなるまい。秒、眇、妙等、聲符の少がメウ（ミョウ）音をもつ字を諧聲するというこれらの例にしても、メウの側に強い口蓋化が存在していて、だからこそ、その強く口蓋化され、そのように口蓋化されているだけにまた、大きな可能性として兩脣音のその兩脣の閉鎖として、より不完全なものでもあると同時に、かなりの程度には無聲化されているかも知れないメウを、今のような舌尖調音性の、從っては、いわば抗口蓋化音ではあり得ないところの、無聲口蓋音字であった當時の少すなわちセウ（ショウ）がその聲符となることによって諧聲されたと考えていい。同じ明母四等字の弭、彌等においても例えば一方の彌が、漢代の碑文などで、爾に從うのでなく、しばしば壐系の諧聲として表されるというとき、同じようにそれらが強く口蓋化されていて、いま述べたと同じように兩脣の閉鎖として不完全でもあり、また同時にかなりの可能性において無聲化されてもいる狀況を根據としてなされた諧聲かと疑う充分の理由がある。壐の音が斯氏切、つまりシであるのは、それがその諧聲系に屬しているところの、すなわち爾に從う文字である壐の、その聲符の爾が、時に強く口蓋化された音をもつことがあり、さればこそまた、大きな可能性として同時に無聲化されているかも知れないこと、そうして、諧聲される相手方の彌などの方にも同じように無聲化され、かつ、兩脣の閉鎖が兩脣音として不完全であるためのいまの場合のこの聲符と、調音的にも遠くはないといった狀況があり、そうした相互の近似關係が存在するというところから產まれて來ると考えるのは、充分に許されることだからである。ただし、こうして考えて來てみれば、先に聲符としての耳や爾が被諧聲字としての弭や彌に對してもつ關係を、私はニャウガがミャウガに對して持つ關係と相似だと言っては見たけれども、それは、ニがミに對してもつ關係とは相似だと言うに止めなければならないことにもなるだろう。無聲化の問題は、日本語としてのミャウガについて存在しないと言うべきだろうからである。

4 ミゴヒがもとかニゴヒがもとか、本當はどちらとも決められまい、ともかくもミゴヒともニゴヒとも呼ぶのだ、と言い(『音幻論』「近似音」1944)ミでもないニでもない幻のような境が言語音の現實なのだというのが、露伴翁の立場であるように思われるが、そこに取り上げられた限りの例からすれば、ニとミとについては、相互の往還が許される關係がここにはあるというより、ニからミに向っての合流の場合が多いように見受けられる。そうして漢字音の問題としても、方向は非脣音聲符が脣音字を產むという上述の例のような、いわば一方的というにちかい關係があるように見受けられる。少なくとも漢字諧聲の關係としてはそのようである。

4.1 漢字音に關聯して、いまのような關係にはない例、すなわち脣音の聲符が非脣音を呼び起こすと言えるような例を探すことは、しかし實は不可能なのではない。脣音四等字が越南漢字音として非脣音となることが多いのは、すでによく知られたことであり、米越戰爭のころ、われわれの耳にもよく入った越南共產黨機關紙の名ニャンザンが、越語の綴りでは nhân dân となる漢語出自の語彙「人民」なのであること、したがってはつまりザンの部分は實は民の字の越南における讀音であることを知る人もすでに少なくないであろう。こういう漢字音を產む音變化は、越語の內部で起こったことで漢語の方に起こった變化が越語にも取り入れられたという種類のものではなかろうと言われているが、越南漢字音のこのことに日本では比較的早く觸れた、いまは『國語音韻史の研究 增補新版』(1957)等に收められる有坂秀世「カールグレン氏の拗音說を評す」(1937-1939)では、脣音の非脣音化の例として、ピルマ(ヒルマ)に對應すべきティルマという沖繩方言國頭地方の語彙をも取り上げる。音聲事象としても希有のことではないのである。またすでに見たように、耳、爾等が弭、彌等の聲符であり得るために聲符、被諧聲字の雙方に強い口蓋化が存在することを豫想するような議論を展開しようとするとき、そ

ミョウガを論じて反切フェティシズムに及ぶ　　　　　　　　　153

れは當然漢語自體の内部の問題としてもそういうことがあり得ただろうとしているわけで、脣音四等字が非脣音として現れるこうした例を、孤絶して越語においてだけ現れ得るものと言うのは、少なくともわれわれの議論にとって危險であろう。それは、漢語においてもかつては現れ、そうして消滅して行ったものと考えるべきである。

5　だが、それならば、なぜ脣音非脣音化の例はその逆の非脣音脣音化の例に比べて、一方的にと言えるほどにも少ないのであろうか。それは、私には、脣音一般が、その強い口蓋化を求められるとき、そのように強い口蓋化は、すでに觸れもしたように、兩脣の相對的な位置關係を變化させて、その兩者による閉鎖もしくは狹窄の實現とは矛盾する狀態を招くということになり易く、最終的には自身脣音であることを止めなければならないことにもなる可能性があること、そうしてそれはいわゆる輕脣音の場合においてすらそうであること、つまり要するに脣音であることを自ら止めてしまう結果にさえ至り得ることを回避しようとして、調音器官としての兩脣が、口蓋化の影響を強く受けること自體からも遠ざかろうとする自然の傾向が生まれてくるためだと思われる。現代漢語における脣音は、共通語を含む多くの方言において、その齊齒韻においてさえも強く口蓋化されることはないことを、無視してはなるまい。

　そのことと、越南漢字音における脣音四等字が、すでに引く有坂にもいうように、一種の口蓋化現象として非脣音に讀まれるものに替わっていることとは、どう繫がるべきであろうか。本來の脣音であることをすでに止めてしまっているその四等字の越南漢字音についてだけ言えば、それに對應すべき漢字の原音として、かつてはそこに存在したと推定せざるを得ない強い口蓋化ほどのものは、それ以外の漢語内部では、現代の諸方言の現に在るような形の一切を含め、脣音の體系自體が全體としてそれを避ける形で、存在していたのであろうと言った方がいい。そうして體系自體強い口蓋化はできる限りこれを避けようとするそのことの

及ぼす連鎖的波動のもたらす結果はどうかと言えば、その四等字に對應すべき三等字を、先に私もそのような形であることが一應は許されるとし、かつての漢語の中に實際に存在することをも想定した中舌的介母をもつものとしてでなく、現在多くの場合その場所がすでに四等字によっていわば占領されてしまった中舌的といっても通るようなイ類音を韻腹とするのでなく、イ類音より開口度が大きくエ類音と言ってもいい形のものを主母音とする、二重母音の韻母という形のものの方に移してしまっている。現代漢語共通語音として止攝脣音三等字が、本來その等位にあったのではなく、いま例外的にそうであるものをも含みつつ、その多くが-ei韻母をもつものになっているのもそれであるが、廣州方音などになると、三四等を併せ、しかも脣音字に限らず牙喉音にまでも至る止攝所屬字がそうなってしまっているのは一層顯著な例である。脣音は、それらの例において、強いと言えるほどの口蓋化は受けていない。少なくとも強い口蓋化がそこに存在することを理由に、かつては重紐の一方の等位に屬していたことが、他方の等位に屬していたものに對する明らかな對比として示され得るというような積極的な意味合いとしての強い口蓋化は、全く受けてはいないのである。

6 重紐音の調音が、一方の調音は必ず他の一方の調音の方式を意識しながら行わるべきであるとすれば、つまり一つの枠組みの中に、互いに向き合う形でペアを組みながら屬するものとして重紐もあるのだとすれば、また特にわれわれが見ているように、重紐の構造がどのような組み合わせから成るものであるにせよ、別韻に分化するというところまでには至ることなく同じ韻に屬しつつ、ただ等韻圖の等位はこれを殊にするというのであるからには、しかもこの場合、韻頭の部分について何らかの差異があって然るべきだと考えて誤りとは言えないであろうからには、それらの一方の、廣州方音における止攝脣牙喉音に見られるような他方への合流があるとすれば、それは、もとより差異がありながらの近さと

いうものがそこにあったことに因るのでなければならない、さればこその合流でもあるわけだが、相手方の占めていた場所を占領してそこに移り相手方は追い出されて別の場所に居所をもつようになる、いま廣州方音について見たのと同じ止攝脣音に關して、共通漢語の場合もまたそうであるような、ペアの雙方が相手に對してもつ近さの故に起り得る合流と離脫という「音韻變化」の説明がなされるためには、四等字の方が三等字の變化よりも早く、その初めにもっていた口蓋性を棄てたと考えるよりは、三等字の方が、主としては同じ止攝微韻及び蟹攝の合口灰韻等及びそれに對應する諸韻の脣音、現代共通語音の形で言えば、-ei 韻母をもつものの方に合流してたち去ったその後で、三等字が本來そこにいて、いまはいわば空き家になった、口蓋性の弱い-i の場所を占めるようになったのだと考えたらいいのであろう。

　その場合灰韻等については、『經典釋文』が、桮の字について必回、悖の字についても布内、補内、補對等とともに、必内と反切を與える例が九箇所も、そのほか背、輩にも一箇所ずつ、また勃に必妹の例もあることなどは、特に注意すべき事柄であると言えるだろう。重要なことは、例えば悖についての必内という音指定は、別段布内、補内、補對等の音指定と異なった音、從ってはその音に對應すべき別の意味を、その音注によってこれらの場合それらの文字に擔わせようというのではなく、單にそれが、蒲回等濁聲母に始まる音、從ってはまた別義に從うべきなのではないと言いたいだけの、同音の指定であるに過ぎないらしいことで、要するに、現代共通漢字音でなら bei と讀ませたいための反切に、脣音四等字でもあり『切韻』ではまた脣音四等字に特有な反切上字でもある「必」が用いられていることに注目すべきだと、いま私は言おうとしているのである。悖必内反の必の場合のように、『經典釋文』脣音合口反切の上字としてこの字が現れるというのは、いま紹介したような出現回數から言って、別に特殊なことではないのだが、實は遙かに後代の『集韻』反切においてさえも、こういう、いわば古式に從ったことを示すものな

のかも知れないと思わせ、またその裏には同種の狀況が存在することによってそうなるのだ、と思わせるような事例がある。『集韻』の、『經典釋文』について見た先の悖等に對應する賄韻韻末の小韻の例なのだが、『釋文』では必内であった反切が、同じ字について對應する上聲の反切として必毎というふうに與えられているのである。漢字音節の韻部について合口要素の-u-は、齊齒要素の-i-と比べても、調音位置が高いという點において同じものであるから、齊齒介母を含むことを、それが反切の上字として用いられる理由としている可能性のある必などが、合口韻においても用いられることは、充分にあり得ると考えて大きな誤りではないかも知れないと、ひとまずは考えて見よう。『集韻』における幫母の反切で、同じ必が、四等韻にでなく現れる例は外にも霸必駕切、絣必幸切等の例があり、いずれも二等韻字であって一等字でない點では同じだが、いまの悖は一等字であったために、そこでの-i-の、齊齒介母を引き出すべきものとしての存在の資格は、どのような意味においてでも、いささか考えにくかったのと、狀況としてやや異なると言ってもいいだろうが、日本吳音の形から推量することもできるように、二等韻については、その韻頭が比較的早く拗音性のものと取り替えられただろうと考えられるからである。しかし、その點ではやはり『集韻』が、『韻鏡』などの等韻圖でその一等韻とされる曾攝登韻反切の中で、やや目立つこととして、北を必墨切、葡を鼻墨切、菩を彌登切とするのなどは、いまの悖の必内切とは別に考えてみる必要があることなのかも知れない。これらの反切上字がいずれも四等字であることは、悖必毎反等、四等上字の使用の問題について、それを合口介母の合口性に關聯づけて考えようとしたのと同じように、ここでもこの攝の韻腹との關聯で、韻腹のその調音位置が共通漢語等におけるその韻の現況のように、つまりその韻腹を高い種類のものと考えることで、この攝が等韻圖の一等韻とされることと、一應の折り合いをつけることはできるだろう。ただ、曾攝登韻等での、いま觸れたような反切の形は、その韻腹が、いずれも灰韻等における共

ミョウガを論じて反切フェティシズムに及ぶ　　　　　　　　　　　157

通漢語などの現況と同じ-eなど、幾分かの口蓋化はもたらし得るような前舌母音になるべきものであることを示していて、曾攝がその場合でも一等韻であり得るかどうか疑わしいことの表現であるという場合も、視野には入れておく必要がある。私の、『切韻』における韻の排列が、韻尾の調音位置として口腔の一番奥にあるものに始まり、舌面上を前進してその最先端に到ったところで、次には兩脣による狹窄の、その廣狹の度は變えつつ、最後にはその完全な閉鎖に終る、すなわち梵字排列のもっとも多く見かける方式を模したものであろうとする考え方では、その前後をシムタムエムカム、いわゆる-m韻尾諸韻に、いわば圍まれた曾攝蒸登二韻の韻腹としては、そこにエ類音を措定するのが、近年特に私の注目する、その調音位置が特別深い、私のいわゆる北京型-ng韻尾などとの相關からも、繼起として-m韻尾にも紛らわしい強い狹窄を作るのに適していて、韻の位置からも妥當であろうと、このごろ私は考えているのである。これも關聯させて言っておきたいことだが、-ng韻尾というものは調音位置の特に深いものであっても、他の調音器官との相對關係から言って、その調音は、口腔內では比較的高い場所で行われることになる。そうして、韻尾調音に先立つ韻腹の調音位置も高いような場合、その繼起としての高い韻尾調音の環境をも、同時に一層狹くすることになるわけで、だから、逆の方から言うと、例えば韻尾の前わたりとして狹母音の響きがそこに前接することがあったとしても、それが直ちにその韻腹韻尾の調音の前寄りであることを示すとは必ずしも言えないことに、注意すべきである。曾攝に關わる、古音學ではその蒸部に所屬するとされる疊韻の聯綿字泓澄が、日本でかつてワイタウ
ワウタウとも讀まれたことがあるのに關聯して述べておく。

6.1　　反切の幫母上字についてさらに言えば、曾攝に限らず一二等字の反切に必などと共にやはり反切の上字として現れる悲、彼等は、實は必と實質的には同じ働きが期待されての設定であったのかも知れない。な

ぜなら、すでによく知られたことではあるが『切韻』等の場合とは異なり、『集韻』において反切上字としての三等字は、それらの文字如何によっては、必ずしもそれがあることによって三等介母がそこに存在することを示し得る文字なのではない。例えば曉母について言えば、虛、許等、いずれも反切上字として曉母の調音を準備させる點で、それらが、緩い口蓋化は伴っていたにしても、三等字ではありながら一等字たる呼、虎等とも同じ資格を保持するものと言わなくてはならないのであった。虛、許、呼、虎、すべて日本吳音で同じコであり、萬葉假名での使い分けを併せ考えたとしても、なお前二者における口蓋化の度の弱さは認めることが許されるだろう。

　一方、『釋文』において、またその方式において『釋文』に見えるような古式に、いわば意識的に從った結果、すでに觸れたような反切を含むものになったのかも知れない『集韻』において、これから取り上げようとする悲、彼等は、それが韻母としてイ類音をのみ含むものである點で、同じく韻腹はイ類音であり從って音節のその部分については、反切の作られた當時においても、いま共通漢語等において見られる形と恐らく多くの差異が無かったであろう必との相對の關係も、虛、許と呼、虎との間にある關係と似て、四等の必に含まれるイ類音と、實は全く等價値のものになり得るのだと考えることもできないではなかろう。その意味で、同じイ類音といっても、少なくとも重紐四等を表すべき反切の上字としては、特に強い口蓋化をもたらすべき韻腹をもつはずの必であるとは言いながら、たぶん調音點の高さという點での相同だけに支えられて、合口一等韻のための反切上字ともなり得ると私の考えたことが、假りにもし許されるとするなら、そこにあり得る口蓋化は、實際にはそれほど強いものでなく、悲、彼等三等反切のための上字と比べても、機能として本來期待できるほどの差異がないものであるに過ぎないことをも、あるいは示していると言ってもいいかも知れないのである。

7　同じ反切の技法が、その使われ場所の違いによって別の機能を擔わされることは、あり得ることではあろうが、『切韻』では、そのような別機能の例を、特にそれを、いわゆる重紐韻反切において探そうとする限り、困難なことだとされている。そうして、逆にそこから、重紐反切のある種のものについてその違例性が言われ、従ってそれは誤りだと決められてしまうことさえ、特別に珍しいことであるとは考えられてはいないらしく見える。『切韻』の反切が、全體として、ある程度までは、そのような違例性から免れているものであることも、また恐らく否定はできない。しかしその『切韻』反切においても、これはすでに指摘もされているように、極めて少数の例外とは言いながら、例えば反切上字としての「匹」が四等字であって、かつ、そうあることが體系としてはむしろ注意深く避けられていたはずの、全等位に亙ってまで廣く用いられるという例もあり、『切韻』の匹の場合、それは滂母所屬の反切上字として、常用のものであるか否かの問題、筆畫數が多過ぎはしないか否かの問題等、さまざまな點で匹に對抗できるほどの他の文字を探すことが困難であったというようなこともあったであろうが、その例をも含めて、歸字として四等字を期待した反切が實は三等をもたらしていたり、その逆であったりして、そこで重紐反切の例外率が計算されたりもしている。しかし、例外率とは果して何だろうか。例外も高い場合にはそれが實に30パーセントにも達するというのでは、それはすでに例外か否かを論ずる域を遠く越えているのであって、それを忘れて数字を並べていても意味がないだろう。これでは、ある反切が歸字として三等四等どちらを指し示すべきものかなどという確定も、少なくともそこに與えられた反切だけに據ろうとしたのでは、決して許してはくれない比率だと言われてもしかたないからである。そもそも反切というもの自體、もっともそれを言うのなら、音聲記號自體、どんなものであっても本來はその程度のものであって、しかじかの記號表記によってしかじかの音聲を記録したいという表記者の願いを込めての表記であるのに、本來は過ぎないもので

あろう。その中でも反切程度の、いわばザル表記では、それによって表記することができる、言葉を換えて言えば、掬い取ることができる實質よりは、それによって、かく表記したいという念願の方が遙かに高いと言うべきであって、反切の方から逆に遡って、それに託された音聲事象について論議するなどというのは、本當は非常に困難な場合が少なくないはずなのである。三等字四等字の、反切による分別といったところで、『釋文』や『集韻』に現れる一二等反切においての、三等字四等字の、反切上字としての採用の在りようについてもすでに見て來た、つまり例えば、四等の必と三等の悲等が、一二等反切の上字として使われるとき、その使われ方において差異があるとは見えないが、三四等反切においては、必が三等に、悲が四等に現れることは、『釋文』でも稀で、そこに明らかに分別はあるのである。一方、反切上字としての必、悲等が、一二等でそれぞれに特異の機能を果すというのではなくその限りでは等價値であり、また例えば四等反切の俾補弭切に見る、自體が彼五切と反切を與えられる一等字の、『左氏音義』莊十九に同音圖必古反とある補とも、その限りまた等價値のものとせざるを得ないのを見るとき、これが單に期待によって作られた體系であり、その期待の體系の中ではなにがしかの辨別の機能は果し得るであろうか知れなかろうにしても、それは、それらの記號がそれら記號の本來具有する機能として果し得るというものなのではなく、その場所ではそうであることが期待されている結果としてそうなのであるに過ぎないと言ってもいいのではないか。人びとは、普通は『經典釋文』乃至『十三經注疏』に附刻されたそれの中などで、『切韻』とは必ずしも方式として同じでない、すでに紹介したような反切の在り方にも慣れて充分承知しているわけだから、だとするとたとえば必は必ず脣音四等字の頭音を準備するはずだとか、悲なら必ず三等のそれだとかいう風には考えないでも濟むだろう。イ類音の中で特に強い口蓋化をもたらす韻腹をもっているはずの必といっても、實際はそれほどのことでなく、悲、彼等三等反切のための上字と、機能として本來特

に期待できるほどの差異がないものである可能性が高いことをも、あるいは示していると言ってもいいのかも知れないとは、さきに私の言ったことなのだが、ここまで見て來ると、というのはつまり、『集韻』反切で、聲調上、曾攝の、先に擧げた德韻北必墨切に對應すべき崩悲朋切における、また同じくすでに擧げる耿韻絣必幸切に對應すべき繃悲萌切における悲と必とを、また明母字の例では、さきの萲彌登切と同じくそれに對應する墨密北切における密と彌とを、すなわち少なくともここだけについて言う限りは反切機能上差異があるようには到底思えない三等字と四等字との、反切上字としての、必ずしも機能を意識しての使い分けではないらしい使用をも目のあたりにするとき、いわば自然に思えて來ることだが、韻書の構成としてこの『集韻』が、重紐韻においてだけでなく等韻圖では三等と四等とに分れるものを、それも四等の反切上字は特に重視するようにも見える形で區分しているにもかかわらず、その部分は實は先行の『經典釋文』や『切韻』など、反切を用いて三四等を區分しようと試みる傳統に從っているだけのことであって、ということは、『集韻』もまた、その反切の上でだけそれらの等位を區分しようとしているに過ぎないのではないだろうか。重要なのは、反切の、本當は書物ごとに別に一々變っているのではない、等質性と言ってさえいいものなのである。

7.1 そうしてそもそも、その『切韻』自體、重紐韻を離れたところで、いまの匹など問題となるもの以外、やはり重紐に關わるものに限定しても、その存在を無視しては片手落ちにもなるようなことが無いではない。宋本『切韻指掌圖』の「檢例」、特にここで宋本というのは、『指掌圖』の檢例が明の邵光祖の作として、その明版に到って始めて附錄されたと考えられることが多かったからであるが、その全部ではなく、ただ基本的な部分については、すでに宋版においてもそれらを見ることができる、その檢例中に「辨廣通侷狹例」があり、歌曰として

支脂眞諄蕭仙祭　清宵八韻廣通義
　　　正齒第二爲其韻　脣牙喉下推尋四

と言い、注して余支切移、撫昭切漂とする。また歌曰として

　　　鍾陽蒸魚登麻尤　之虞齊鹽侷狹收
　　　影喻齒頭四爲韻　却於三上好推求

と言い、注して居容切恭、居悚切拱とする。

　注に取り上げる反切は、たとえば居容切は『切韻』に見える形ではなく、また余支切のように『廣韻』に見えるのでもないものも含まれているにしても、概略として『切韻』のそれと同じと言っても大して差し支えが出て來るわけでもない。その反切下字が、歸字の三四等とどのようにつながるか教える「歌」であって、この作者が、特にこだわっていると見えるのはその第二である。すなわち恭居容切、拱居悚切という反切は、というより、反切下字の容や悚は、重紐韻でその三四等の別を表すための文字としてなら、普通なら三等でなく四等の歸字を表すために用いられるものだということが言いたいのであって、しかしこれらの韻の中でこの種の反切においてだけは、歸字は四等にではなく、三等に讀まなければならないと言うのである。また例えば、姬居之反は恐らく原本『切韻』においても姬を歸字とする反切だが、牙音三等字の居をその上字、正齒音、檢例の用語でならその第二を下字として、しかしその組み合わせが、この之韻においては、支脂の韻でなら期待できる牙音四等の韻頭を呼ぶことは無いのであって、ということの意味を本當に考えて見たいのなら、重紐韻においても、反切下字が正齒音三等字であることがその反切の歸字たる脣牙喉音字を四等にするというのではなく、まことは、重紐四等の脣牙喉音字に四等の證しとしての反切を與えるとき、しばしばその下字として正齒音三等字が用いられる、ということだと考えるべきなのである。

　ただし、ここでも繰り返すことになるが、反切の上字下字の、そうし

ミョウガを論じて反切フェティシズムに及ぶ

た組み合わせが、重紐四等字を、いわば音聲學的に指し示すことができるからというのでは恐らく必ずしもなくて、これはかつてそう論じたことがあるように、比較の問題として、その組み合わせが、そうでない組み合わせに比べ、開口度の狹さなどを示す表現になり易いからであり、しかもそれは、ただ約束としてそういうことになっているという側面のあることを否定し難いと思う。ある反切が、歸字として三等四等のどちらに讀者を導くかということについて、すでに觸れたような高い例外率が伴うことがあるというのも、そのことと關わりがあるのであり、重紐の三四等への分化はもともと決められていたこととして、しかも、普通の讀者は反切を待つことなどなく知っているが、ただいわゆる童稚のためには、あるいは字書の體裁を保たせるためには反切を與えておく必要もある、ただし、このような組み合わせは必ずこの音を表し得るという、いわば體系としての保證は必ずしもないわけで、だから、先に『指掌圖』の檢例等については見たように、重紐を外れたところでは、重紐韻の内部においてなら四等を指し示すことにもなっている組み合わせが實質的にはそうでなかったり、さらには重紐韻の内部においてさえ、重紐の組み合わせの一方が缺けていたりすれば、たとえばペアのその相手のある場合なら必ず四等の表記と期待されるような反切が、三等の歸字と結びついているというようなことにもなるのであり、ペアがなくて、しかも、まさしく四等的あるいは逆に三等的な反切をかたちづくっている例えば祭韻脣音四等だとか、あるいは庚韻三等だとかいう場合は、庚韻三等はその韻の二等との關わり、祭韻の場合には、いま『切韻』の韻内部に重紐の相手方の無いのを、『切韻』に先行する韻書の中の、『切韻』とは異なった分合の中に探すことでその相方を見つけ出すというようなことも可能かも知れないし、そうしなければならないとも言えるのではないだろうか。

7.2　『經典釋文』の反切の中には、實はかなり多くの、意義の相違は

伴わないでいてしかも三四等別讀となってしまうような指定があって、そのうちの若干は『集韻』にも取り入れられ、結果として同一字についての字音の増加にだけは貢獻する、ということにもなっている。三四等の、意義の分化は伴わない一字別讀というのは、『顏氏家訓』「音辭」篇が早く岐山の岐について觸れ、三等に讀まれるのが相當であるはずのものを四等にも讀むという、もともと江南地方に限局されていたというその讀音が、無稽の傳承として社會の全般にまで廣まって來ていることについて語っている、そのこととも大きく關わる可能性のある問題と思えるのに、例えば周法高「三等重唇音反切上字研究」（1952）では、

> 釋文裏所引的六朝舊音，除了多一些類隔切（輕重唇互爲切語上字）以外，也少見 A, B 兩類相混的。爲節省篇幅計，也都從省了（『中國語言學研究』1968、243 頁）

として、それを無視してしまう。少見と言いつつも、その省に從うことに言及しなければならないことに、讀者はその必ずしも「少」ではないことを知るだろう。

　この種の、周氏のいわゆる「A, B 兩類相混的」なものというのは、日常自然の言語においては起きにくく、人爲的な、いわばそれが日常自然の言語への介入になるような種類のものである場合に起き易いだろうという思いを、私は棄て難い。岐の讀音を含めての重紐における發音のしわけなどというものは、そのすべてが讀書音世界の中での人工としてだけあったのではないだろうか。

8　梅縣、廣州、潮州等南方方言のある種のものにおいて、たとえば彌は、實は明母字でなく、その聲符の爾が屬している日母とは親緣であるとされる泥母字に讀まれるものであることによって、それら諸方音の形の方がその字音の舊を傳えるものとすることも、考え方として不可能ではない。しかし、それを主張しようとすると、すでに漢代においてこの字が明母字に讀まれていたと考えなければならない多くの例もあり、處

理はむしろ困難なものとなる。たとえば段玉裁が『說文解字注』の中で、「弭節亦作麊節」というとき、それは揚雄「長楊賦」に「麊節西征」とあるのなどを意識して言っているのだろうが、恐らくはこういうものを含めてこれも說文家の朱駿聲が『說文通訓定聲』頤部第五弭字の假借として「以某爲之」の例に擧げるもの、その最後を「皆雙聲」と概括しているように、彌もそうであっただろうが弭もまた、明母以外の文字としては讀まれていなかったと、多くの人は考えて來ているのである。彌、弭等が諧聲字として作られた初めは果してどうであったか、明母字として讀む今の讀み方が誤りでないとは、もとより言い切れまいが、さりとて上述彌の、梅縣その他方音の讀まれかたの方を、造字のその初めからの讀みを傳えるものと、言い切ってしまうのも、また如何なものであろうか。方音というまで擴張された半邊讀ときめつけることも、それはそれで許されることであるかも知れないのである。

9 同じ脣音でも、幫母、滂母、竝母のグループと明母とでは諧聲の關係が大きく異なることは當然問題にしなければならないことの一つであった。

諧聲の系列として滂母、竝母が透母との親近を示す以外幫、滂、竝各聲母が互いにそれに從う文字の聲符となり合うのがよく觀察されながら、このグループと明母との間には同じ脣音聲母ではあっても、そういう近さを見せ合わない關係がある、というのが、陸志韋『古音說略』(1947) の、概略の總括である。しかもなおかれは、なにがしかの、明母と、脣音のうちの幫母をその主な部分とする破裂音との、諧聲における相通關係の例を擧げている。

> 以上單錄鼻音跟破裂音直接通轉的。還有好幾聲之下，聲首不作鼻音，也不作破裂音，而下面二者相逢。那樣的例子也不錄。
> （『陸志韋語言學著作集』一、1985、254 頁）

三　m 轉破裂音

亡武方	攺芳武		拍莫白	卑府移	𥁃彌遙
必卑吉	祕莫八	辰匹卦	脈莫獲	棐明祕	𩭤芳未
	謐彌畢	否符鄙	否美筆	辟房益	𢃕莫狄
	覕莫結		方久		必益
	宓彌畢	窆莫甸	賓必鄰		芳辟
百博陌	洦莫白	免亡辨	𩭁芳萬	鼻武延	邊布玄

m 通 k、tɕ、t、ts 類的反切不錄。

　限定を附けての列舉のその大部分が、というのは十一例のうち聲符か被諧聲字のどちらかが四等字であるものが五、うち一例はいわゆる純四等韻、他の四例は重紐の四等との關わりである。それ以外の六聲符は、二等と關わるものが二例、その他の四例を、重紐三等と時に C 類韻とも呼ばれる三等韻とが三對一で分け合うという、つまり最後に言う C 類韻を除けば、全體としてその聲母がすぐれてイ類音的、言い換えれば口蓋化音的なグループなのであることに、注意しておかなければなるまい。われわれのいまのこの場合である梗攝庚韻と耕韻、この耕韻での交替というのは、卦韻と、それとは陰陽對轉の關係にある麥韻との例なのだが、二等韻であるこれらの文字も、拗音をもって示す日本吳音の形が教えるように、韻頭に早くからイ類音の存在した可能性があり、後代について言っても、所屬の牙喉音が口蓋化を受けた結果として破擦音の形で現れることの多い等位である。『經典釋文』や、また『集韻』における反切が、一等二等のそれぞれに特異というのでなく、しかもその分別は見きわめにくい形で、必、悲、彼等の文字を、反切上字としてそこに用いていることをわれわれは想い起し、明母字の、鼻音字としてのその鼻音性が、イ類音の前で弱められて無聲化を志向し、それ以外の脣音字が同じ條件のもとでその兩脣の閉鎖を弱くする可能性には、ここでもまた更めて思いを致すべきであろう。いま觸れた重紐四等の聲符の一つ、例えば必の字は『說文解字』が从八弋、弋亦聲、と解說し、『繫傳』のテキスト

ミョウガを論じて反切フェティシズムに及ぶ　　　　　　　　　　167

ではもっと簡単に從八弋聲としているのだが、少なくとも後漢の許愼にとって弋のような非脣音字が、脣音字である必の、聲符であり得ると考えられたらしい、あるいは、そのように感じられたらしい、ということが重要である。もとより倉頡造字の初めに遡って論議しよう、などというのではない。

10　　『集韻』没韻の骨古忽切は、テキストによっては吉忽切に作られる。つい最近まで『集韻』について入手できる唯一のテキストであった「曹棟亭五種」本ではそうであるために、それの復刻である日本官版本、官版本の影印である「萬有文庫」本、ひいては「四部備要」本に至るまでが右ヘナラエで一列に竝んだ。實は宋代すでにそう作る本が存在していたのであって、「古逸叢書三編」に、その十一として收められる南宋淳熙重刻本はそれである。それが直接曹寅復刻の據り所になったものなのかどうかを私は詳らかにしないが、ここは慶曆刊本の影鈔という述古堂本が、吉でなく古に作るのを正しいとすべきであろうことは、『類篇』、『古今韻會舉要』などもそのように作っていることから確かめられると言っていいだろうし、だから『集韻』のそうしたテキストは、それらの資料によるとして校正せらるべきだとも言える。私も、かつてはそのようにしたし、今でもまた、一應はその手續きを踏もうとするだろう。しかし問題はそれで濟むと必ずしも言い切れないように、いまは思う。『經典釋文』そのほかで、一二等字を歸字とする反切の上字として三四等、特に四等字が用いられる例を、私は、そういう場合が比較的豐富である脣音について見てきた。すでに言ったように、それは、漢語が、多くの場合、脣音を脣音として保存しようとする自然の欲求と關わるところがあったのではあろう。しかし脣音以外の牙喉音でも、例えば牙音見母に、四等字を反切上字とする芥吉邁反のような例がある。稀な例ではあるということで、『集韻』の場合のようにその吉が、古の字の誤鈔、誤刻でないとは保し難いとする人があるかも知れないが、『莊子』「逍遙遊」篇、「芥爲

之舟」の芥に對して加えられたこの音義は、

　　　吉邁反、徐古邁反、一音古點反、李云、小草也

とあるその中の吉邁反なのだから、これが古邁反の誤りである可能性は、まず無いと言っていいのである。

　このような場合に限定して言えば問題は多く起るまい。しかし、重紐三四等の分別のように、以後の韻書の類にも概してはそのままの形で引き繼がれ、その發音のしわけが問題になっているようなものと同じように、こういうような、すなわち吉邁と古邁と、この異なった二樣の反切のもたらすべきものが、何時の場合にも同じであり得るのかどうか、ある種の人工言語、つまり讀書音といわれるようなものの中では、そういうとき、すなわち誤刻、誤鈔などの生じたとき、それに、いわば手を引かれるような形で、人工の讀み分けが入り込んで來るという恐れが、本當はあるのではないだろうか。かつて私は、神社の神職が祝詞の終りを締めくくる、これこれしかじかと 恐み恐み申す、という表現の、その最後の申すの部分をマオスと唱える、そのマオスという唱え方を、現實には存在したことのない、重紐における音のしわけのようなもの、としたことがある。實際にはいまの「モウス」はマヲスから來たというから、いまのわれわれの發音でマオスというのも、それはそれでマヲスに近いところもある、とは言っていいのかも知れない。しかし、マオスは、かつて恐らく現實にはどこにも存在したことのない發音の形であって、マヲスからモウスという、いまの發音のしかたが出て來たというそのモウスの方が、むしろ古語としてのマヲスには近いものをうちに含んでいないとは言い切れない。だからこそマヲスは、いまモウスなのであり、その一方でマオスには人工の產物という以上のものは無い、と考えてみることも必要なのである。重紐韻における發音のしわけに人工を見ることを、私はなお棄て難いと考えているのである。

11　日本では物神崇拜という譯語で知られるマルクス經濟學用語の原語

は、呪術に關する本義からの轉用として、いまむしろ普通には性對象の倒錯を意味する精神醫學用語として用いられているフェティシズムである。精神醫學用語はひとまず措き、その經濟學用語の方はどうかといえば、これも手もとの辭書のまとめでは、

> 資本主義（商品生産）社會における生産物の商品としての性質（價値・交換性など）が、本來生産者の社會關係の表現であることが隱されて、生産物そのものの對象的性質であると思い込まされることにいう。（『廣辭苑 第四版』）

というのである。

　重紐韻三等四等の區分を、それによって表記しようとするようなとき、反切は、實は單に表記者の、表記の期待の表現であるに過ぎず、機能として十全のものでは、遺憾ながらあり得ない。あり得ない能力をそれらが持ち合わせていると考えて、そこから逆に違例を云々したり、あるいは違例を稱して文字を換えようと試みたりすることを、ただ一つの言葉で表現するとすれば、それはこのフェティシズムなのでなければならないだろう。フェティシズムであることを承認するところから出發して、つまりフェティッシュにはフェティッシュの限界があることの承認から、われわれはまた、多くのことを見つけ出すこともできるだろう。

1997年12月25日

「雅音交字屬半齒」の讀み方と
三種類の門法

1　尾崎 1974 が、著者關中の劉鑑士明の、1336、至元二年歲在丙子と自らその年を紀す『經史正音切韻指南』の序から

　　其鷄稱齎、癸稱貴、菊稱韭字之類、乃方言之不可憑者、則不
　　得已而姑從其俗。至讀聖賢之書、首貴乎知音、其可不稽其本
　　哉。其或稽者、非口授難明。幸得傳者歸正。隨謬者成風、以
　　致天下之書不能同其音也。

という部分を引くうち、その「鷄稱齎」は、近代北方漢語における牙喉音と齒音とが、口蓋化を經過した結果、破擦音ないし摩擦音に組み入れられたものどうしとして合流する、その合流についての意識的な言及として、これまでに知られている限り、はっきり時期のわかる恐らくは最も早い記述を學界に提供した、といっていいだろう。われわれは、これよりさらに早い時期の、さらに言えば、それも明確な紀年をも伴ったものとしての同種の記述を、新しく發見することがあり得ても、この合流がこれよりも遲い時期に初めて起こったとは、もはや主張することができなくなっていたはずである。後れて同じ記述を、同樣の趣旨で取り上げるものに、寧 1997 がある。

　同時にわれわれはまた、尾崎 1962 が、特別の根據があってではなく、單に、この問題に關していわゆる尖團音の區分があるというだけの事實

にいわば氣兼ねでもしたように、それは、まず牙喉音においてその聲母に、細音としての前舌音化が起きたのが、やがて破擦音もしくは摩擦音化として完結し、ついで齒音においても同樣のことが起きたことによる合流によって完成したであろうという意味のことを言っているのは明らかに誤りで、その合流は同時に平行しても起こり得たであろうし、そもそもこの合流の起きた地域的分布から言っても、同時に起こったと考える方がむしろ自然であったのであろうということ、そのことに重ねて實はさらにもう一つ、われわれの引用した先の『經史正音切韻指南』序の紀年が、尾崎1974では、干支一巡分60年だけ繰り上って1276になってしまっていたのが、初出から論文集再刷のときまで12年間も訂正のないまま置いておかれたこととも合わせ、それは果して人を誤らせることがなかったかを恐れる。

2 ところで標題の括弧の中は『古今韻會擧要』肴韻「鐃」字の注の一部であってその全文は

  案七音韻、雅音交字屬半齒、吳音交字不同音。雅音高字卽與
  吳音交字相近。故嘲鈔巢鐃等字皆入高字母韻。

というのである。うち「雅音」は、同時代の孔齊が、『靜齋至正直記』の卷一「中原雅音」の項に

  北方聲音端正、謂之中原雅音。今汴、洛、中山等處是也。南
  方風氣不同、聲音亦異。至于讀書字樣皆譌、輕重開合亦不辨、
  所謂不及中原遠矣。此南方之不得其正也。

というのが、『古今韻會擧要』にいうそれと同種のものを意識しつつ言っているとして恐らく誤りはないだろう。一方の「吳音」は、南方諸種の方音のうち、獨自の、特に高い文化をもつ地域と意識されているはずの吳において用いられる、かつ「雅音」とは、時に著しい對比を示す場合もあるもの、として取り上げられていると思われるが、その兩者のいずれ

についても、後で觸れるように、ここで特に問題とされているのは、ことにもその讀書音についてであろうと考えていいと思われる。ただし、重要なことは、後に引く「筌」字の注などにも見られるように、「雅音」、「吳音」の兩者は、必ずしも常に、一方は正しく、取るべきであり、他の一方はそうではないという、二者擇一の關係にあるというのではなく、『古今韻會』もしくは『古今韻會擧要』の作者もしくは作者たちの、依るべき標準というものは先行して別にあり、それによって取捨されるところがあるらしく見えることである。その先行する標準となったものは、あるいは元の國都、大都の共通語音などだと考えたとしても、字書中いわゆる「蒙古韻」の扱いなどから見ても、さほど大きな矛盾は生じないのではないか。

3 ところで趙 1936 は、さきの記述について、

> 由他這『半齒』二字很可以暗示它的發音部位與日母相同。依現在的音理講起來、日母係舌尖與硬顎相阻而發的擦聲、而 tɕ 是舌葉與齒齦相阻而發的塞擦聲、兩者相差無幾、故可以說交字的聲母是個 tɕ。

としている。このあと直ちに引用するように、全書を通じてその使用が嚴密に規定されている、あるいはまた言い換えによるこれも嚴密な定義が下されている、と見受けられる音韻學用語としての「屬」また「半齒」のうち、前者はもともと普通語ではあっても、われわれのいまこういう場所では十分に專門用語としての性格をもつものとしていま取り上げようとしているのだが、兩者いずれも「雅音交字屬半齒」という、『古今韻會擧要』の「鐃」字の注というこの場所、この場合に限って、そのいわば勝手には動かすことが許されないはずの、その使用法から外れて使用されることでわずかに支えられる議論の建て方だと、われわれには思えるのであった。じつはこの趙説に對しての疑念は、尾崎 1962 の、さきの記述のすぐ後のところですでに表明してもあったのだが、その後もそ

の疑念は持ち續けつつ、遺憾ながら、久しく別の解を獲ることはなかった。われわれは、いま『古今韻會擧要』のこの表現の意味するところを、あらためて考えなおそうとするのである。なお先に引く寧1997は、この趙1936を受容する立場である。

4 いまもいうように、この『古今韻會』もしくは『古今韻會擧要』の作者もしくは作者たちの、この書物の中での用語法の嚴密さと見えるものに對しては、議論に先行して十分な敬意をもって見ておかなければならない。かれ、もしくはかれらは、卷頭「公」字の注に

> 近吳氏作『叶韻補音』、依七音韻用三十六母排列韻字、始有倫緒。每韻必起於見字母、角清音、止於日字母、半商徵音。三十六字母周徧爲一韻。如本韻公字母韻、公空〇〇、東通同農、清濁先後、各有定序。其有音無字則闕。今韻所編、以此爲次。後皆倣此。

といい、つづけて、

> 聲音之學、其傳久失。韻書起於江左、譌舛相承。千有餘年、莫之適正。近司馬文正公作『切韻』、始依七音韻、以牙・舌・脣・齒・喉・半舌・半齒、定七音之正。以『禮記』「月令」四時、定角・徵・宮・商・羽・半商徵・半徵商之次。又以三十六字母、定每音清濁之等。然後天下學士、始知聲音之正。今韻所編、重加訂定、如公韻公字、定爲角清音。後皆倣之。

ともいう。

字書內を搜索しても、「半齒」は言い換えとして上に見える「半徵商」、すなわち日母を指す以外の使用法がない。一方「屬」字について言えば、例えば入聲「一 屋獨用」畜、許六切、羽次清音とある文字の注に、先行の述作を評論して

「雅音交字屬半齒」の讀み方と三種類の門法　　　　　　　　　　　175

　　　今詳毛氏所論、「吀玉」旣非蹙口出聲、脣又不屬羽、舌又不
　　　屬角。音學不明、其誤後學多矣。知音者必辨之。

などという。「屬」の字はまたわれわれのこの文章の後の方にもまた出てくるが、一「屬」字といえども、それは嚴密さと無緣のところで使われているのではない、というべきなのである。これらの表現を合わせ見て、「雅音交字屬半齒」が、趙1936のいうように、「雅音」の牙音字である「交字」が、字種としてそもそも所屬の異なっているはずの「半齒」に「屬す」るなどということではあり得ない、この著者たちが、そのような二項の結びつけをするわけがない、と感じさせる。そうでなくても、かれらは自身「雅音高字卽與吳音交字相近」という、いわば「軟らかな物言い」をしているように見える。ここで著者たちはそういう物言いと同類の、例えば「與半齒近」とか「與半齒相似」とかの、軟らかい言い方をしているのではなく、「雅音交字」は「半齒」に「屬す」、下屬する、その中に「入る」のだと、言ってみればきっぱりといっているのである。そこで、もしもかれらが、本當に「雅音交字」は「半齒」の中に「入る」と考えているのだとしたら、すでに見たような嚴密さと、それが合わないことは明らかであろう。そもそもがまた、聲母の口蓋化を牙喉音について論じようというようなとき、その字頭としてはk, cから始まってtɕに至るまで、さまざまな段階のものが考えられるだろうが、それが、齒音字においてもまた口蓋化を經過してその舌尖性を失い、すでに舌面音化がいわば完成しているというような狀況においてだとすればなおのこと、たとえばcとtɕとの間に、人は一體どれほどの調音としての差異の存在を、それに伴う舌體の態勢としての違いを、確實にこれ、という具合に指摘することができただろうかという、調音器官の動きの實態に卽しての再檢討もまた、あらためてなされていい種類の事柄だと、われわれには思えるのである。

4.1　「雅音交字屬半齒」の意味を論ずるとき、『古今韻會擧要』におけ

るこの注の位置にも注意すべきであっただろう。字書の平聲下、「三 肴獨用」とされる韻の中で、「高字母韻」に入るとされるものも、「鐃」小韻がその先頭にあるのではない。「聱 牛交切」小韻の前におかれる「爻 何交切」の最後のところに「已上屬爻字母韻」とある。つまり舊韻では同じ韻内に含まれながら、「聱」小韻から以下が別のグループをかたちづくることになっているのであって、あと「鐃、包、胞、庖、茅、啁」とつづいて行き、「幺交切」、「羽次淸次音」の影母字小韻に到って「已上屬高字母韻」と締めくくられて終るのである。『古今韻會擧要』卷頭に付録される「禮部韻略七音三十六母通攷」では、この小韻を最後に置き、ただし「高字母韻」に屬するものとはしているのだが、あるいはそれは、「聱」小韻の注に「蒙古韻音入喩母」とあるのが、よく言われるように『古今韻會擧要』の著者たちとは別人の可能性の高いという作者を惑わせたのか、いまいうように、それは字書本來の順序ではないのである。今の共通語音も yao ではなく、たしかに ao となっている。

　もしもこの舊韻の、形式上では、言い換えれば少なくとも反切の下字としては、自身以外のすべての文字の韻母を示すはずのものでもある「交」字の讀音が論議の對象であるのなら、それはまず先頭のその「交」字の注として、そうでなくとも、そこからが「高字母韻」の、先行する「交字母韻」とはちがう韻母の讀音となることを問題にしようとするのなら「聱」小韻の注として、それぞれそれらのところに、まず現れたのであってもよかった。そうではなくて「鐃」小韻の注としてそれがそこにおかれたというのは、主としてはその「鐃」字の讀音をこそ論じたいとしてなのではなかったか。

　そうして後代反切を論ずる際には、これが何より大事なところであるというのが通常のことだが、反切の下字が代表するものなどと言ったところで、上にも言うように、「音變」が先行していて、すでにそれは「形式上」の話であるに過ぎず、字書の配列上、例えばいまのわれわれの場合、「聱」小韻以前と以後とでは、それが同じ「交」字ではあってもそ

れらと、それぞれの場合での反切上字との組み合わせが「形式上」組み合わせられ、結果生み出す韻母が場合場合で異なっていればこそ、この字書に「某字母韻」の述語も生まれて來ていたのであって、形式上の反切下字の、韻母を代表する機能としてのこのような分化は、雅音、吳音の別なく、漢語全般に廣く存在していたに違いない。そのような反切下字の個々の調音形態などを、人はあらためて取り上げて論じなければならないものであろうか。そういう場合、いわば單體としての反切下字の音價を取り上げることには、それが反切の構成字である限り、あまり意味はないという場合が少なくないのである。つまり『古今韻會擧要』の場合を言えば、少なくともそれが、それの屬する舊韻の、形式上の韻母を代表するものとして語られているのである限り、「交」字の讀音はもはや服部 1946 にいう「kiau のやうに」でもなく、また「kau に近く」でもなく、ぞんざいな言い方をすれば、「kiau のやうに」か「kau に近く」か、歸字に應じて動くのであって、一概にそのどちらとは決められない段階にあるのである。

　すでに言うように、牙音たる「交」字の讀音を論じて「半齒」を言うことのおかしさと、これらのこととは、合わせて論じておかなければならない事柄であったのである。

5　そこでわれわれは、これらの表現が趙 1936 の言うようなものではなく、しかもそれらは、表現自體としては確實に存在し續けてきたものなのではあるから、その存在自體として活かし續けておくためにも、「屬半齒」といっているその半齒音に關わり得る文字を、この表現の近く、しかもこの文脈から遠く離れてしまってはいないようなところに、別に探さなければならないということになる。

　それは何か。と言えば、それは、本來この注がそのために加えられているはずの文字、すなわち「鐃」もしくはそれに率いられたこの小韻、という以外にはあり得ないであろう。それは泥交切、徵次濁音、とされ

る文字あるいは文字群であって、聲母として「半齒」すなわち「每韻必起於見字母、角清音、止於日字母、半商徵音」というその日字母に關わり得るのは、漢語における聲母どうしの歷史的相關から見ても、この文脈の中でこれ以外には見いだすことができないからである。

　もとよりここで音注を加えられているこれらの文字が、このまま「半齒」であると、われわれが言うはずはない。この「鏡」字が、いまも言うように「半齒」と關わりながら、しかも「半齒」そのものではないから、あるいは「半齒」そのものであることが、この字書の體系からはあり得ないことなのでもあるから、そこで、それがそうではないことをいうためにもこの注はある、と考えるべきなのである。

　われわれはここで、標題にいう三種類の異なった門法、それも「日寄憑切」と呼ばれる、本來の、正しい意味での半齒音、すなわち日母に關しての門法を取り上げることになる。

6　三種の異なった門法といううち、文章として完成された形をもっているもの二、書物がそれに從って作られているとわれわれが推測するもの一、である。

　その一。『宋本切韻指掌圖』として知られるものの「檢例下」に「辨來日二字母切字例」を收める。

　　　來日二切、則是憑韻與內外轉法也。唯有日字、却與泥娘二字
　　　母下字相通。蓋日字與舌音、是親而相隔也。歌曰、日下三爲
　　　韻、音和故莫疑（如六切肉、如精切䰈）、二來娘處取、一四定歸泥（仁頭䫂、日交切鏡）。

という。通行本、上の「轉法也」の「也」を「異」に作る。いまそのいずれを取るべきかを論じない。この門法に從うとはいっても、等韻圖の紙面に現われる形としては、次の、門法その二、によるものと同じになる。『宋本切韻指掌圖』「檢例下」の「歌」では反切例の置き場所が誤られているようで、たぶん「歌曰、日下三爲韻、音和故莫疑（如六切肉）、二來娘處取（日交切鏡）、一四定歸泥（仁頭䫂、如精切䰈）」のようにしておかなければならないのだろう

が、要するに「如六切肉」だけがいわば規格に合った三等で、それ以外では、「日交切鐃」は二等娘母、「仁頭切穤」は一等泥母、「如精切寧」は四等同じく泥母、を、歸字として切出することになるのである。これら諸反切における上字としての日母字は、いずれも他の韻書などで探すことが必ずしも容易というのではない、やや特異な形のものであるという事實には、特に注意をはらっておきたい。うち「日交切鐃」は二等娘母、というのについて特に言えば、日母字を上字とするこうした反切の存在を否定せず、しかも後に出てくる「その三」のように、それをそのまま日母二等字として文字化するような等韻學があることを想定すれば、それは、ただちにわれわれの今の議論での「雅音」と同じものになるだろう。われわれにとって、特別に重要な意味をもつものというべきである。
　その二。『經史正音切韻指南』「玉鑰匙門法」の十

　　日寄憑切者、謂日字母下第三爲切、韻逢一二四、竝切第三。
　　故曰、日寄憑切。如汝來切荋字、儒華切棂、如延切然字之類、
　　是也。

　この門法では、反切上字が日母字であるとき、その反切の下字がそれぞれ何等に屬するものであろうと、歸字はすべて三等としてあらわれる。したがってこのような等韻圖で、日母に關わり得る泥母字、娘母字が他の等位に現れていたからといって、それを裏側から支える反切の上字として日母字が存在しているとは、もはや考えられないということになる。
　その三。日母字が反切上字として採用されているときの歸字の聲母を論ずるのがそもそもこれらの門法の存在意義だと考えると、これらは「日寄憑切」と呼ばれる資格のないものであるのかも知れないが、『韻鏡』、『通志七音略』等を、いわば門法外の門法に從って作られているものとして、その三に列せしめることにしたい。これらの等韻圖には、圖があって反切はない。ただその日母の列には、三等の外、一、二、四の各等に屬する窠字が置かれていて、廣韻などの韻書と對照してみて明らかなよ

うに、一、二、四各等窠字としての日母字の背後には、日母字を上字とする反切が存在しているのでなければならないが、上の二つの門法では、それはあり得ないことなのである。たとえば門法一では、それらは反切下字の等位に從って、下字一等なら泥母一等に、下字二等なら娘母二等に、下字四等なら泥母四等に、というようにそれぞれの等位に適合した窠字によって代表せられてそれぞれの列に配せらるべきであり、また門法二でなら、それらはすべて日母三等のそこに吸收せられて表面には出てこないものとなっているだろうからである。現實の等韻圖と韻書などとの關係としてみるとき、それら表面に出た日母の列にある窠字についてしか、この門法を云々することはできないわけで、たとえばこれらの等韻圖で、われわれが論じている「鐃」字は、すでに日母の埒を脱して娘母二等の窠字である。後者『通志七音略』では文字を日母の「饒」に誤まる。場所が娘母の列だから、これは單純な誤りだとしなければならない。

7　ここで『古今韻會擧要』「鐃」字の注を振りかえって見よう。

　　　案七音韻、雅音交字屬半齒、吳音交字不同音。雅音高字卽與
　　　吳音交字相近。故嘲鈔巢鐃等字皆入高字母韻。

というその「雅音交字屬半齒」に、上の「その三」のような門法を重ねてみる。そこでは反切は、たぶん「日交切鐃」式のものだということになる。「雅音」ではその窠字は、反切下字「交」の等位である二等に屬しながら日母字を頭音として二等日母字、すなわち「屬半齒」というべき文字となる。そうして「鐃」字の注が言っているのは、それと吳音交字の仲間としての「鐃」字とは、その讀音が同じではない、「吳音交字不同音」、ということだと考えようとするのである。「吳音」では、門法「その一」のように、本來その反切の表わそうとする音は、假りにそれを表わしたい反切上字が日母字であったとしても、それはすでに、二等娘母に屬するものとして、いわば形は變えて文字化されるようになっていた

「雅音交字屬半齒」の讀み方と三種類の門法　　　　　　　　　　　　　　181

であろうし、門法「二」でなら、それは三等日母字として二等交字韻に
は收まらないものとなっていたに違いないのである。
　趙氏『中原音韻研究』の說は、これら『古今韻會舉要』「鐃」字の注
が、正に「鐃」字のために加えられた注釋であってそれ以外のものでは
なく、いきなり「交」字の讀法に跳ぶというような議論ではなかったこ
とを見過ごすところに起こったと、われわれは考える。

8　その考えは、平聲字である「鐃」字に對して、上聲字・去聲字と
して對應する相方であるものを、『古今韻會舉要』について見てみるこ
とでも明らかにすることのできる部分がある。上聲「絞韻」娘母「撓」字。
反切は女巧切、次商次濁音とある。ただそこには「『蒙古韻』音入泥母」
という注があって、これがこの小韻を「杲字母韻」に屬するものとさせ
ているのである。それは、去聲「教韻」同じく娘母「橈」字小韻が、反切
は女教切、次商次濁音と、「撓」の字と同樣の記述がなされながら、「『蒙
古韻』橈字屬教韻」という注がそこにはあることによってその對應から
は離れ、「教字母韻」に入って、直前の「權」小韻の屬する「誥字母韻」
に組み入れられていないのとは異なっている。なお、「『蒙古韻』橈字屬
教韻」の「橈」がテキストによって「撓」に作られることがあるのは、
朝鮮本、日本本等によっても正すことが可能である。
　もとにもどって「鐃」小韻は泥交切。舌音として徵次濁音とされては
いるが、「泥」は實は『古今韻會舉要』の反切が原則としてそれに從う
『集韻』の反切がそうであったように、もともとは尼交切、したがって
は本來「撓」字や「橈」字と同じく齒音の娘母、すなわち次商次濁音と
されるはずのものであったのを、字形上近似の泥交切に誤られた形のテ
キストに從ったために、わざわざ『蒙古韻』との關わりを示す手間をか
けることもなく、今の形になっているのではあるまいかと、われわれは
疑う。『古今韻會舉要』における娘母と泥母との關係については、われ
われはまた、平聲下「六 麻獨用」「拏」字の注に

　　　　「拏」字屬舌音徵之次濁、泥字母。舊韻、女加切、乃屬齒音
　　　　次商之次濁。蓋由吳音所呼女字入泥母故也。今依七音更定奴
　　　　加切、仍存舊切、以明其誤。後倣之。

ともあることなどによって考えることができるのである。

9　門法を言えば、「敎韻」等が日母についてその規定に從うべきは「その一」か「その二」のはずである。『古今韻會擧要』はその所收反切の構成として、三等以外の等位に在る文字がその下字、日母字がその上字として存在することを許してはいないからである。したがってそれは、それらのいずれでもない、ということになる。それに對し「雅音」の體系では、われわれがそう考えようとしているのだが、「鐃」小韻は、二等でありながら、しかもそのまま日母字として存在し得る、ということで、「その三」に屬するものでなければならないのである。

　そういう日母字が現實にも、言い換えれば virtually にも存在していると見えるものがあるのを、決して多い例であるとは言えないけれども、しかし各地に點在するものとして、われわれは特に注意しておきたい。たとえば、白・喩1954が記錄する關中五十地點の方音のうち、この、問題の「鐃」小韻に、上聲として對應する女巧切小韻に本來屬していて現代語の字書でもしばしば「舊讀上聲」と注記されることのある「撓」の字が、nau 二九地點、lau 一六地點、記載なしの四地點と並び、同官梁家原が、それを日母字として讀む ẓau の一地點として記錄されているのである。北京大學1989も同じ文字を取り上げ、長沙の音として陽平 iau, zau の二をあげる。長沙音をこの書物についてみる限り、これらはいずれも關中同官の音と同出のもの、すなわちそこでの日母字の現れ方の例であるようである。こうしたものの存在が直ちに中原雅音舊讀の遺跡だと強辯することはもとより許されまいが、さりとて、そうではあり得ないと斷ずることも、それはそれでまた、われわれには躊躇せられることなのである。

10　「雅音交字屬半齒」竝びに次の「吳音交字不同音」という表現の中の「交字」には、直後の「高字母韻」など、『古今韻會擧要』の、まちがいもなく中心的な術語の一つであると言っていい「某字母韻」の、その「某字」とも共通する、いずれもそれらを含む文字のグループを、特に「某字」として取り上げられた諸文字をそれらの代表字もしくは標識字として指す、という意識があるのではないかとわれわれは考える。すなわちそれらはいずれも「交字韻」もしくは「交韻」などの意味で使われているのであって、それらが、同種表現を含む「雅音高字卽與吳音交字相近、故嘲鈔巢鐃等字皆入高字母韻」にすぐ續くために、冗長な繰り返しの文章となることを避けた一種の省略表現としても、それぞれ單に「雅音交字」および「吳音交字」としたかったのではないか、とするのである。われわれのこの文章最終段には、それより前にも一度觸れる『古今韻會擧要』「不」字の注の最後の部分をあらためて引いているが、そこに

　　　近惟『蒙古韻略』、於「逋」字入聲、收一不字於襏字之下。

と見えるのは、「逋字入聲」というこの言い方で、「逋」字を先頭とする例えばわれわれの乾隆抄本『蒙古字韻』でなら全十五字のグループを、まとめて「逋」字という表現によって指していることになるということは重要で、四聲による卷分けのない蒙古韻に關することでありながら、少なくとも結果としては、われわれの考える「某字」という言い方の、その「字」の用法と、確かに符合するものとなってはいるのである。「某字母韻」という用語そのものが、あるいは蒙古韻に關することとして、そもそも使い始められたことに始まるのででもあっただろうか。少なくとも「逋字入聲」というこの記述が、はるか古く、いわゆる『切三韻』、『切韻』の敦煌抄本 S.2071 がその平聲歌韻「伽」字に注して「無反語、噱之平聲」と言っているのなどとは、異質のものであったのではないかとわれわれは考えようとしているのである〔補注〕。

10.1　ここで、われわれが問題の「鐃」字の注の全體を、どういうふうに處理しようとしているのかを一層明確に示すためにも、一應それを、それの翻譯風にまとめておこう。

　　鐃……案七音韻、雅音交字屬半齒、吳音交字不同音。雅音高字卽與吳音交字相近、故嘲鈔巢鐃等字皆入高字母韻。

　　（「鐃」の字は、）七音韻を見ると、雅音交字（の韻）では、半齒音に屬する（舌面調音的である）が、吳音交字（の韻）では、音が同じでない（舌尖調音的である）。雅音高字（の韻に屬するもの）の方が、吳音交字（の韻に屬するもの）には近い。だから嘲・鈔・巢・鐃等（舌尖調音的であるグループ）の文字は、いずれも「高字母韻」に入るのである。

　もとよりわれわれは、そうは言いつつも、「某字」が「某韻」もしくは「某字韻」の意味で使われているのだという、獨立の、確實な例を、現にいま手にし得ているのではない。そうではあっても、「某韻」というのが、「舊韻」以來傳統の韻の呼稱ではなく、『古今韻會擧要』のそもそもの構成に從い、もっとも多い場合としては各韻の首字である見母字をもってその韻の呼稱としている例を、というのならば、上に引く「『蒙古韻』橈字屬教韻」の「教韻」も、『蒙古韻』についてであるとはいえ、その例の一つではあり、というより、むしろ、すでにそう考えてもみたように、『古今韻會擧要』での呼稱が『蒙古韻』についても用いられたと逆に考えたとしても、それによってわれわれが大きく誤ったことにはならないであろう。たとえば入聲「𣍝 沃與燭同」に、禮部韻系の字書としては初めて、その音をもった文字としてそこに取り入れるという意味で「今增」という、その「𣍝」字の注に

　　今詳蒙古字巴吾逋、幫母榖韻。幫賓邊逋、榖與骨同、正是逋骨切。今如其音增之。

「雅音交字屬半齒」の讀み方と三種類の門法　　　　　　　　　　185

と言い、それにすぐつづく「僕」字でも、蒲沃切、音義與屋韻僕同、とした上、

　　案屋韻僕字步木切、竝母穀韻。與蒲沃切音同、義同。

というのなども同じであって、「屋韻」という傳來の呼稱のすぐ次に、「穀韻」という『古今韻會擧要』的なそれも顏をのぞかせているのである。なお「不」字注のうち、「巴吾逋」は、「逋」にあたる蒙古字の、構成要素についてのそれをも含めた、全體の唱え方を示している、と觀察される。これからすると、われわれが知る『蒙古字韻』卷頭の朱宗文序の、われわれは普通「始知見經堅爲<g>」などと讀んできたその<g>は、實はその出自であるとされる古代異國の諸文字がそうであるように、讀みは多く<a>に終る音節文字の例として、<ga>と讀むべきなのであったかも知れない、とも思わせる。「幫賓邊逋」に至っては、當時も行われていたのだろう童稚反切學習の實地の、そのなごりの文字化をも恐らくは見せてくれていて、その資料的價値は、ある意味で高いと言っていいであろう。これについては遠藤1988の、「付論・反切の口唱法」が興味深い解說である。

　さて、われわれのこの書物は、その平聲上、「一 東獨用」のあと、

　　案舊韻、一東二冬之目、各以本韻首字爲題。茲韻所編、旣依
　　七音排序、難用舊文。今依『集韻』・『增韻』之例、每韻但以
　　一二爲次、而附舊韻之目于下。後倣之。

と言っていながら、實際にはその直後、その同じ小韻の中でさえ、「又冬韻」、「又江冬韻」、「又見江韻注」などと、韻の舊來の呼稱をそのまま用いる場合も稀ではなく、その傍ら、いまのような呼び方も、見いだすことができるのである。

11　「鐃」字の注が「雅音高字卽與吳音交字相近、故嘲鈔巢鐃等字皆入高字母韻」といっていたのにもまた立ちもどる必要がある。「雅音高字

卽與吳音交字相近」とは言われてはいても、それは決して「雅音高字卽與吳音交字同」といわれていたのではなかった。そもそもこの「鐃」字が、『集韻』における、恐らくは誤ったテキストに基づきつつ、同時にまた恐らくは『蒙古韻』のそれと音は同じではあったと先にわれわれの考えた、その反切の出自はともかく、「嘲・鈔・巢」等と合わせ、「總體として舌尖調音的」と言ってもいいような調音方式の一であるところの泥母字として、言い換えれば舌面調音的ではないものの一として、それだからこそ、それらとともに「故皆入高字母韻」と言われた、とわれわれは考えたのだが、この「故」はまた、『古今韻會擧要』の著者たちにとって、「鐃」の字が、そもそもそれへの對照物として語られているのでもある「半齒」、すなわち、いわば剝き出しの日母字、であるのではないという意味での泥母字、であることをも言おうとしているのではないか。いずれにしても、ここは「交」字が破擦音化しているかどうかなどが問題となるべき場所ではなかっただろうと言わなければなるまい。

12 そうは言っても、われわれは、趙 1936 の、『古今韻會擧要』「鐃」字の注に見える「半齒」が、牙喉音字の破擦音化した狀態を示そうとしているのではないか、という論述がなされたことについてだけ言えば、その論述そのものの不備を問題にしたかっただけなのであって、もとより當時の「雅音」などに、牙喉音の破擦音化が存在し得たことを否定しようというのではない。その破擦音化が、字種としてどれだけの範圍を覆っていたかの檢證をひとまず先に延ばすとすれば、事柄自體の存在については、尾崎 1974 がすでにそれを保證していたはずのものでもある。しかし一方、それが援用する『經史正音切韻指南』の劉鑑自序そのものが、そのことを指して言ってもいたように、そこで取り上げられているものは明らかに「方言的」なのだと認識されていた。この「方言」が、卽、いまの方言學に言う方言に過不足なく重なる、というようにはわれわれは考えてはいない。しかし、それでもなお「方言」の語は、その含

意として、「聖賢之書」を讀むようなときの文語音とか、あるいは少なくとも「官話」という言葉が現にもっていたと言われてもいるように、特に柳田國男以後の日本民俗學に言う「ハレとケ」、漢語では「公と私」との對は幾分なりとそれに近いところがあるだろうか、そのハレの場所ででも使うことができる訛りのない發音、などというのではなくて、それを操ることで別に固くはならないでも濟むような、「褻」の字を以ても表わされるケの、いわば身についた「はなしことば」に限られていなければならないという感じは伴うものであったはずなのであって、「雅音」の「呉音」の、というそれらが、もしも萬が一、「方言」としてそのような、地域的にというだけではなく、個人個人にとっての場面場面としてさえ極めて私的に限局されていて然るべきであるような、そういう調音方式に從うものでもあったと假定すると、そんなものを、ただちに字書のような、言ってみればハレに屬する問題として、敢えて取り上げるであろうかということは、何よりもまず、考えてみなければならなかったはずの事柄でもあった。逆に言えばそういう種類には屬してはいないものしか、今のわれわれの、こういう視界、議論の中には入って來ないはずなのでもあっただろう。

　『切韻』の序が地方の字音にも觸れているから、だから『切韻』は漢語諸方言のための便覽でもあるのだなどと考える人があったら、それはあまり賢明なことだとは言えない。『切韻』などの韻書は、詩作について、その規定と、同時にそれについての禁忌とを教えるのがその本來の任務であったはずで、それ以上でもそれ以下でもなかった。ところが、言ってみれば語學者全般そう考えやすい傾向はもっているわけだが、そうは考えない人たちも決して少なくはない。その人たちのために敢えて言うとすれば、韻書という、いわば規範を示すべき書物の中で、それらが地方の語音でありながら、そこにたまたま取り上げられることにもなったのは、それが、地方性を帶びながら、やはり「讀音」ではあったからなのであって、だからこそ、それらについて「南北是非、古今通塞」まで

が「論」ぜられなければならなかったのだと考えるべきである。これが「其俗」となれば、それは「姑從」で濟んでしまう。その是非など、もとより論ずるに及ばないのである。「雅音」、「吳音」が、このすぐ後に觸れるように假りに地方性の、それも、間違いもなく口頭にのみ現れる言語音であったとしても、いまも論じてきたような常識の世界の中でそれを言う限りは、それぞれその地域の人びとが、それぞれその地域地域としての限界は當然あり得たとしても、なおそこでの讀書音、あるいは官話音として公認せられるような音を、ことにも指して言うのでなければならなかったであろう。

さきに見た『古今韻會擧要』における「二 沃與燭同」韻「不」字の、言い換えれば、そこに新しく收めることになったその一音の取り扱い方にしても、

  案『孟子』曰、「不、不然也」。近人皆作兩音讀之。然不見於
  注。諸儒雖皆言、合有「逋骨」一切、及援『溫公切韻』爲據。
  而諸韻未收。近惟『蒙古韻略』、於「逋」字入聲收一不字於
  襮字之下 乾隆抄本『蒙古字韻』襮字衣旁誤作示旁、音與卜同。

というように、據りどころはやはり先行の字書、すなわち文語世界の產物に求めていると見受けられる。この書物に言う「雅音」、「吳音」のいずれも、全く疑うべきところなく口頭のそれであって書物上の記錄ではない、と言いきれるのかどうかの問題は留保しつつ、その意味でもそこは、「雅音」、「吳音」の口頭の調音が破擦音化しているか否かなどが、取り上げられて然るべき場所ではなかっただろうと言いきってもいいのだと思わせる。

［補注］明萬曆三十五年丁未（1607）、張元善徐孝等自刊本といい、書後に『合併字篇拾遺』を付錄する『合併字學集韻』九卷（長城（香港）文化出版公司編『罕見韻書叢編』（1995）所收）において、各小韻の後、例

「雅音交字屬半齒」の讀み方と三種類の門法　　　　　　　　　　189

えば卷第一、平聲一登韻の首、「庚」に始まる小韻の例を舉げるなら、その末に

　　　以上庚字共五十四字。

と、その總字數が記されるとき、この場合の「庚字」は、「庚」字を標識字として、自身を含む五十四字のグループ全體を、そう呼んでいるのである。實はいまのこの場合、小韻の實際の所收字數は五十四でなく五十五なのではある。われわれはしかし、それによって、いまのわれわれの說明を變え、字數は、標識字を含まない、「庚字」は「庚」の一字をしか意味してはいない、などと言う必要がない。この小韻の場合、五十五字の最後の一字はその小韻を含む版の、全體の刻字が終了した後においてででもあっただろうか、新たに刻し加えられた可能性の大きいことは、その字の、同じ小韻の中でそれに先立って竝ぶ他の文字や、こうした注記との間の、いわば「間合い」を、比べて見ることでも知ることはできるだろう。事實、周邊の小韻に就いて見て實際の字數とその注記とが食い違うことは無く、それは書物の全體についても恐らく、まず無いと見て良いのである。

　そこでこの用語法は、洪武八年（1375）奉敕撰とされる『洪武正韻』「凡例」第一條に、

　　　有一韻當析而二者、平聲如麻字韻自奢字以下、上聲如馬字韻
　　　自寫字以下、去聲如禡字韻自藉字以下、是也

という、取り上げられた事柄自體とその韻書としての處理とは、毛晃のいわゆる『增韻』を承けるものなのでもあろうし、その記述そのもの、つまり「麻字韻」など「某字韻」というのと對比したとき、それが上の『合併字學集韻』の場合のような小韻の名ではなくて、もっと大きい韻部の名なのである點が違うにしても、標識字を單に「某」というのではなく、いま見るようにそれを「某字」として揭出した上、それを代表字と

して以下のグループ全體を指し示そうとする命名法としては同類のものであり、かつそれは、われわれの議論の中ですでにわれわれの假設として用いられた用語ででもあったのだが、そうして、われわれの調査がなおそれほど網羅的に廣く行われているものではないにしても、この『合併字學集韻』の「某字」、また、今のこの「某字韻」という表現が、恐らくは先立つ元代、あるいは更にそれ以前にさえ始まっていたかも知れない韻學の用語法としてその直接の子孫であり、したがっては、『古今韻會舉要』に「某字母韻」というのとも、直ちにつながるとしてもよいものであることをわれわれが期待し、そこで、われわれがわれわれの議論の中で、それをこそ、いわば第一の問題であるとしてきた「雅音交字」その他における「某字」も、それとは極めて近緣の表現であるに違いないと、われわれが言うことを欲したとして、それは別段疏忽としての非難に甘んじなければならないほどのことであるとは思えないのである。

參照文獻

尾崎雄二郎 1974 「disarticulation ということ」『中國語音韻史の研究』、東京：創文社（1986.2、第二刷）216 頁以下

――― 1962 「大英博物館本蒙古字韻札記」 同上、176 頁以下

寧忌浮 1997 『古今韻會舉要及相關韻書』、北京：中華書局（1997.5）、19 頁以下、30 頁以下

趙蔭棠 1936 『中原音韻研究』、上海：商務印書館（1956.2）92 頁以下

服部四郎 1946 『元朝祕史の蒙古語を表わす漢字の研究』、東京：龍文書局（1946.9）、53 頁

白滌洲・喩世長 1954 『語言學專刊第六種　關中方音調查報告』、北京：中國科學院（1954.9）、音綴總表 88、138 頁以下

北京大學中國語言文學系語言學教研室 1989 『漢語方音字彙 第二版』、北京：文字改革出版社（1986.6）、179 頁

遠藤光曉 1988 「敦煌文書 P2012「守溫韻學殘卷」について」『中國音韻學論集』、東京：白帝社（2001.3）、155 頁以下

2001 年 11 月 9 日、2002 年 2 月 24 日改訂。

敦煌寫本論語鄭氏注と、何晏の論語集解によって保存された諸注・とくにいわゆる孔安國注との關係について

　いわゆる敦煌寫本のうち、ペリオ Pelliot, Paul の番號2510を附せられ、現にパリの國家圖書館 Bibliothèque Nationale に保管せられるものは、論語注の殘卷で、述而篇第七の中途から鄕黨篇第十の最後までを含む。述而篇では最初四分の一ほどを缺くため見ることができないが、泰伯（この寫本では太伯）篇第八、子罕篇第九、鄕黨篇第十の各篇首には、それぞれの篇名の下に、「孔氏本　鄭氏注」と、本文大の文字の注記がある。この孔氏本という注記については、しばらく羅振玉が影印本の跋（論語鄭注跋）に、「今此の卷、明かに孔氏本と著(しる)す。一に注する所古論と爲す者の若(ごと)し。而れども其の篇次を考うれば、則ち太伯第八、子罕第九、鄕黨第十。固より明明魯論と同じ。知る何敍・皇注の信ずべしと爲すを。顧(おも)うに孔の訓は世既に傳えざるに、此の卷乃ち明かに孔本と題す。初め曉(さと)るべからず。且つ陸氏經典釋文亦た言う、鄭は周の本を校し、齊・古の讀を以て正すこと凡そ五十事と。何・皇の說と略々同じ。乃ち反復してこれを考うるに、釋文に舉ぐる所の鄭氏の校正したる諸字は、則ち皆魯を改めて古に從い、一の齊に從う者無し。始めて悟る、此の卷に所謂孔氏本なる者は、乃ち孔氏の古論に據り、張侯の魯論を改正す。而して何・皇の諸家の齊・魯を考校すと謂う者は、蓋し張禹もと魯論を受ぶも、兼(あわ)せて

齊說を講じ、善き者はこれに從う（集解敍に見ゆ）、鄭君既に張論に注すれば、則ち兼せて齊論を采るに異ならず、其の實は固より僅かに古に據りて魯を正すなり。此の卷の寫官、漫りに孔本と題す、小しく疏たるを免れずと雖も、然れども此れに困りて其の實を知るを得、亦た喜ぶべし矣」というのに從おう。「鄭氏」は一般に後漢の鄭玄であると信ぜられている。私もまたこの「鄭氏注」は「鄭玄注」に置換えて考えるべきだと思う。かりにこれが、そうも考えられないではないように、鄭玄に假託された僞書であったとしても、なおその僞作は、それが鄭玄の作だと人に思わせることを期待していると考えられるから、その場合をも含めて、鄭氏はやはり鄭玄でなければならないのである。

　私がここでこの殘本論語鄭氏注について僞作を云々する理由は、あとの論議のうちに明らかになると思う。私自身、これを僞書だと考えているということではない。あくまでも、そう考えることもまた可能だといっているだけなのである。

　鄭玄が論語に注したことは、本傳にも記載がある。魏の何晏の論語集解は、その自序によると、諸家の說の一として鄭玄のその論語注の說をも採った。何晏の序を簡約した唐の陸德明の經典釋文序錄によれば、「孔安國・包咸・周氏・馬融・鄭玄・陳羣・王肅・周生烈の說を集め、幷せて己れが意を下し、集解を爲（つく）」ったのである。そして一、二個所の特異な例をのぞき集解に引かれた鄭玄の注は、多少の異同を伴いつつも、この寫本鄭氏注の該當個所 に見えた注に一致するといってよい。

　集解に引かれた以外の鄭玄注についても、袁均・孔廣林・馬國翰らの輯本と、この寫本とをつきあわせて見て、集解についてわれわれが見たと大體同樣の結果を得るといってよい。

　ところが、この寫本鄭氏注を、それら鄭玄注とではなく、何晏の集解の全體と照合して見ると、一つのかなり顯著な事實が觀察される。それは、集解の中で、他の注者の名を冠せられた注と、この鄭氏注との一致する個所が、少なくないということである。

敦煌寫本論語鄭氏注と、何晏の論語集解によって保存された諸注　　　195

注者別にあげて見れば次のごとくである。
一、集解が孔安國注とするもの
　〇 如不可求者、從吾所好の下の注「好む所は古人の道なり」。ただし寫本は破損があって「所……古人之……」とだけしか見えないが、前後の空白個所に入り得る字數から見て、恐らくこの豫想は正しい。
　〇 與其進、不與其退、唯何甚の下の注。「敎誨の道は、其の進むを與して其の退くを與さず。我が此の童子に見ゆるを怪しむ。惡を惡むこと何ぞ一に甚しきや」。
　〇 與其不遜、牢固の下の注。「俱に之れを失えり。奢るは儉なるに如かず。奢れば上に僭り、儉なれば禮に及ばず」。
　　　　　　　　　　　　　　　　　　　　　　　　　　　　以上述而篇
　〇 詩云、戰戰兢兢、如臨深淵、如履薄冰の下の注。「此の詩を言う者は、己れが常に戒愼し、毀傷する所有らんことを恐るるに喩う」
　　　　　　　　　　　　　　　　　　　　　　　　　　　　以上泰伯篇
　〇 文王旣没、文不在茲乎の下の注。「茲は此なり。孔子自ら其の身を此れとするなり」、つづけて、「後に死する者とは、亦た孔子自ら後に死すると謂う」。鄭氏注はこのしばらくあとに、「天若し將に此の文王の道を喪さんとすれば、我れ本と當に之れに與り知るを得べからず」とあり、これはまた孔注「天の將に此の文を喪さんとすれば、本と我れをして知らしむべからず。今我れをして知らしむるは、未だ此れを喪すを欲せざるなり」とも、非常に近い。後段參照。
　〇 鳳鳥不至、河不出圖、吾已矣夫の下の注。「聖人命を受くること有れば、則ち鳳鳥至り、河圖を出だす。今天此の瑞無し。吾れ已んぬる矣夫とは、用い見るるを得ざるを傷むなり」。
　〇 病間曰、久矣哉、由之行詐也の下の注。「久しい哉とは、言うこころろは子路の久しく是の心有り、但だ今日のみに非ざること」。「子路久有是心」の「久」は「之」の書き誤りであるかと思われる。

○法語之言、能無從乎、改之爲貴の下の注。「人過れる行い有れば、正道を以て之れに告ぐ。口は順（したが）い從わざるの者無し。能く必ず改むるを、乃ち貴しと爲す」。

以上子罕篇

○朝與下大夫言、侃侃如也、與上大夫言、誾誾如也の下の注。「侃侃は和樂の貌」、また「誾誾は中正の貌」。
○吉月、必朝服而朝の下の注。「吉月とは月の朔（ついたち）なり。朝服とは皮弁の服なり」。
○没階、趨進翼如也の下の注。「没は盡なり」。
○失飪不食の注。「飪を失ふとは、生熟の節を失うなり」。
○不撤薑食の注。「撤は去なり。齊（ものいみ）には薰物を禁ず」。
○雖蔬菜羹瓜、祭必齊如也の下の注。「齊は莊敬の貌なり。三つの物は薄しと雖も、之れを祭るには必ず敬（つつ）しむ」。
○郷人飲酒、杖者出、斯出矣の下の注。「齒位を正すの禮は、老者を主とす。禮畢（お）りて出づ。孔子從いて後に出づるなり」。孔注、鄭が「正齒位之禮」とするところを、「郷人飲酒之禮」と、本文のまま。
○問人於他邦、再拜而送之の下の注。「使者を拜送するは敬するなり」。
○君賜食、必正席、先嘗之の下の注。「君の惠みを敬（つつ）しむ。既に嘗め、乃ち以て班（わか）ち賜（あと）う」。
○朋友死、無所歸、曰、於我殯の下の注。「朋友の恩を重んず。歸する所無しとは親昵無きこと」。
○居不容の注。「室家の道、久しいこと難し」。
○有盛饌、必變色而作の下の注。「作は起なり」。

以上郷黨篇

二、集解が包氏注とするもの
○天生德於予者、桓魋其如予何の下の注。「天德を豫（わ）れに生ず、なる者は、我れに授くるに聖の性を以てするを謂う」。

○ 二三子、以我爲隱子乎、吾無隱乎爾の下の注。「二三子なる者は、諸弟子を謂う。聖人は道を知ること廣大、弟子は之れを學ぶも及ぶ能わず。以爲えらく要術を懷挾する所有りと」。
○ 吾無行而不與二三子者、是丘也の注。「我爲す所有る毎に、皆汝らと、之れを共に爲す、是れ口の本心なり」。
○ 蓋有不知而作之者、我無是也の下の注。「時人の穿鑿すること多く妄りに篇籍を作るを疾むなり」。
○ 仁遠乎哉、我欲仁、斯仁至矣の下の注。「仁の道は遠からず。行う時は則ち是れなり」。

以上述而篇

○ 曾子有疾、孟敬子問之章の注。「敬子を戒めんと欲す」。
○ 犯而不校の注。「效は報なり。言うこころは人の侵犯せ見るるも報いざること」。
○ 士不可以弘毅、任重而道遠の下の注。「弘は大なり。毅は強にして能く斷ずるなり」。
○ 興於詩の注。「興は起なり」。
○ 危邦不入、亂邦不居の注。「行いは當に（常に）然るべきなり。危邦に入らずとは、始め往かんと欲するなり。亂邦に居らずとは、今去らんと欲するなり」。
○ 卑宮室而盡力乎溝洫の下の注。「方里を井と爲す。井の間に溝有り。溝廣きこと四尺、深きこと四尺。十里を城と爲す。城の間に洫有り。洫廣きこと八尺、深きこと八尺なり」。

以上泰伯篇

○ 逝者如斯夫の注。「逝は往なり」。
○ 子謂顏淵曰、惜乎吾見其進也、未進其退也の下の注。「之れを痛惜すること甚だし」。

以上子罕篇

三、集解が周氏の注とするもの

　ここにはいささか問題がある。一體これまで鄭玄の注であるとか、あるいは孔安國の注であるとかいって來たが、宋の邢昺の正義の本では、これらはいずれも「鄭曰く」、「孔曰く」などとして引かれているのであって、鄭玄とか、孔安國とかは書いてない。この書き方は同じ敦煌寫本のたとえばペリオ2628、すなわち微子篇から堯曰篇にいたる集解の殘本などもそうであるところから見て、唐代すでに存在したことが知られる。しかし實はこれが集解の原形ではなく、集解の原形は、劉宋の裴駰が史記の孔子世家及び仲尼弟子列傳の集解に引く諸注がそうであるように、また六朝寫本の系統をつぐと考えられる日本の寫本およびそれを板に上した本がそうであるように、「鄭玄曰く」、「孔安國曰く」と名までを記す形式であったことは、包咸の注が、集解には「包氏曰く」として引かれていることについて、梁の皇侃の義疏が、「然れども何の集注は皆な人の名を呼ぶ。唯だ苞のみ獨り氏を云う者は、苞の名は咸、何の家咸を諱む。故に言わざるなり」といっている（學而篇、有朋自遠方來、不亦樂乎下注）ことからも、また傍證の一つとしては、論語集解を編むに當って何晏の協同者の一人であった晉の鄭沖の傳に、「初め沖は、孫邕・曹羲・荀顗・何晏等と、共に論語諸家訓註の善なる者を集め、其の姓名を記し、因って其の義に從う。安からざるもの有れば、輒ち之れを改易す。名づけて論語集解と曰う」（晉書卷23、列傳第3）とあることなどからも知ることができよう。さてところで集解には、はじめに陸德明の簡約によって見た諸家のうち、孔安國、包咸、馬融、鄭玄、王肅、周生烈等は、（包咸が包氏であるのをのぞいて）いずれもその姓名を以てあらわれるのに、ひとり「周氏」のみは、これを見出すことができない。それはおそらく同じく周を以てはじまるための混同で、「周氏」の說はすべて周生烈の方にまぎれ込んでしまったためではあるまいか（周生烈は、じつは姓が周生、烈を名とする者であること、たとえば三國志周生

敦煌寫本論語鄭氏注と、何晏の論語集解によって保存された諸注　　　199

烈傳の裴松之注には、「此の人姓は周生、名は烈」と見える）。そういう風に考える一つの根據は、さきに觸れた史記孔子世家、同じく仲尼弟子列傳の集解に引かれた諸家の論語注である。これらの注は、さきにも述べたが、たとえば孔安國なら孔安國、鄭玄なら鄭玄として引かれており、また包咸は包氏として引かれているところから、何晏の集解の原形を留めるものと考えられるのであるが、ここに見える周生烈注（日本本による）二則が、いずれも「周氏曰く」として引かれているのである。一は世家「韶の音を聞き、之れを學んで三月肉の味わいを知らず」の下に引かれた注。一は弟子列傳・曾點「孔子喟爾として嘆じて曰く、吾れは點に與せん」の下の注。じつは前の注は、文選成公綏の嘯の賦「孔父味わいを忘れて食わず」の李善注に、「周生烈曰く」として引かれていて、私の立論には工合わるくも見えるが、しかし裴駰の見た當時なお、「周氏」と「周生烈」の區別のあったものが、唐の李善のころには、日本の寫本・刊本がそうであるように「周生烈」に統一されてしまっていたとも考えられる（なおここの李善注が引く「孔安國曰く、韶の樂の斯に至るを圖らざりき」というのは、いまの集解に見えない。集解の佚文であろうか。それとも別に論語の孔氏訓說と稱するものが傳えられていて、それによったものでもあろうか）。

　ところで敦煌寫本鄭氏注のうち、集解が周氏の注とするものは次のごとくである。もちろんいま述べたように、日本本ではこれはいずれも周生烈の義訓である。

　　○ 而今而後、吾知免夫、小子の注。「今日よりして後、我れは自ら患難を免れたるを知る矣。小子と言う者は之れを呼ぶ。其の言を聽き識さしめんと欲するなり」。

　　　　　　　　　　　　　　　　　　　　　　　以上泰伯篇

　　○ 祭於公不宿肉の注。「祭りを君に助け、得る所の牲體は、歸れば卽ち班ち賜う。神の惠みを留めざるなり」。

○ 翔而後集の注。「廻り翔び、審(つまびら)かに觀(と)て而る後に下り止まる」。

以上郷黨篇

四、集解が馬融注とするもの

○ 禹吾無間然矣章の注。「菲は薄なり。孝を鬼神に致すとは、祭祀は豐かに潔(きよ)くするなり」。

以上泰伯篇

○ 無寧死於二三子之手乎の下の注。「毋寧は寧なり」。

○ 子欲居九夷の注。「九夷とは、東方の夷に九種有り」。鄭氏はさらに、「世を疾(にく)む。故に此の言を發す。往きて之れに居らんと欲す」という。

○ 不忮不求、何用不臧の注。「忮は害なり」、また「臧は善なり」。

以上子罕篇

五、集解が注家の名を冠しない、ふつう何晏の注とされるものと鄭氏注との一致

○ 得見君子者、斯可矣の下の注。「世に明君無きことを疾む」。

○ 文莫吾猶人也の下の注。「莫は無なり」。

以上述而篇

○ 吾未見好德如好色者也の注。「時人の德に薄くして色に厚きことを疾む。故に此の言を發す」。史記孔子世家の集解に引くところ「何晏曰く」としている。

以上子罕篇

上のような事實について、羅振玉ほかの諸學者は、集解に「孔安國曰く」、「包氏曰く」、「周氏曰く」として引いてあることの方が誤りなのだという見方をしている。たとえば羅氏はさきに引用した跋の中で、「朋

友死」の注、「居不容」の注（いずれも鄕黨篇）を引き、「今此の卷を檢するに、竝びに是れ鄭の說。此れ誤りて鄭注を以て孔と爲すなり」といっている。

しかしながら振りかえって指を折って見るまでもなく、いま見て來たようなものが、すべて「誤りて鄭注を以て他注と爲す者（羅跋）」であるとすると、われわれは今日何晏の集解を取って、これは誰の注、これは誰の注と、その作者をあげつらうことが無意味であるほどにも、集解の誤記は多いことになる。書物というものは、傳寫の間に、それほどにも多くの誤りを生ずるものなのであろうか。私には信じられない。

たとえばさきほどあげた敦煌寫本の集解殘本は二卷半であって、この鄭氏注に比べて短かいことは短かいが、とにかくその間、注者の姓の上で、邢疏本との異同は全く無い。ということは、日本本との間には、日本本と邢疏本との間に存在すると同じだけの異同が存するということなのであるが、それもわずか一個所にとどまる。さきの史記集解を校合の材料に加えて見ても、いよいよ強く感じられることは、書物の傳寫がむしろ如何に周到な注意のもとに行われて來ているかということである。

とすると、鄭氏注に立ち返って「集解の誤記」という考えを變える必要がないか、ということになる。「AはBなり」式の斷片的な訓詁が、鄭と、他の注家とで共通している場合はむしろ少なく、かなりまとまった注釋の或る一段全體が同一であることが多いということはわれわれの見て來たところであるが、とにかく回數の上でもこれほど屢々であり、かつ量的にもこれほど多いものの全部を、誤記で片づけられるとは思えない。偶然二つの注釋が同じになったというような片づけ方をするには、一つ一つの一致が多過ぎよう。

ところで實はこれまで見て來たような「一致」以外に、より大きな意味での「一致」が存在する。すなわち、表現の枝葉は異なっても、大本においては全く同じことの表白だと認められるようなものが、一方では鄭注とされ、他方では他氏の注とされているような場合が少なからず

あるのである。さらにそれに、一方の表現は、他の一方の表現の改良のようなかたちになっているもの、つまり一方は他方を踏み臺としてつくられたと認めてもよいようなものを附け加えるならば、その「一致」は甚だ高い程度にまで達することになる。以下この敦煌本鄭氏注と、集解に引かれた諸家の注との間に見られるそのような「一致」、少なくとも「親近性」の例を取り上げて見たい。

○ 曲肱而枕之の注。「肱の言は臂なり」。孔注「肱は臂なり」。
○ 子所雅言章の注。「雅なる者は正なり」。孔注「雅言は正言なり」。
○ 若聖與仁、則吾豈敢の下の注。「吾れ豈に敢てせん、なる者は、敢て自ら古えの仁聖に比べ方べざるなり」。孔注「孔子は謙、敢て自ら仁聖と名づけざるなり」。

以上述而篇

○ 曾子有疾、孟敬子問之の下の注。「孟敬子は魯の卿・仲孫捷の謚」。馬注「孟敬子は魯の大夫・仲孫捷」。
○ 吾友嘗從事於斯矣の下の注。「顔淵・仲弓・子貢等なり」。馬注「友とは顔淵を謂う」。
○ 可以託六尺之孤章の注。「六尺の孤とは年十五以下なるを謂う」。孔注「六尺の孤とは、幼少の君を謂う」。
○ 人而不仁、疾之已甚、亂也の下の注。「之れを疾むこと甚しきは、是れ又た之れをして行いを亂すが若からしむるなり」。包注「疾み惡むこと太甚しければ、亦た其れをして亂を爲さしむ」。鄭氏注「是又使之若亂行也」につくるが、「若」は「爲」の誤りであろう。この包注は日本本では孔注とする。
○ 舜有臣五人而天下治、武王曰、有亂臣十人の下の注。「五人なる者は、禹・稷・契・皐陶・伯益なり。亂は猶お理のごときなり。武王我れに政事を治理する者十人有りと言うは、文母・周公・邵公・太公・畢公・榮公・太顚・宏夭・散宜生・南宮括を謂う」。孔注「禹・稷・契・

皐陶・伯益なり」、また馬注「亂は治なり。治官の者十人なり。周公旦・召公奭・太公望・畢公・榮公・太顛・閎夭・散宜生・南宮括を謂う。其の餘の一人は文母を謂う」。あとの馬注を、日本本は孔注とする。

○ 才難、不其然乎、唐虞之際、於斯爲盛、有一婦人焉、九人而已の下の注。「人才有る者得難きを言う。豈に其の言の如くならざらん乎。……周に於て最も盛なりと爲す。然り而して、以て政事を治理すべき者十人、尙お一の婦人有り。餘は適(た)だ九人のみなり」。孔注「……周最も盛にして賢才多し。然れども尙お一の婦人有り。其餘は九人のみ。人才は得難し。豈に然らずや」。

以上泰伯篇

○ 麻冕禮也、今也純、儉、吾從衆の下の注。「純は當に緇に爲るべし。古えの緇の字、才を以て聲と爲す。此の緇は黑き繒を謂う。儉は猶お約のごときなり。麻三十升を績(う)みて以て冕を爲(つく)る。其の功成り難し。今の人は繒を用う。其の功は約。故に衆に從う」。孔注「冕は緇布の冠なり。古えは、麻三十升の布を績みて以て之れを爲る。純は絲なり。絲は成り易し。故に儉に從う」。この二つの注は實は全く同じなのであって、孔注が「緇布の冠り」といって、そのすぐあとに「古えは云々」とつづくのは、最初にいう「緇布の冠り」が、孔子當時の黑い「絲(きぬ)」製のものであること。そのいまは黑いきぬでつくる冠りを、むかしは二尺二寸のはばの中に、一升は八十縷、つまり八十本のいと目のある織り方のことであるから、三十升なら二千四百のいと目のある麻のぬのでつくった。そういっているのであって、そうすれば鄭氏注の方が、說明の仕方の點で、ずっと要領を得ているというちがいはあっても、要するに同じことをいっていることはよくわかる。その關係は、述而篇「子釣而不綱、弋不射宿」の鄭氏注「綱は大索流れに横たうるの屬。弋は繳(つなゆみ)射。宿は鳥の將に宿らんとする。綱せず宿を射ざるは、皆な萬物を長養せんが爲(ため)なり」と、集注が孔安國曰くとして引くものとの間

にも見られるのであって、ここの孔注は、邢昺の疏が、「此の注、文句交互す。故に少しく解し難き耳(のみ)」として、並べかえをして見せるように、いささか不得要領ではあるが、「釣なる者は一竿の釣(はり)なり。綱なる者は大綱を爲(つく)り以て横たえて流れを絶ち、繳(いと)を以て釣(はり)を繋ぎ、羅(あみ)を綱に屬(つ)け著くるなり。弋は繳射(つなゆみ)。宿は宿る鳥なり」という全體をさきの鄭氏注と並べて見ると、孔注を簡單にし、そして並べかえをして見せたのが鄭注であるといってもよいほどの非常な親近性が、この二つの間にはあるといえないであろうか。

〇 文王既没、文不在茲乎の下に見える注と、孔注との近さには既(すで)に觸れた。

〇 固天縦之將聖、又多能也の下の注。「言うこころは、天　大聖人の心を縦(ほし)いままならしむること。既に之れをして聖ならしめ、又た之れをして能くする所多からしむ」。孔注「言うこころは、天固(もと)より大聖の徳を縦いままならしむること。又た能多からしむるなり」。

〇 且予與其死於臣之手、無寧死於二三子之手乎の下の注。「孔子以爲(おもえ)らく、臣の恩は、弟子の恩の重きに如かずと」。馬注「就使(たとい)我れ臣有りて其の手に死するとも、我れ寧ろ弟子の手に死せんか」。またこの章が葬禮について語るところ、孔は「大葬」に注して「君臣の禮もて葬う」とのみいうのを、鄭は「大葬は大夫の禮もて葬う」という一方、その前に「諸弟子をして臣の禮を以て大夫を葬い、君の禮もて孔子を葬わしむ」といい、また「昔時魯の司寇たり、臣有り。今追われて去る、臣無きなり」といってあり、さらに「大夫の禮もて葬る」につづけて、「將に士の禮を以て葬られん、我れ何ぞ必ずしも大夫の禮を以て葬らんや。凡そ大夫退けらるれば葬るに士の禮を以てす。致仕すれば乃ち大夫の禮を以て葬るなり」と委曲をつくしているのは、孔の「君臣」は諸侯とその臣でなく、大夫とその臣の關係であることを説明したものだともいえるであろう。

〇 君子居之、何陋之有の注。「言うこころは能く化すること」。馬注

「君子の居る所は皆な化するなり」。
○ さきに子謂顏淵曰の下の注の中から、包注と鄭注に共通する「之れを痛惜すること甚し」という句を拔き出したが、それぞれの全體を、「顏淵病あり。孔子往いて之れを省（かえり）む。故に此の言を發す。痛惜之甚」（鄭）、「孔子、顏淵の進益して未だ止まざるを謂う。痛惜之甚」（包）と竝べて見てみれば、「痛惜すること甚し」という以上は、鄭氏がそのまえに附け加えた說明もどうしても必要になる、あるいはそれがなければ、「痛惜之甚」は唐突すぎるという氣がする。
○ 巽與之言、能無說乎、繹之爲貴の下の注。「人の心に違う所有れば、善言を發して以て之れに告ぐ。解（よろこ）び說（よろこ）ばざる者無し。能く必ず陳べて之れを行うを、乃ち貴しと爲すなり」。馬注「恭巽謹敬の言は、之れを聞きて、悅ばざる無きなり。能く尋ね繹（たず）ねて之れを行うを、乃ち貴しと爲す」。

以上子罕篇

○ 入公門、鞠躬如也の注。「自ら翕斂するの貌なり」。孔注「身を斂むるなり」。
○ 過位色勃如也の注「位を過ぐとは、位に揖するなり。門を入りて北面する時、君揖して之れを進む」は、あとの復其位の注「其の位に復すとは、向（さき）の時揖する處なり」と呼應するが、この呼應は、まえの句の包注、「君の空位を過ぐ」と、あとの句の孔注「來る時過ぎたる位なり」との呼應と同じである。
○ 執圭、鞠躬和也、如不勝の注。「珪を執るとは、君命を以て隣國に聘かるるを謂う。珪を執って勝（た）えざるが如し、なる者は、敬しみ愼（つつ）むの至れる、輕きを執ること重きを執るが如し」。包注「君の使と爲りて、以て隣國を聘問す。君の圭を執持して鞠躬なる者は、敬しみ愼しむの至れるなり」。
○ 褻裘長、短右袂の注。「褻裘は私（いえ）に處（い）るの服なり。服の長さの至れる者は溫を主とすればなり。右袂を短かくするは、事に便にするなり」。

孔注「私家の裘は長し。溫を主とすればなり。右袂を短かくするは事を作(な)すに便にするなり」。
○ 必有寢衣、長一身有半の注。「今時の臥被なり」。孔注「今の被なり」。
○ 去喪、無所不佩の注。「去は猶お除のごときなり。喪服既に除(さ)り、吉時服する所に復す。佩(びざる)所無しとは、佩びて以て德を象(かたど)るなり」。孔注「去は除なり。喪に非ずんば、則ち備(つぶさ)に宜しく佩ぶべき所を佩ぶ」。孔注「去除也」が、鄭注で「去猶除也」となっているのは、すでに見たように、孔注が「肱臂也」と簡單に置換えたのを、鄭注は「肱之言臂」つまり「肱(ひじ)というのはここでは臂(うで)のこと」としているところ、また孔注が、「雅言正言也」となっているところ、鄭注は「雅者正也」としている關係を思い出させる。二つのものをただちに等號で結ばないところが訓詁學者鄭玄の注なのであって（僞作なら僞作で、やはり當然それを考慮に入れているべきであろう）、この意味で私は述而篇「冉有曰、夫子爲衞君乎」章の注が、日本本集解で「孔安國曰く」としてあるのを取らない。その出だしが「爲は猶お助のごとし」とあるからである。
○ 鄉人儺章の注。「鄉人儺(おにやらい)す、なる者は、駈疫を謂う」。孔注「儺は、疫鬼を驅逐するなり」。
○ 朋友之饋、雖車馬、非祭肉、不拜の下の注。「車馬は重しと雖も、猶お拜せず。朋友には財を通ずるの義有り。故に之れを拜せず」。孔注「拜せざるは、財を通ずるの義有ればなり」。
○色斯舉矣、翔而後集の下の注。「君の異なれる志の顏色に見(あら)わるるを見れば、則ち去る」。馬注「顏色善からずんば則ち之れを去る」。

以上鄉黨篇

　　われわれはすでに、この敦煌寫本論語鄭注殘本に見えると同一の注

釋が、何晏の論語集解において、他の注家の名を冠してあらわれる場合、その全部を集解の誤記と考えるには、あまりにも多くの同一が見出される、そしてそれは恐らく誤記と考えるべきものではないという態度を闡明したのであるが、實はこういうことは古書の注釋には珍らしくもないことなのであって、舊訓の探るべきものがあればそれを探り、しかも自分のものとして採用した舊訓に、その舊作者の名を冠しないのは、ことさら、「集解」などと銘打たない限り、むしろ當りまえのことといってもよい。たとえば爾雅を讀む場合、今日のわれわれは晉の郭璞の注のついたテキストによるのが普通であるが、この郭注も、それ以前に舊注として存在していたものを利用したとき、それとことわってはいない。そこで釋詁「黃髮は老壽なり」の郭注が「黃髮とは髮落ちて更に黃なるを生ずる者」というのが、魏の孫炎の注「黃髮は髮落ちて更に生ずる者」を探ったものであることは、詩・大雅・行葦の序の正義が「釋詁に云う、黃髮なる者は老壽なり」といったあと孫炎を引いているのによらなければ、知ることができないといった工合である。この例ではたまたま郭注に「黃」の一字が多いけれども、字字あい同じ場合ももとよりあり、すべてこのような例は、郭注において少なくないのである。同様に、この論語鄭氏注における注釋と全く同一のものが、先にも述べたように集解の他注の中に見出されるならば、いまの爾雅郭注と郭に先立つ諸注との關係のごとく、鄭氏が、それら先行する諸注を利用したのだと見ても、別にそれほどの不都合はない。それらの先行する諸注が、眞に先行する諸注として存在した場合には、である。

　ところで周知のごとく、集解に引用された論語の諸注のうち、孔安國注には夙く僞作議議が存在する。すなわち、清朝の劉臺拱、陳鱣、臧庸らまずその僞作なるを疑い、沈濤、丁晏らそれを斷定した。沈の論語孔注辨僞は何晏の、丁の論語孔注證譌は王肅の、それによって鄭玄をおとしめるための僞作であると斷じたのである。たまたまこの鄭氏注と相渉ること最も多い孔安國注にこの僞作問題があるというわけである。それ

ら偽作説の當否を論ずるまえに、しかし私たちは甚だ複雑な問題に直面したことに氣づく。

つまりここには、二つの異なった書物が、それぞれ偽作である可能性をもって立ちあらわれ、しかもその二つの偽作問題が、互いにも組み合わされているのである。すなわち、この敦煌本論語鄭氏注にして眞であるなら、それは明らかにいわゆる孔安國注をはじめ他の諸家の注を利用し、それを高めたものとしてあるのであるから、その中の「孔安國注」も、ともかくも鄭注に先立つものとして存在した、ということになる。したがって、この孔安國注が、たとい前漢の大儒・孔安國の作るところではないにしても、沈濤の、あるいは丁晏のいうような意味での「偽作」は存在しなかったということになる。こんな「偽作」では、鄭玄を高めこそすれ、決して何晏なり王肅なりが意圖したという鄭玄のおとしめは、期待できないからである。

しかしまた、この敦煌本論語鄭氏注には、鄭玄に假託した偽書である可能性が全くないかどうか。私はさきに、この書物の偽作を云々するのは、別に私がそれを疑っているということを意味しないと書いた。しかしそう書いたことは、同時に決してまた私がこの書物を完全に鄭玄の眞作だと信じているということを意味しない。隋書經籍志・論語の部にも「梁・陳の時、唯だ鄭玄・何晏のみ國學に立てられ、而も鄭氏甚だ微なり。周・齊には鄭學獨り立てらる。隋に至って何・鄭並び行われ、鄭氏人間に盛んなり」という。中國學術史上でも、とくに偽書問題の多い時期に、この書物はかつて一度「微」となり、やがてまた「盛」となったのである。

この論文のはじめに、「一、二個所の特異な例をのぞき、集解に引かれた鄭玄の注は、多少の異同を伴いつつ、この寫本鄭氏注の該當個所に見えた注に一致する」と私は書いたが、疑いの目を以て振り返れば、やはりそれは大きな問題となるであろう。たとえばその一つ述而篇「富而可求也」章の注、集解に引くところは、「富貴は求めて之れを得べから

敦煌寫本論語鄭氏注と、何晏の論語集解によって保存された諸注　　209

ず。當に德を脩めて以て之れを得べし。若し道に於て求むべくんば、執鞭の賤職と雖も、我れ亦た之を爲ん」であるが、この敦煌本では、「……して知るなり。孔子聘きに諸國に應ずるも、能く……見るる莫し……道の終に行うべからざるを知る、故に此の言を發す。執鞭之士は士の卑しき者」と讀める。缺けたところが多いとはいってもこれで全體の三分の二ほどであって、全體のニュアンスはこれでも讀みとれるといってよい。そしてそれは集解のそれと全くといってよいほどにちがう。集解は希望をもち、積極的であるのに、敦煌本は悲觀的であり、暗い。

　ところがこの章の論語集解が引く鄭玄は、史記伯夷列傳の裴駰の集解にも引かれていて、論語集解のごく初期のかたちが、すでにそうであったことを思わせる。史記の傳本そのものについていっても、唐初武德ころのものとさえいわれる敦煌寫本を含め、少なくともこの點に關して異同がないのである（水澤利忠・史記會注考證校補）。おそらくはこれが論語集解の原形であると考えるほかないであろう。そうして、何晏の集解の原形がいまのようなものであったとすれば、何晏と鄭玄の時代の近さからいっても、また當時はまさに鄭玄注の盛行した時代であったことからいっても、誤って鄭玄以外の注を鄭玄として取ることは考えられない、從って同じ論語の一章に對して下されたこの二つの注のどちらか一方は僞であるということが定まっているものなら、集解に取られた方を眞とするのが、まず常道というものであろう。

　同じ述而篇「子不語」の章では、集解が四つのこととして說く、怪・力・亂・神を、怪なる力・亂れたる神という二つに讀む說をも皇侃の義疏はあげる。ところがこの敦煌本では鄭氏注がまさにそう讀んでいるのである。皇侃は梁の人で、鄭學の「微」なる時代ではあったかも知れないが、たとえば郷黨篇「君子不以紺緅飾」におけるなど、はっきり鄭注として引いた一段もある程で、「鄭注」が存在しなかったわけではない。それならば、こういうかなり重要な異說を、なぜ「或るひと通じて云う」

とか、晉の李充のいうところでは、などとしか言わず、それを鄭玄のものとしては引かないのか。敦煌本を疑う立場からいえば、それは皇侃のとき、このようなかたちの鄭注は存在しなかったという一つの心證とはなるであろう。

　ともかくこの敦煌本論語鄭注は、すでに見たようにいわゆる孔安國注と相渉るところ、もっとも大きかつた。すなわち私のあげた鄭と集解に見える他注との一致ないし親近性は、すべて六十數個條に達するが、孔がその半ばを占める。斷片的な訓詁だけならば、たまたま兩者が一致したともいえようが、これらがそういう性質のものでないことは振りかえってながめて見れば足りる。さきにも書いたが、したがってもしこの鄭注敦煌本にして眞ならば、孔が結局において僞であることは變らぬまでも、少なくともその僞書としての性格は、沈濤、丁晏の說くところとは大いに異なったものとなる。しかしもしもこの敦煌本鄭氏注が、僞作なりとすれば、それは、眞の鄭注たる部分のつぎはぎに、いわゆる孔安國注を高度に利用した僞作だということになるであろう（隋志は、孔注を載せる何晏の集解にも、行われなかった時期があったといっている！）。この敦煌本鄭氏注が、同時に「孔氏本」と稱することについて、私はさきには、しばらく羅氏の說くところに從おうと述べたが、これもあるいはそのような意味での鄭と孔との緊密な關係を示す標識であると考えられるかも知れない（僞書でないとした場合でも、こういう鄭と孔との關係から、「孔氏本」という注記を考える餘地はのこされていると思う）。またこれもかつて人の觸れなかったことであるが、この寫本の終り、つまり郷黨篇の終りには、本文と同じ手蹟で「論語卷第二」とある。皇侃の義疏の序に「古論の篇次は郷黨を以て第二篇と爲し、雍也を第三篇と爲す」ということと、これとは全く關係がないかどうか、あわせ考えてよい問題とはいえないか。

　なお、敦煌本鄭氏注を鄭玄注と認める立場からは、鄭注と他注との一致は、鄭注のそれに先行する諸注との一致として受取るべきであるため

敦煌寫本論語鄭氏注と、何晏の論語集解によって保存された諸注　　　211

に、周氏を論じては、鄭玄より後の人である周生烈を排除しなければならなかった。同じ立場からすれば、集解の中の姓氏を冠しない注との一致、つまり何晏らの注との一致は、「鄭玄曰く」とあるべき注記が書き落されて姓氏が冠せられなくなったために起った一致だと說かなければならない。たしかに書物の傳寫は、そう誤りはつくらないにしても、書き落しはつくる。だから、この事實をそういう一般法則のようなもので說明することも、できなくはないであろう（鄭玄におくれる陳羣や王肅との一致の例が一つもないのはこの考えを支持するものである。しかしまたさきに問題にした周氏のうち、李善が周生烈とする一例は果してどうかと開き直られれば、この寫本の範圍に、陳や王の出て來なかったのは單なる偶然だと考えられなくもない）。ともかくその脫落も一字が落ちるのが普通で、「鄭玄曰」の三字が一ぺんに落ちるとはなかなか考えにくい。これも、やや無頓着な僞作者が最も多くは集解の孔安國注を利用しながら、調子に乗ってだれかれの差別なく時代を下にさげ過ぎた失敗だと取る人があるであろう。

　かくして思い浮かべられるのは、さきに觸れた隋志が、論語の部の最初に

　　論語十卷　鄭玄注

と書名をあげたあと、注記をつづけて、

　　梁に古文論語十卷有り、鄭玄の注

といっていることであって、敦煌寫本論語鄭注は、すなわちこの本である、「孔氏本 鄭氏注」とはつまりそういう意味なのだと考えても、差支えはなさそうだということである。もちろんそう考えることは直ちにこの敦煌本鄭注は僞書であると認めるということにはならない。さきにもいったように鄭注が「微」であった梁の時代であれば、その時期に鄭玄の注といわゆる孔安國注を主とする他注とを適當に按配してこういう書物をこしらえあげる可能性は十分に存在しよう（その場合、「孔安國注」は何晏の集解から逆に採集されたということになろうか）が、それなら

ば、集解とこの敦煌本鄭注とをつき合わせて見た場合、この「鄭」が注しないところに、集解の「孔」は注を與えているという個所も少なくなく、したがって、この敦煌本鄭注が、いま私の疑ったような成り立ちのものであるなら、既に見たよりももっと餘計に「孔」と「鄭」との一致の個所があってよさそうだとも考えられる。にわかには決し難い問題である。ともあれ私のこの論文は、敦煌寫本論語鄭氏注と、何晏の論語集解に見える孔安國注との、著しい一致、密接な相關關係を指摘すれば足りる。

1959 年 9 月 30 日稿
10 月 7 日補

毛詩要義と著者魏了翁

　毛詩要義二十卷。卷のうちを更に上下、又は上中下に分ち凡そ三十八子卷。天理圖書館藏宋本は三十二册に分訂する。毛詩とは普通にいわゆる詩經である。南宋魏了翁の著。天理本は了翁の死後、その子・魏克愚によって、理宗の淳祐十二年（1252）、徽州つまり今の安徽省の東南部、歙縣に刻された本、すなわちこの書の第一刻である。刻後二十四年、端宗の景炎元年すなわち元・世祖の至元十三年（1276）には、版木の置いてあった紫陽書院が兵火に罹り、版木も燃えたことが明らかなので、この本の印刷は、最もおそい場合でも、その年を出ないことになる。生まれのまことにはっきりした本だということができよう。毛詩要義のこの手の本は、今日他に全くその存在を知られていない。いわゆる天下の孤本である。しかも保存まことによろしく、七百年後の今日、なお「首尾完整、手に觸るるに新なるが如し」（原本に書き込まれた清・錢天樹の跋）という。印刷史の一資料というに止まらぬ、むしろ東方印刷藝術の寶であり、書物はまた四部の冠たる經部の屬、貴重書中の貴重書として、天理圖書館藏書目の首をかざるにまことにふさわしい。

　この書物の、中國經學思想史上に占める意義は、後に略述する所でも知られるように、甚だ重大である。しかし今日まで、この書物についてわれわれが手に取って、日常の用に供し得る形はといえば、淸の光緒八年（1882）莫祥芝刊本、おなじく光緒中江蘇書局刊五經要義本の二種類しかないのである。書局本は刊刻のもとになった本を明らかにしないが、

張元濟氏が同類の周易要義についてその一斑を示すように（四部叢刊三編所收影印本の跋）妄りに原形を更改したり、また不注意によって誤刻したりしたと思われる所が多く、莫氏刊本また、書局本に比べては優ること數等といわれながら、實はやはり刊刻のもとになった本の素性につき、疑うべき點がある。すなわち莫氏の刊刻は、その跋にいうように、いま天理圖書館に藏せられるまさにこの本を、かれの亡兄友芝、字は子偲、すなわち莫郘亭（この兄の莫氏の跋はさきの錢氏のそれと同じく天理圖書館本に書きつけられており、のちまたかれの宋元舊本書經眼錄に、錢氏跋とともに收められた。）が寓目したことを契機としているが、刊刻の時、じかにこの本を利用することは、既に所藏者が變っていたためにできず、唐炯、字は鄂生の所藏影鈔本をもとに、亡兄所藏の舊鈔本を校勘の資に加え、この刊刻は成ったという。唐炯の影鈔本がまさにこの同じ本、乃至同じ手の他の本を影鈔したものだという保證はない。あるいは少なくとも、その鈔寫が宋本からの直接の鈔寫であって、鈔寫にもとづく鈔寫、あるいはそれの繰り返しを經たものでないという保證は、ない。誤鈔にもとづく思わぬ誤刻もあり得たとしなければなるまい。この宋本毛詩要義が、天理圖書館によって影印され、學界の裨益となることを、われわれは深く望んでやまないのである。

　魏了翁、字は華父。宋史の卷四三七（儒林傳）に傳がある。父の喪にあたり、室をその麓に築いて閉じ籠ったという山、白鶴山の名によって、鶴山先生とも呼ばれる。邛州蒲江の人、というから、今の四川省西部、成都市の東南、邛崍縣、蒲江縣のあるあたりの出身である。藝風堂彙刻に收められた淸の繆荃孫の魏文靖公年譜によれば、孝宗の淳熙五年（1178）に生まれ、理宗の嘉熙元年（1237）、數え年の六十歲で亡くなった。文靖はその謚である。寧宗の慶元五年（1199）の進士で、時に數えの二十二歲。南宋の大儒朱文公・熹、いわゆる朱子が七十一歲で亡くなるのはその次の年、1200年であるから、朱子にやや後れる、しかし確かに同時代

の人間だということはできる。了翁が進士の第に登ったころ、それは恰も僞學の禁といって、朱子の門流たちが、時の政治を非議すること甚だしかったので、宰相韓侂冑（かんたくちゅう）（1151-1202）の取り巻き達のため、國の安泰を危うくするものとの誣告を受け、政治的に強い壓迫を受けるようになった時代であった。朱子自身は祕閣修撰の職を剝奪され、門下の人達も、志操堅固、「特立顧みざる者」は、「丘壑に屛伏」、地方に引っ込み敢えて榮達を求めなかったが、時の權力に媚びる「依阿巽懦の者」は、宗旨替えしてよその先生の門下となり、前の先生である朱子の家の前を通り過ぎるようなことがあっても、後難を恐れ、立ち寄って挨拶をすることもしなかった、「名を他師に更え、門を過（よ）ぎるも入らず」。しかしそれはまだよい方で、「甚だしきは衣冠を變易して市肆に狎遊し、以て自ら其の黨に非ざることを別（しめ）す」、まじめな學究なら身につけそうもない、おかしな服裝で盛り場をのし歩き、それによって自分が朱子の一派ではないことを示そうとした、という（宋史、朱熹傳）。清・吳緯（ごしゃく）は南宋雜事詩（卷二）で、南宋當時の資料にもとづき、「元祐の忠良冤（つみ）始めて雪がるるに、慶元の理學禍わい重ねて胎（かさな）す。寧ぞ知らん御閣は碑を移し去りしに、又見る神州に牓を置き來るを」とうたった。元祐黨錮の時代がやっと過ぎ去ったと思えば、またまた特定の個人をブラックリストにのせるいやな政治がやって來た、というのである。吳氏はまた、南宋・趙升（ちょうしょう）の朝野類要が、當時の人はその仕官のはじめ、自分が僞學の徒でないことを、願書の端に書き加えねばならなかった、といっているのを、他の詩の題材として利用する。いわゆる思想調査である。侂冑本人でさえがその思想壓迫の甚だし過ぎたのを後悔しかかっていたという（朱熹傳）そのような時期であった。しかるに了翁は、貢擧の對策においてあえてそれに觸れる。「時方（まさ）に道學を言うを諱（い）む。了翁は策（さく）して之れに及ぶ」。宋史の傳がこういうのは、一つには無論了翁の、時世におもねらぬ、右顧左眄しない人格の表現としてであるとともに、またそれはかれの學問の源流についていう言葉でもあろうと思われる。すなわちかれの學問は、朱子の

流れといって惡ければ、少なくとも程朱、つまり周敦頤から程顥、程頤の二程子を經て朱子へとつながる線の延長の上にあったと思われ、右の行動も、そのことと關連して起ったであろうからである。

偽學の禁がゆるんでからのことだが、了翁が寧宗の嘉定八年（1215）、「上疏して、周敦頤、張載、程顥、程頤の與に爵を錫い、謐を定め、學者に趣向を示さんことを乞」うて「其の請いの如く」なった（宋史）というのもそれであるし、また了翁によって毛詩要義などと同じ時期に作られた周易集義六十四卷は、いま傳わらない書物であるようだが、清初の朱彞尊の經義考卷三三のその書物の條が引く元・方回（1227-1306。了翁の子克愚の友人で、唐宋近體詩の詩題別選集たる瀛奎律髓四十九卷の編者）の跋によれば、それは「濂洛以來諸大儒の易說を取って」つくったものという。（なおこの方回の跋は、のちにも引用するように毛詩要義はじめ諸要義類の成り立ちについても言及するものであり、かつこの集義、要義がともに克愚によって徽州に刻されたことを記すのも、またそれらの版木が、いずれも刻後いくばくもなく兵火に罹って消滅したことを記すのも、同じこの跋である。ただこの跋、いま方回の集、すなわち桐江集、桐江續集のいずれにも見えない。少なくとも選印宛委別藏所收の景鈔本桐江集、四庫全書珍本初集所收の同じく影印本續集には見えない。四庫全書總目、周易要義の條に「方回の桐江集に周易集義跋有り」というのは、提要筆者の見た桐江集にはそれがあったのか、あるいは朱彞尊は何か他の資料、ことによると周易集義そのものによって方回の跋を引用した――この可能性がないとはいえない。朱は集義を「存」、すなわち現物について見ることができるという部に算えているからである――のに、朱の經義考を參考したにちがいない提要の筆者は、方回の跋なら桐江集に見えるのであろう位のつもりでそう書いたのか、いずれとも決しがたい）。ともに了翁の學問の源流に關連する事柄と考えてよいであろう。

事實、同じ時代の偉大な先輩である朱子に對しても、了翁は當然相當

の敬意を拂っていたと見受けられる。たとえば了翁の文集に收められる「朱文公語類序」に、「開禧（1205-1207）中、余始めて輔漢卿を都城に識る。漢卿、朱文公に從うこと最も久しく、盡く公の平生の語言文學を得たり。余を過ぬる毎に、相い與に孰復誦味し、輒ち晷を移して去らず」というのは、了翁と親交があったという輔廣を語りながら、實は同時に了翁自身をも語るのであり、また「朱文公年譜序」に、「嗚呼、帝王作らずして洙泗の教え興る。孟子微ければ、吾れ大道の、異端とは果して孰れか勝ち負ると爲すかを知らざる也。聖賢既に熄んで關洛の學興る。朱子微ければ、亦た未だ聖傳の、俗學とは果して孰れか顯らけく晦きかを知らざる也。韓子は、孟子の功、禹の下に在らざるを謂う。予謂えらく、朱子の功は孟子の下に在らざる也と。予生まるるや後れ、先生に事うるに及ばずと雖も、而も公晦（李方子）及び輔漢卿廣とは、昔者嘗て共に學べり焉。故に敢えて固陋を以て辭せず」ともいう。微辭なきを保し難いが、ともかくもこれは、敬意を朱子に對して懷く人の言葉であるとはいうべきであろう。

　すでに述べたように慶元五年（1199）進士の第に登り、僉書劍南西川節度判官廳公事を授けられて仕官の途についた了翁は政治的にはむしろ失敗者であった。無視されたというのではない。しかし成功者とはいえなかった。直言がたたって地方官暮らしが長かったし、呼び戻された中央でも、一向に落着けなかった。政敵の策謀でいくつかの役職を次つぎに盥廻しされる。相變らずの直言がきらわれるのである。宋史の傳が了翁の履歷を述べる最後のあたりを見て見よう。「朝に還って六閲月、前後二十餘奏。皆當時の急務なり。上、將に引きて以て政を共にせんとす。而して忌む者相い與に謀を合わせ、排擯して朝に安んずる能わず矣。執政遂に近臣に謂う、惟だ了翁のみ兵を知り國を體むと。乃わち端明殿學士同僉書樞密院事を以て京湖の軍馬を督視せしめらる。會たま江淮督府・曾從龍、憂畏を以て卒す。併せて江淮を以て了翁に付す。……辭す

るも、獲ず。遂に命を受けて府を開く。……甫めて二句、召して僉書樞密院事赴闕奏事と爲す。時に疾いを以て力めて辭して拜せず。蓋し在朝の諸人、始め謀りて、此の命を假り以て了翁を出だす。既に出ずれば、則わち復た建督を以て非と爲す。恩禮赫奕なりと雖ども、而も督府の奏陳、動らず相い牽制す。故に遽かに召し還す。前後皆上の意に非ざる也。尋いで資政殿學士湖南安撫使に改められ、潭州を知る。復た力めて辭す。詔して臨安府洞霄宮を提舉せしめられ、未だ幾ばくもあらず、知紹興府浙東安撫使に改めらる。嘉熙元年、知福州福建安撫使に改めらる」。

嘉熙元年はすなわちかれの歿年である。傳はつづけていう、「章を累ねて骸骨を乞うも、詔して允さず。疾い革たまるや復た上疏す。門人の疾いを問う者にも、猶お衣冠して相い與に酬答す。且つ曰わく、吾れ平生己れを處するに澹然營む無しと。復た蜀の兵亂の事を語り、額を蹙むること之れを久しうす。遺奏を口授し、少焉にして拱手して逝く。後十日、詔して資政殿大學士通奉大夫を以て致仕せしめらる」。遺表が上聞に達したとき、天子は「才を用いて盡くさざる恨み有るを歎惜」したという。

毛詩要義は、かれが中央に呼びもどされる前、左遷の地・靖州での數年間における仕事の一つであった。といっても、かれの履歷の最後のあたりを、宋史の傳によって見たのは、理宗の紹定四年（1231）以後わずか數年のことに過ぎず、かれの靖州での生活はその直前にあたるのだから、この毛詩要義など一連の著作も、決してかれ若年の習作ではなく、學者としてのかれにとっては、まさに圓熟の時期における仕事なのである。

さきに引いた方回の周易集義跋にいう、「了翁華父、前の乙酉の歳――理宗寶慶元年（1225）――、權工部侍郎を以て、言事時に忤うに坐って、靖州に相い謫せられ、諸經の注疏を取り、摘んで要義を爲る」。靖州は、いまの湖南省西部の、靖縣を中心とし、綏寧、會同、通同諸縣のあるあたりである。かれが許されて「復職し、建寧府武夷山冲佑觀を主管す」る

ようになったのが、いまいう紹定四年であるから、この間數年、了翁はこの地にあって、「千里を遠しとせず、書を負い、從い學ぶ」人びとを教え、そのためにこそまた、これら要義類をつくったのであった。宋史が、「了翁靖に至るや、湖湘江浙の士、千里を遠しとせず、書を負い、從い學ぶ」といういま引いた文章をすぐ承けて、「乃(すな)わち九經要義百卷を著わす」という、「乃わち」、つまり「そこで」といっているのは、要義の類の、私のいま述べたような成り立ちを示すものに外ならない。この仕事について宋史は、「訂定精密、先儒の未だ有らざる所」といっている。いずれにせよその仕事は、まさに方回のいうように、「諸經の注疏を取り、摘んで爲(つく)った」ものであった。

　注疏(ちゅうそ)、あるいは註疏。注と疏と、二語をあわせた呼び名で、「疏」も、經義を疏通する、つまりまた注釋の意である。ただし經學史の上で注疏というとき、注は漢から六朝を經て唐までの間に成った第一次の注釋を指していい、疏とは、それら漢唐の間の第一次注釋を更に敷衍した第二次の注釋を指していう。たとえば詩經についていえば、漢の毛亨(もうこう)らの傳(でん)、後漢の鄭玄(じょうげん)の箋(せん)が第一次の注であり、六朝時代その傳箋の上に積み重ねて來た第二次の注釋作業を、唐の初め孔穎達(くようだつ)らがまとめた毛詩正義が、すなわち詩の疏である。孔穎達らによるこの六朝時代再注釋の整理は、毛詩正義のほか、周易すなわち易經、尚書すなわち書經、それに禮記、春秋左傳、つまり詩經をあわせて五つの經書について行なわれ、長孫無忌(ちょうそんむき)らの表をつけて高宗の永徽四年（653）に上(たてまつ)られた（毛詩要義も、この長孫無忌らの上表の要約にはじまる。周易要義も同じである。明の箓竹堂書目が周易の「長孫無忌要義」なるものを載せるのは、この表による誤認であろうという。張元濟氏の說である。要義類が了翁の名その他一切を載せていない本であるところから見て、ありそうなことと思われる）。すなわち五經正義(ごきょうせいぎ)である。

　今日普通に經書というのは、この五經のほか、禮では周禮、儀禮（禮記とあわせて三禮(さんらい)）。春秋では公羊傳、穀梁傳（左傳とあわせて春秋三傳）それに論語、

孝經。字引きの一種である爾雅。さらに孟子を加えた十三が、十三經の名を以て總括され、それぞれに注と疏がある。いわゆる十三經注疏である。そして今日われわれの普通に使う十三經注疏は、經の本文と、第一次注釋たる注、再注釋たる疏、の三者、經によってはさらに唐・陸德明の經典釋文をも、各經に分割して合わせ刻しているいわゆる經注疏合刻附釋音本である。しかしこのような合刻本は、諸經とも、注疏の最も古い形ではない。經の本文と第一次的注釋とのみを合刻した經注本と、それに對する第二次的注釋たる疏とが、それぞれ別に刻されるというのが、經注疏についてのより古い形なのであった。疏についていえば、それは經注とは離れて單行されたいわゆる單疏本である。そして今日の通說に從えば、北宋時代は單疏の時代であり、南宋に至ってはじめて經注疏合刻の本はあらわれる。すなわち、わが足利學校に藏せられていた尚書注疏の末に、「六經の疏義は、京・監・蜀本より皆正文及び注を省く。又篇章散亂し、覽る者病めり焉。本司舊と易、書、周禮の注疏を刋ずるに、萃て一書に見わし、披繹に便ならしめしも、它經獨り闕く。紹熙辛亥仲冬、唐備員司庾、遂に毛詩、禮記の疏義を取り、前の三經の如く編彙し、精しく讎正を加え、用って諸れを木に鋟る。前人の未だ備えざる所を廣むるに庶からん。乃ち春秋の一經の若きは、力を顧りみて未だ暇あらず。姑らく以て同志に貽ると云う。壬子秋八月。三山の黃唐謹しんで識す」というのは、つまりこの經注疏の合刻の最も早い例について述べたものだとするのである。森立之の經籍訪古志によると、この本は同じく足利學校にあった刋本の周易注疏、禮記注疏、狩谷棭齋の求古樓に藏せられていた鈔本毛詩注疏などと、體裁を同じくする每半葉八行の本であった（いわゆる宋刋八行本）。うち禮記注疏は、同じく卷末に黃唐の刋記があり、訪古志によると「昌平學に傳鈔本有り」という。その昌平黌の鈔本が、いま宮內廳圖書寮に藏せられる本である。かつて淸の葉德輝は、この黃唐の刋記に見える紹熙を、山井鼎の七經孟子攷文補遺が紹興に作るのによって、紹興が正しいとしたが（書林淸話卷六、宋刻經注疏分合之別）、その說の取るべからざること、圖書寮漢籍善本書目の引く大學頭林衡の識語によっても明らかである。紹熙の辛亥、壬子はそれぞれその二年と三年（1191、1192）であって（紹興の辛亥、壬子はそれ

ぞれ六十年ずつ早い 1161、1162 年)、つまり經注疏の合刻が易、書、詩、周禮、禮記の五つについて初めて成ったのは、あたかも了翁十五歳の年にあたるということになる。宋史の傳によれば、この年了翁は「韓愈論を著わし」、「抑揚頓挫、作者の風有り」といわれた。

さてこのような經注疏合刻本につづいて、その上に更に陸氏釋文を加えた形、すなわちさきにいう經注疏合刻附釋音本という形があらわれるのである。たぶん南宋中、福建に刻されたという毎半葉十行のいわゆる十行本、淸・阮元の推定によれば南末・岳珂（がくか）（1183-1234）の九經三傳沿革例にいう「建本」の系統の本、詩經についていえばわが足利學校遺蹟圖書館等に藏せられるものが、この形として最も古いものだとされる。

かく了翁が學問をはじめたと同じ時期に、經書の注疏は、いまわれわれのいう十三經すべてについてではないにしても（淸の顧炎武（こえんぶ）は十三經という呼び名そのものが明に始まったとしている。日知錄卷十八・十三經注疏）、今日のわれわれの注疏本と變らぬ合刻本が出現していたわけである。しかし、後年了翁が「諸經の注疏を摘んで」作った毛詩要義その他は、じつは「注疏の單行」とでもいうべく、經の本文とは別行の形に從っている。

一體、疏というのはその體裁として、たとえば毛詩の疏を例としていう（今日われわれの利用できる宋版單疏は卷七まで、つまり關雎を含む冒頭を闕いているため、注疏本によって書く）ならば、詩經卷頭・關雎の詩第一段の疏は、まず「關關より好逑に至る」として、この詩の第一章全體を總釋することを示した上で、「正義に曰わく、毛は云云」と、毛傳にもとづく一章の解釋を說き、ついで鄭玄の箋の毛傳と異なる點を述べる。次には「傳の關關より王化成に至る」として、毛傳の解釋そのものの敷衍に入ることを示し、また「正義に曰わく」としてその敷衍をはじめる。ここで疏の意圖するところは、注にもとづく總釋、さらに注自體の解釋、敷衍であって、經もしくは注の本文が疏とともに竝記されて紙面にあらわれることは、先ずない。そのような體裁である、少なくとも詩の本體の部分につ

いてはそうである。そこで疏そのものを讀むためにも、經注本を併用しなければならないことが多いのである。紹熙壬子經注疏合刻本の黃跋がいうように、こうした體裁は閲覽上甚だ不便であり、さればこそ紹熙本のごとき合刻本は生まれ、後代むしろ合刻本が普通の形になってしまったのである。

　了翁の毛詩要義その他は、注疏を更に摘んで成り、しかも經の本文を示さない體裁のものなのだから、閲覽上の不便は、時に單疏本以上にも感ぜられることが、あったであろう。經注疏合刻の形が、了翁の當時、少なくともいくつかの經書については既に存在していたのに、了翁のこの書物が、なぜまた經の本文と別行の形をとったのか。

　すでに述べるように、毛詩要義その他の刊行は了翁の手に出たのでなく、死後その子によって行なわれたという事情があるため、はっきりした結論を引き出すことは、最終的には不可能であろうが、この書物のこの體裁には、了翁のなんらかの選擇の意志が働いているのであろうか。あるいは了翁のもとづいた疏が單疏であって、それがそのまま要義の形をも規定したのであろうか。あるいはまた經注本と單疏との別行がそれまでの由緒あるやり方で、合刻は便宜だけからする俗本だという氣持があって、疏そのものの據り所とは關係なく、單疏的な形を要義にも與えることになったのであろうか。

　そもそも經注疏の南宋に始まる合刻については、『いわゆる「宋人の經を以て唐人の疏に合せた」こととなり、正義の中に述べられている議論が、その始めに冠らせた經注の本文と、合致しないという現象が、往々にして生れることとなった』（東方文化研究所經學文學研究室「毛詩正義校定資料解說」、東方學報京都第十三册第二分、昭和十八年）というような事情がある。

　了翁の要義は、「宋人の經」に合うような更改を、正義の本文についても行なうことがあったか。また無かったか。

　これらすべての問題點について、われわれは要義の原本と、現行諸注疏との綿密な校合を行なう必要がある。了翁の要義は、正義の本文批評

の資料としてのみ、その價値を問題にされることが多かったのだが、いまわれわれは、了翁の要義は了翁の要義であって、孔穎達らその他の疏ではないという事實を再確認した上で、もう一度これらの問題を考え直して見るべきなのではないだろうか。さきに引いた宋史の傳の、この仕事に對する批評、すなわち「訂定精密」という言葉も、この立場から檢討し直すべきものであるかも知れない。

そしてまたここには、了翁著作の眞意は一體どこにあったかという問題もからむ。宋の歐陽修は、孔穎達らの正義が讖緯の書を引くこと多く、學者を惑わす所あるを嫌い、それを削られたいと願った（文集卷112、論刪去九經正義中讖緯劄子）が果さなかった、という南宋・王應麟（1223-1296）の困學紀聞卷八經說の文を殆どそのまま利用しながら、明の王禕は、「孔穎達九經の正義を作り、往往緯書の說を援引す。歐陽公嘗て刪りて之れを去り、以て僞妄を絕ち、學者をして其の爲に惑わされず、然る後に經義純一ならしめんと欲す。其の言果たして行なわれず。鶴山魏氏要義を作り、始めて黜削を加うるに迨び、其の言絕ゆ焉」（經義考卷二四四魏氏了翁九經要義二百六十三卷の條所引。四庫全書總目周易要義の項に引く所、王禕の「雜說」という）といっているのだが、今日、鶴山先生大全文集の最後に收められる了翁の隨筆・師友雅言には、要義類述作の緣起ともいうべきものに觸れた次のような言葉が見えていて、了翁のこの仕事には、王禕がいうようにかなりはっきりした黜削の意圖というものがあったかも知れないことを思わせる。「許介之に與うるの書に云う。諸經の義疏、重ねて與に疏別すること一遍。帝王の典訓則わち粗々端緒を見わす」。

了翁著作の眞意を知るために、議論は要義のただ一字の異同に集中してなされることも、あるいはあるであろう。かくても天理圖書館藏本の、影印による一層完全な形での公開が、あらためて望まれるのである。

さて宋史の傳によれば、了翁の毛詩要義は、九經總義というものの中に包括される筈である。毛詩の要義は、いくつかの、同じ樣な成り立ち

の書物のうちの一つなのである。とはいうものの、同じ宋史の藝文志すなわち宋の朝廷の記録にもとづいてつくった當時現行の書物の總目録には、その總括的な名が見えないだけでなく、藝文志について、了翁の著と記錄する要義を一一に數えて見ても、それは次の八種のみである。すなわち、

　　魏了翁易要義一十卷。
　　魏了翁書要義二十卷。
　　魏了翁詩要義二十卷。
　　魏了翁儀禮要義五十卷、又禮記要義三十三卷、周禮要義三十卷。
　　魏了翁春秋要義六十卷。
　　魏了翁論語要義一十卷。

　一方明の萬曆中、張萱（ちょうせん）が重編した内閣書目には（いま經義考、卷二四四の引用による）、九經要義のうち當時なお存するものとして「儀禮七冊、禮記三冊、周易二冊、尚書一冊、春秋二冊、論語二冊、孟子二冊」、また「類目六卷」を載せる。類目とは總目表ででもあろうか、それを除けば七種であるが、ここで宋志と重なり合わないものは孟子要義である。

　そして完本にせよ、殘本にせよ、現存する了翁の要義原本は、易、詩、儀禮、禮記が刊本として、書、春秋左傳が鈔本として殘っているから併せて六種。易、禮記は四部叢刊續編中に、左傳は四庫全書珍本初集中に、いずれも影印本が收められ、書、儀禮は現物を北京圖書館に藏する。周禮、論、孟は今日全く姿を隱しているのである。

　ところで九經とは何か。それには、もろもろの經、經書のすべて、というほどの使用法もあると思う。たとえば王應麟が、唐初の谷那律（こくなりつ）はその博識によって、褚遂良（ちょすいりょう）から九經庫と呼ばれたというのをこの語の最も古い使用例だとしている（玉海、卷四十二、藝文、經解總六經條。小學紺珠卷四、藝文。困學紀聞卷八、經説）のなどは、おそらくそうした使い方であろうかと思われる。しかし一方、玄宗朝に徐堅（じょけん）らが編纂した初學記（卷二十一、經典）がその名によって總括するものは、まさに九つの經書、すなわち

易、書、詩、周禮、儀禮、禮記、春秋左傳、公羊傳、穀梁傳の諸經なのである。

宋史の傳が了翁の諸要義を、了翁自らそれをそう呼ぶ意圖があったかどうかは別にして、とにかく九經要義の名で包括するのは、そのどちらの使い方によってなのであろう。九つの經の意味だとし、さらに宋志や明の內閣書目やの記載を信ずるとするならば、それは宋志に載せる八に、內閣書目の孟子を加えたもの、すなわち易、書、詩、周禮、儀禮、禮記、左傳、論語、孟子の九でなければならない。

しかるに經書のこのような組み合わせは、中國經學史上やや特殊である。すでに見るようにそれは初學記にいう唐の九經とも合わなかったが、王應麟の王海にいう「國朝」の九經とも合わない。すなわち王氏によれば、宋の九經とは「方めて三傳を以て合わせて一と爲し、又た儀禮を舍て」（玉海の先に引く條、以下も同じ）た。三傳とはすでにいうように、春秋の左傳、公羊傳、穀梁傳の三をいう。殘りは「易、書、詩、周禮、禮記、春秋を以て六經と爲し」、「又た孟子を以て經に升せ、論語、孝經と三小經と爲す」以上九つ、「今の所謂九經」である。

了翁の九經が先に考えたような形であるとすると、問題は、まずそれが儀禮を含むものであること、次にそれが孟子を含むものであること、の二つについて起こると思われる。まず儀禮についていおう。王應麟が「國朝又た儀禮を舍て」というのは、もともと王安石新法における試士の方法であったのが、新法廢止以後にも固定して、長く行なわれなくなったもの。さればこそ顧炎武の目知錄でも「儀禮の廢るるは、乃わち安石より之れを始む。明代に至り此の學遂に絕ゆ」（卷七、九經）と、後代絕學の責めをまで、安石が負わされているのである。中國における學問の、特定の分野における消長は、かく試士すなわち科擧の試驗にそれが課せられるか否かということにも、かなりの關わりがあると見られる。從って了翁の要義の仕事が、當代のそうした便宜とは一應關係なく、あるいはそうした便宜をむしろ超えて行なわれ、さればこそ儀禮にも及んでいる

ことは、また了翁の學問の態度を明らかにする重要な標識の一つとなるであろう。朱子がまた、安石による儀禮科の廢止を非難する一人であったことも、了翁のこの態度と無關係ではないと思われる。顧氏日知錄のさきの個所に引かれる「三禮を脩めしめんことを乞う劄子」、また「謝監嶽文集序」（四部叢刊本文集卷七六に收むる所、謝監廟文集序に作る）、いずれも朱子のその態度を、はっきりと示すものである。

　しかしまた、了翁の要義が孟子にも及ぶことは、もしその孟子要義が他の諸要義と同じく「注疏を摘んで」つくられていたのだとすると、やはり朱子との關連において、一つの問題を生ずる。周知のように、今日十三經注疏の中におさめられる宋・孫奭（そんせき）の孟子正義には、すでに定説ともいうべき偽託説があり、その唱導者がじつは朱子であるからである。すなわち四庫全書總目に引く朱子語錄は、孫疏が「全く疏の體に似ず、曾（かつ）て名物制度を解き出ださず、只だ趙岐（ちょうき）の説に繞纏す」のみであることを指摘し、實はそれが「邵武（しょうぶ）の士人の假託」であり、「蔡季通（さいきつう）は其の人を識る」とまでいう。孟子要義が、もし孫の疏を摘んでつくられたのだとすれば、その仕事は朱子のこうした指摘を無視することによって、行なわれたのであろうか。了翁の師友雅言がその一條に、「近ごろ論孟の疏を點檢するに因り、本朝孫奭諸公の如き、賈公彦（かこうげん）、孔穎達（くようだつ）輩に比し、絶えて該洽を缺く（を知る？）。僅かに一日の看る所に於いて、夏后・殷人の兩説、却って好（よろ）しきを得たり。夏后は禪讓を以て天下を得。故に后という。殷は天人に應ずるを以て、故に人と曰う」と説くのは、この問いに對する一つの答えを提供するものであるかも知れない。ここに孫奭の説として引かれるのは、滕文公上編「滕文公國を爲（おさ）むるを問う」の章、「夏后氏は五十にして貢し、殷人は七十にして助し、周人は百畝にして徹す。其の實は皆什（じゅう）（＝十）に一也」の個所に施されたものであるが、實はもともと後漢・趙岐の注を襲うもの。したがって了翁がそれを孫疏として引用することは、それはそれでまた別の問題を含むかも知れないのだが、とにかくここで孫奭の疏は孫奭の疏として、作者を疑うことな

く取り上げられていると見える。それは、あるいは「向來多く先儒の解說を看るに、一一聖經より看來るに如かず。蓋し地頭に到り親自ずから涉歷一番せずば、終に是れ見得て眞ならず。來書乃わち謂う、只だ須らく朱文公を祖述すべしと。朱文公の諸書は之れを讀むこと久し矣。正に賣花檐上に於いて桃李を看るを欲せず、須らく樹頭枝底にして方めて活精神を見るべきに緣る也」（師友雅言）という了翁の覺悟を示すものではないだろうか。四庫全書總目は了翁を評して、「南宋の衰うるや、學派變じて門戶と爲り、詩派變じて江湖と爲る。了翁其の間に容與し、獨り經を窮め古を學ぶを以て、自から一家を爲す」といい、また「中年より以後、思いを經術に覃め、造詣益々深し。……絕えて江湖遊士の叫囂狂誕の風に染まず、亦た講學諸儒の空疎拘腐の病に染まず。南宋中に在りて、流俗の外に翛然たりと謂うべし矣」という（別集類十五、鶴山全集の條）。淸・黃宗羲の宋元學案は、宋史の傳が「侂胄僞學の名を立て以て善類を錮してより、凡そ近世大儒の書、皆顯やけに禁じて以て之れを絕つ。德秀晚出、獨り慨然。斯の文を以て自から任じ、講習して之れを服行す。黨禁旣に開けて正學遂に天下後世に明らかとなるは、其の力を多とする也」と特に贊辭を加えた眞德秀（1178-1235）を却っておとしめ、對蹠的に德秀と同時の了翁を持ち上げているのだが、それも了翁の、門戶に跼蹐しない拘われぬ態度を認めようとするのかも知れない。

なお四部叢刊に收められる重校鶴山先生大全文集一百九卷は、その卷一〇四から一〇六に至る三卷を、「之れを何璟提幹に得」と注記した「周禮折衷」にあてる。天官の上、中だけで下を闕き、完本ではない。この書物は隨所に「鶴山先生云」として了翁の說を示し、それにつぐ量としては「王荊公」、「荊公謂」として王安石說を、また陳祥道その他宋代諸人の說をも示す點、一一に經の本文をも具える點、は要義の類と異なるが、しかしそれらを除いた部分はまさに「經の注疏」すなわちこの經の場合には、鄭玄ほかの注と、それを敷衍する賈公彥の疏、を摘むこと

によって出來上っている。毛詩要義その他現存する要義類も、實際に了翁の靖州の書院において講ぜられ、かつその筆記が行なわれたというような場合を想定すれば、それは自からこの周禮折衷の如き形になって來るのではないだろうか。つまりこの書物は、いま傳わらない周禮要義の一部を、やや雜駁な形でではあるけれども、われわれに示してくれるものといえるし、さらにまた、了翁の諸要義そのものが、既に觸れもしたように、いずれもその子克愚によって、死後に刊行されたのであり、了翁自身必ずしも、いまわれわれの見る形での刊行は考えていなかったかも知れないとすれば、周禮折衷は、周禮要義あるいは一般に要義類全般の、あり得べきであった形を示すものであるとさえ、いえるかも知れない。この書物、鶴山文集に收められるものが、すでに天官の上、中までで以下を闕くが、南宋・陳振孫(ちんしんそん)の直齋書錄解題に著錄されるものも、天官だけで經の全體には及ばない二卷のみの書物であった。「門人稅與權(ぜいよけん)の錄する所」という。通志堂經解におさめる易學啓蒙小傳等の著者であるが、四庫全書總目も「始末を未だ詳(つまびら)かにせず」といっている。了翁の門人、という以上のことは分からないというのである。

1962 年 8 月 6 日

日知錄經義齋刊本跋

——日常所見本鑑別之一

無注本日知錄<small>三十二卷本</small>首卌有寫刻潘序者余所見有三、京都大學文學部藏本<small>本所藏本同</small>一也、狩野文庫本<small>余曾藏一部</small>二也、此乾隆中胡氏經義齋覆本卽其三也、前二通竝有封面標云遂初堂刊、余按俱非潘氏原刻也、其證有三、二通雍正名每闕末筆<small>四書釋地莊嶽條下有小注云、近刻日知錄竝同、按日知錄初刻八卷之本無莊嶽條、則此云日知錄者三十二卷本也、且閻書有康熙戊寅宋漫堂序、去潘序之署乙亥僅三年、潘氏刻日知錄於乙亥無疑也、</small>且卷二錫土姓條帝王之裔句、黃氏<small>季剛</small>校記所引鈔本逕作帝王之胤、此亦刻本避帝名也、證一、乾隆本目中作方格、錄無文者三、前二通無之、胡氏既覆潘本而刊、絶無妄作方格之理、此目中方格潘氏原刻本有、二通覆刊時因錄中無文遂削之也、證二、潘序云、此書刻之閩中、則此初刻流傳未廣、覆刊之擧蓋不久而有其事、覆本宜不止一種耳、證三、按雍正十一年四月己卯諭戒凡刊寫書籍者遇胡虜夷狄等字每作空白、云不敬之甚、前二通如此、乾隆本已不爾、二通之刻在雍正諭以前也

又按黃氏校記所引潘本者實此胡氏覆刊本、因記中云、萬曆二字潘本<small>實胡氏刊本</small>作萬歷知之、道光中嘉定黃潛夫集釋是書、乃有栞誤續栞誤之作、其云原本作某某者、與京大本之等或異、此亦京大本非潘氏初刻之證也

讀倭人傳二則

　　中國人之紀外國，本以紀其特有之事爲主，中間亦有紀中國有，外國宜不有而實有之事。疑自大耳。紀之之法有二。一只紀有其事。魏志東夷傳之紀濊事而云：

　　　　同姓不婚。

者是也。一紀其事而說其實爲中國之遺制者。經典釋文解鄭興之注春官而云[1]：

　　　　今倭人拜：以兩手相擊。如鄭大夫之說，蓋古之遺法。

者是。東夷傳序亦云：

　　　　雖夷狄之邦，而俎豆之象存。中國失禮，求之四夷，猶信。

也。

一　自稱大夫

倭人傳曰：

　　　　自古以來，其使詣中國，皆自稱大夫。

按隱公元年左傳：

　　　　祭仲曰：都城過百雉，國之害也。

杜注：

　　　　祭仲，鄭大夫。

正義曰：

---

[1] 鄭玄注大祝職辨九拜之振動曰：鄭大夫云，動讀爲董，書亦或爲董。振董，以兩手相擊也。

注諸言大夫者，以其名氏顯見於傳，更無卑賤之驗者，皆以大夫言之。其實是大夫以否，亦不可委知也。倭使之自稱大夫，蓋從此例歟？ 何須詑爲異事哉？ 紀之者，以爲外國不宜有故爾。

二　戲改大倭字

倭人傳曰：

收租賦，有邸閣。國國有市，交易有無，使大倭監之。

此云大倭者，因史無餘例，從來學者苦其不易定爲何物也。或以此處文勢稍有不穩，竟以「使大倭監之」句，改訂爲：「使大人委監之」。以爲本是「人委」二字，轉寫之間誤幷爲一「倭」字也[2]。雄按：此不成文，不若改爲「使大委人監之」之易通。按周禮地官：

委人掌斂野之賦。斂薪芻、凡疏材、木材、凡畜聚之物。以稍聚待賓客，以甸聚待羈旅。凡其余聚，以待頒賜。以式灋，共祭祀之薪蒸、木材。賓客，共其芻薪。喪紀，共其薪蒸、木材。軍旅，共其委積薪芻、凡疏材。共野委、兵器，與其野囿、財用。凡軍旅之賓客館焉。

注云：

野謂遠郊以外也。所斂野之賦，謂野之園圃、山澤之賦也。

倭人之與中國，非所謂「遠郊以外」乎？ 是其官宜有委人之職也。至於三國志中之諸邸閣，已有論其本爲軍國之備者[3]。周官之委人職旣與軍事有關，則傳中此職之承「有邸閣」句而在於此，可謂誠其所宜也。抄寫者以此不應有此職，故牽涉誤以爲一字歟？ 惟周禮有者「委人」之職，非「大委人」者，恰如鄭國之有周禮所無之「大內史」職，使後之學者推測爲「內史之長」也[4]。

---

[2] 藤間生大『埋もれた金印——日本國家の成立 第二版』、1970 年、東京：岩波書店。148 頁至 149 頁。

[3] 日野開三郎「邸閣——東夷傳用語解の一」『東洋史學』雜誌 6、1952 年、九州大學文學部東洋史學研究室、45 頁至 60 頁。

[4] 郭沫若『兩周金文辭大系攷釋』、1935 年、東京：文求堂。181 頁 b 至 182 頁 a、叔上匜。

符號語の說

　中國語は單音節語すなわち意味の單位が原則として單音節によって示される言語だといわれるが、それと竝んでこれまた常にいわれることは、それが孤立語だということである。孤立語の定義としては、「語は偏に文中の位置によってその文法的性格を與えられ、語自身は自らそれを表示する樣な手段を取らない、つまり語としては互いに孤立している」とするのなどが普通であろう。ここではこの定義の下し手自身「果してこの簡單な手法で複雜な言語の具體的な機構が分類し切れるものかどうか」[1]について甚だ懷疑的でもあるのだが、そうした懷疑は自然である。

　近世以後の英語が屈折性を次々に棄てて孤立語に近づきつつあるといわれることさえあるのは事實だし、逆にまた中國語についてはカールグレン（Karlgren, Bernhard）の、古典中國語の人稱代名詞に遺された屈折性の痕跡についての興味深い研究がある[2]。この論文には王力の駁論[3]もあって著名であり、にわかにそのどちらとも決し難い所があるのだが、ともかくこういうことは、孤立語にしろ屈折語にしろ、この種の名づけが一つの言語の、全く動かない位置づけでもあるなどというのはあり得ないことだけは示しているといっていいだろう[4]。

---

[1] 泉井久之助『言語構造論』1949年。
[2] *Le Proto-Chinois, langue flexionelle*.1920. 人稱代名詞にのこされた、とカールグレンが考えたことは、たとえば英語にのこされた屈折性の中での人稱代名詞の位置と、當然結びつけて受取るべきであるといえるだろう。
[3] 『中國文法學初探』1936年。
[4] Jespersen, O., *Growth and Structure of the English Language* には次のような記載がある。'It is of course, impossible to characterize a language in one formula; language, like man, are

「偏に文中の位置によってその文法的性格を與えられ」ということは、すなわち語に品詞性がないということだとされ、これもまたしばしいわれることだが、一般に品詞分類なるものが多かれ少なかれ極めて便宜主義的な手續きであり、結局はなんらかの不合理をどこかでは忍ばねばならないものだというような根本的反省の下にならばともかく、その普通の意味で品詞を云々するとき、語そのものに全く品詞性を缺くというようなことは妥當でない。たとえば「車」のごとき、名詞としてしかありようのない語は決して少なくないのである。

『左傳』襄公十年に見える「門于桐門」、「桐門を門す」について、同じ「門」が一つは動詞として他は名詞としてあらわれる好例だとする人もあるが、これは少なくとも次のような意味で正しくない。まず「門」という語については名詞がその本來の職分であること疑いのないところであって、常識的に考えた場合、「門」ということばに、それに正當な意味で對應する人間の或る行爲、動作があり得るなどとは凡そ考えられない。從ってこれは決してその人のいうような意味で一つのものが一方では名詞に、他方では動詞に用いられているというようなものでなく、むしろ下の「門」を資料とし、それに或る機知的な操作を加えた全く別の語が、たまたま同じ發音、同じ字形を假りてここに置かれたものであるに過ぎないと考えて見るべきだったのであって、事實また、某氏のいわゆる動詞としての「門」の意味は、ここでは『公羊傳』宣公六年に「入其大門、則無人門焉者」、其の大門に入れば、則ち人の焉に門する者無し、とあるその下の方の「門」は、その「大門」を「守視」することだと何休の注がいうのとは正に對蹠的に、この「桐門」を「攻」することであると、杜注が教えているのである。

「書」のもたらす錯覺、ということを考える。この場合「書」は『易』繫辭上傳に孔子のことばとして「書不盡言、言不盡意、然則聖人之意、其不可見乎」、書は言を盡くさず、言は意を盡くさず、然らば則ち聖人の意

---

too composite to have their whole essence summed up in one short expression.', 1948[9].

は、其れ見る可からざる乎、とあり、孔穎達の『正義』はそれを解説して「夫子自ら其の問いを發し、聖人の意は見難きを謂う也。見難き所以の者は、書は言を記す所以、言に煩碎有り、或いは楚夏同じからず、言有り字无ければ、書錄せんと欲すと雖も盡く其の言を竭くす可からず、故に書は言を盡くさずと云う也。言は意を盡くさずなる者は、意に深邃委曲、言の寫す可きに非ざる有り。是れ言は意を盡くさざる也。聖人の意は、意又た深遠、若し之を言えば、聖人の意を盡くす能わず、之を書すれば、又た聖人の意を盡くす能わざる也。是れ聖人の意、其れ見る可からざる也。故に云う、然らば則ち聖人の意は其れ見る可からざる乎と。疑いて之を問う、故に乎と稱する也」といっているそういう「書」、つまり所以記言であるところの「書」である。だからそれは「文字」と言い換えてもいい。文字、この場合漢字は、それを寫し取るためにつくられたのであるところの中國語を、完全には寫し取れない、逆には中國語自體それの話し手であるところの中國人の心の中にあるものを完全には表現し得ない、というのが「書不盡言、言不盡意」ということばの（孔疏の助けを借りてのことだが）傳えようとする内容だということになる。

　さて私のこの文章は、中國語が意味の單位を原則として單音節にしていることによって單音節語と呼ばれるということから始められた。その單音節は一字の漢字によって書きあらわされるのが普通である。但し中國語には例えば王國維『聯緜字譜』が多くの例をあげるように、聲母を同じくするものどうし、たとえば荏染、參差のような雙聲、逆に韻母を同じくするどうし、たとえば支離、徘徊のような疊韻のものを初めとして、一字ずつの意味の合成から成ると到底考えることのできない、逆にいえば一字ずつに割って考えることの到底できないような熟語が、その極めて古い時代から既に存在しつづけていて、少なくともその部分においてこの言語は初めから到底單音節語などとはいえなかった。それにこれは餘り人の觸れないことのようだが、單音節といっても、日本の假名

がそれに對應している日本語の音節に比べると音量として明らかに大きく、大雜把にいって日本語二音節分ぐらいの長さはあり、下位要素の數も、一番多い場合は xiang, biao などのように四つの單音を含む。日本語も、本來の日本語である「やまとことば」でたぶん一番多いのはアオ、アカ、クロ、クサ、ハナなどのように、意味の單位が二音節[5]の場合であろうし、その場合その二音節が下位要素として持つ單音は四個ということがこれまた一番多いわけだから、中國語の意味の單位が單音節であるということも、少なくとも音量として特別なものであるわけではない。ただその單音節が漢字一字ずつに書き移されてそれ以上の意味の分析があり得ないということになると、そのために見失われてしまうこの言語の構造上の特徵というものもあり得るだろう。

日本語におけるヒとフ・ミとム・ヨとヤの組合せは、互いに子音を同じくするそれぞれの組合せの中で後の數が前の數の二倍になっている事實についてはすでに先人の指摘がある。それは事實としては日本語の音節を割って中に入り込み、そうすることによってそこに何かを見出そうということではなかったか。中國語についても單音節が原則的に意味のまとまりであることは認めるとして、それ以上中に入り込むことはできないだろうか。孔廣森その他の人びとによる陰陽對轉の原則の發見も、少なくともその理論が、一つは陰一つは陽に分かれて在るものどうし意味上の連關があり得ることに觸れようとする限り、或る意味でそれは、單音節ずつがもつよりも更に下位の意味の分節がある得るという認識なのではなかったか。

陰陽對轉以外にも、たとえば文と武、雲と雨、などのように聲母を同じくするものどうしの複數の組合せの、それぞれの前項どうし、後項ど

---

[5] キク、ミル、カグ、クウなどの動詞では、意味の單位は本當は一ク、一ル、一グ、一ウなどの動詞語尾より上、この場合についていえば、キ、ミ、カ、クなどの方にあるのかも知れない。なお、日本語において意味の單位は二音節であることが一番多かろうということは、人が七五調などの韻文を朗讀するとき、自らが氣づくことなく、實は七プラス五計十二の音節を、意味の區切りとは直接結びつかない二音節ずつに區切って讀む傾向があるという土居光知教授の『文學序說』の中での興味深い指摘を想い起こさせるものである。

うしは逆に韻母を同じくしているようなものに、たとえばこの場合でなら組合せの前項には「內にくぐもる」、後項には逆に「さっと外に出て行く」、といった對比のあることを讀み取ろうとする、少なくともそういう交叉的な語發生というものが中國語の中にもあり得るか、を論じようとするには、漢字が意味を擔うものとしてはそれ以上分割できない原子であってはならないだろう。ことわって置かなくてはなるまいが、私がたとえば武と組合せられた文、などという場合、これが漢字としてもともと文身の文、つまり刺靑を意味する文字であったなどというのと違う次元の問題としてそれをいっているつもりである。

さて中國語に關連して「書」のもたらす錯覺は實はここに止まらない。それは漢字の構造そのものとは必ずしもかかわらないが、ある意味でそれよりも大きいかも知れない問題にかかわるものであって、それはこの國において「書」が「言」を忠實に寫そうとしないのが一つの傳統のようにさえ見える特殊性である。

かれらの「書」は、今日われわれが溯り得る最も古いすがたにおいて、既に「言」と及ぶ限り遠く離れた。いわゆる殷墟の卜辭のようなものでは、たとえば「王貞、癸巳、享于祖」、王貞う、癸巳、祖に享せんか、とあるようなとき、それは「非常にコンパクトな、于というパーティクル[6]を除いては重要なことばのみを凝集したかたち」であり、「日常の會話がこんなにコンパクトな形ばかりで語られるということはいつの時代でも不可能」[7]と考えていい。しかもこれは卜辭において別に珍しい例なのではない。かつ極めて重要なことは、ここに引用されているものを含めそれらがいつも定型として書かれていて、たとえば書記者によって同種

---

[6]「于」は果してここでパーティクル、助字として働いているのか、あるいはそれ以外の、たとえば卜辭の中で同じように多用される「在」などとともに動詞としての意識を以て使われているのか、檢討すべき餘地があると今の私は考える。たとえばそれは、享して祖に于かんか、などでは確かにないか、ということである。私が以下に屬格表示の「之」など、後置的なものを特に取り上げて問題にしているのもそのためである。

[7]吉川幸次郎述・黒川洋一編『中國文學史』、1974年。

類のことの記述が複數の異なった形を取るなどということが期待できない、ということである。

　ところが中國における「書」は、これ以後においても、多かれ少なかれいま卜辭についていわれたような性質をもつといわなければならないのであって、言い換えれば中國における書記の行爲の典型は卜辭の書記法の中にこそうかがわれる。

　以後の文においても、それがこのような「書」であって見れば、人がそこからこの國の活きた言語すなわち「言」そのものを探ろうとする限り、かれは常に最大の困難と直面しなければならないだろう。それにもかかわらず或る種の人びとは、たとえば『論語』學而篇に見える子貢のことば「夫子溫良恭儉讓以得之、夫子之求之也、其諸異乎人之求之與」、夫子は溫・良・恭・儉・讓、以って之れを得たり、夫子の之れを求むるや、其れ諸れ、人の之れを求むるに異なる與、のようなものと卜辭との比較を行い、時代的におくれる『論語』の文章が口頭の言語の活寫にほとんど成功しているのではないかと考えられるのから推して、卜辭もまた然りというのであるが、恐らく正しくない。『論語』における會話の部分の文章は、爲政篇の冒頭「爲政以德、譬如北辰、居其所而衆星共之」、政を爲すには德を以てす、譬うれば北辰の、其の所に居て而して衆星の之に共うが如し、とか、あるいは泰伯篇に曾子の言としてある有名な「鳥之將死、其鳴也哀、人之將死、其言也善」、鳥の將に死なんとする、其の鳴くや哀し、人の將に死なんとする、其の言うや善し、とかのように、その常言ともなり易い文字使いから見て、それらが語られてから實際に記し止められるまでの傳承のうちに、あるいは一旦固定されて後にさえも、多分の變形を蒙ったのではないかと想像されるような部分を切捨てさえするなら、他は頗る口語性に富む、中國においてはむしろ稀有の文獻の一つとされるものなのであって、あるいはカールグレンのいうように[8]、孔子に對する弟子の尊崇の念がかように忠實な筆寫、ある

---

[8] 注2參照。

いは少なくともその記憶を、かれらに強いたのであるかも知れない。い ずれにしてもこのようなものは中國の「書」としてはほとんど常に期待 できないはずのものなのであった。

これに對して卜辭の文は、先師吉川先生の文學史がいうように餘りに もコンパクトであるとともにまた餘りにも定型的過ぎるものなのであっ て、到底これを『論語』と同列に考えることはできない。一方、卜辭の記 された時期から孔子の時代までの間に、口頭の言語を全く變改せしめる ような何かが起こり得たと假定することが、少なくともわれわれの現在 の知識を以てして不可能である以上、孔子の時代以後現代まで、かえっ て前者よりも遙かにながい期間になんら根本的な變化を見なかった[9]同 じ停滞を、その前者の時期に置いて見ようとすることが許されてよかろ う。事實『論語』よりも時期的に一層卜辭に近い周初の金文に、屬格標 識の「之」は、卜辭にも見られた「于」などと並んであらわれているので あって、かような後置的な助字の存在は、更にたとえば『毛詩』衞風・ 氓などにもこの「之」はあり、その他にも後置的助字は少なくないとい うことを考え合わせると、その裏に孔子の時とそれほどはちがわない性 格の口語が控えていたであろうことを、そしてそうした助字は、あるい は不用意にそれらの書記體の中に侵入したものであろうことをも想像さ せるのである。

注意すべきは、そうした文證あるもの以外に或る種の口語が存在し得 ることを否定するのは、その文證そのものに言語の原始型に近いものを 見ようとする精神につながり易いことである。この場合それは、より幼

---

[9] 『論語』の、口頭の言語のかなり成功した記錄と見えるような部分についていえば、助字の多さ、その種類の豐富さにおいて、中國現代の人たちの言語生活と、語彙的な違い以外に本質的な差はないということもできる。特に武内義雄博士が『論語の研究』の中で「顔氏家訓の書證篇に當時河北と江南とは經書の本文に相違が多く、概して河北の經典には助字が少なく江南は助字が多いといっているのを思い合わすと、陸氏の採用した本文と開成石經とは河北本の系統で、陸氏のいわゆる一本に合する我が國傳來の舊鈔本は江南系統のものであろう。これは單に經書だけの問題でなく老子のごとき諸子の書物にも關係する問題である」とした、たとえばいわゆる「縮臨古本論語集解」などを使えばとりわけ顯著になる。陸氏は、陸德明『經典釋文』である。

稚なかたちでの中國語を見ようとすることであるが、一つの言語にとって、より幼稚であるとかあるいはより原始的であるとかいうような一時期は決して存在しないものであるという一見逆說にも聞こえかねない事柄を理解するのに、人は何ほどの思考も必要とはしないにかかわらず、いま言うような見方は案外に多く見られるのであって、そういう人びとは、ともすればその文獻における「書」の不備をただちに「言」の不備と見て、飛躍した結論を下し易いのである。

　さてわれわれのいまの作業は、『論語』その他の資料から間接的に、孤立語などという一片の定義では決して蓋い難い中國語の、できるだけ古いすがたを想定しようとするためのものであったのだが、作業はそれ以後の文獻について見る場合も相似的である。

　時代は降って詩においては律詩が、散文においてはいわゆる古文が確立するころになって一層甚しいのだが、この國の書記の營みは多かれ少なかれ卜辭的である。逆にいうなら、先のわれわれの作業は『論語』その他の中から「間接的」に非卜辭的な形態を抽出して來るに在ったというまさにその事が、裏返せばそれらの資料に本具的な卜辭的性格の存在を示すことにもなるのであって、『論語』を見た時にもその「會話の部分」ということを忘れなかったのは、その部分と、いわゆる地に當る部分とが、かなり顯著な對照を形づくっていると考えたからである。郷きょうとう黨篇に「廄焚、子退朝、曰、傷人乎、不問馬」、廄うまや焚けたり、子朝ちょうより退きて曰く、人を傷つけたり乎やと、馬を問わず、とあるのなどは、今ここに揭げた普通の讀み方ではなく、『經けいでんしゃくもん典釋文』がこの條につき「曰傷人乎」を見出しに、「絕句、一讀至不字絕句」、句を絕る、一讀は不字に至りて句を絕る、つまり孔子のことばを、人を傷つけたり乎でなく「不」の字にまで延長し、人を傷つけたり乎不やいなや、まで續け、普通の讀み方のように、人を傷つけなかったかと人間の安否をのみたずねて、心配なはずの馬のことには觸れなかったとするのではなく、人間の安否をたずねた上で、それからやっと馬に關する質問となったという「一讀」、つまり

もう一つの別の讀み方に從うとき、章の全體が短かすぎるにはしても、會話と地と、きわ立った對照を示す一つの模型となり得るだろう。

ところでここに見たいのは、そのように「言」すなわち日常の口頭の言語、とはかなり離れた「書」というものが、實は「言」の身代りに、孤立語だとかあるいは單音節語だとかの呼び名を負っているという度合いが、決して少なくないのではないかということである。

中國現代語の文法書を見ると、普通一字の形容詞たとえば「紅」などは、それをそのまま修飾されるべき語たとえば「花」などの上に乗せればよい、つまり「紅花」というのは「紅」が「花」を一字の形容詞として修飾した構造、赤い花、なのだとしてある。そうしてそれをひっくり返した「花紅」、花は赤い、というのと組合せて、語の位置のみがその文法的機能を決定する例だとする。

私はこの說明法に懷疑的である。紅花の紅は活きた形容詞であるというより、むしろ紅花という二字の熟語の前半であるに過ぎず、紅花をよそのことば、たとえば日本語で説明しようとすれば「アカイハナ」とならざるを得ず、その場合日本語の中でアカイはたしかに形容詞ではあるが、かといって中國語の紅が日本語のアカイが形容詞であるのと全く同じにアカイであるのではない、のではないかと考えるのである。そしてたとえば紅旗はアカハタなのであって、アカハタが日本語の中でアカイハタと等價ではないのと同じことが中國語の中にも存在するのではないか、快馬は從って卽ハヤイウマなのではないこと、あたかも快車が急行列車であってハヤイクルマなのではないが如くだと考えようとするのである。快馬は「快馬加鞭」を日本語で説明しようとする時にだけはハヤイウマかも知れないが、自身は「快馬加鞭」ハヤイガウエニモハヤク、という四字の常套句の一部をなすに過ぎない、これらすべてを通じて、見掛け上一字の活きた形容詞と見えるものは、實はそれが上に乗る相手である見掛け上の被修飾語と、「書」の世界の中でだけ結びつくことを許されたものだと考えたい、同じく現代語の文法の中で、一字の形容詞

であっても強調の氣持のあるとき「紅的」と「的」がつく、と說明されるその「紅的」の方こそ眞の「言」、つまり口語なのだと考えたい、というのである。もちろん「書」の世界の中で作られるそうした熟語が取り出されて來て「言」の世界の中に出て來ることは、同じ言語の世界の中のこととして、なんら妨げられるものではなく、だから紅花が紅花として日常會話の中にあらわれても、それは一向に差支えがないのである。ただ紅花は紅花というまとまりとしてだけ考えたいというのである。

さきに『左傳』の「門于桐門」に觸れたときにも、一應は上の「門」も、下の「門」と異なるところのない口頭の言語であって差支えはないという立場からしたのであったが、その時述べたような「機知的な操作」が、「言」の上に加えられたのでなく、ただ「書」においてのみ可能なこととして行われたのではないかと考えた方が、もちろんより自然だとはいえるだろう。

中國の言語は、それが本當は一度もそうでなかったような名前を呼び名として與えられている可能性がある。孤立語という呼び名もそれである。しかし人有って若しも強いてそうした特質をこの言語のものとしたいならば、それには退いてこの國の「書」に就くに若くはない。それらはあるいは高度の純粹性をもってそうした規定を受取ることができるかも知れない。良心的な研究者たちが、いわゆる孤立語の代表として中國語を引くとき、その上に「古典」の二字を冠することを忘れなかったのは、せめてもの用意であったと言うべきである。

その古典文を、二十年代の初め劉復は「符號語」と呼び、それはかつて一度も實際に話されたことがなく、ただ數千年來の文人たちの共同の努力がつくり上げて來た「其性質和算式或電報碼子差不多」、その性質は數式あるいは電報文（意譯）と大差ないもの、ただし「不過更完備罷了」、ちょっと完備しているだけ、のものだとした[10]。私は「符號語」的なものは、何も古典文に限らず、作られてさえしまえばそれが日常の會

---

[10] 『中國文法講話』、1932 年。

話の中に取り込まれて來ることもごく普通のことであるはずだから、したがって語彙的には現代語の中にも少なからず存在しているだろうし、中國語の文法的處理もそういうことを考え合わせた二重三重の構造のものがあるべきだということをいいたかったのである。

〔注〕これは一九五一年私が京都大學文學部に提出した卒業論文と同名であり、內容的にも措辭の末に至るまで實はその卒業論文と同じ部分がある。一人の研究者の（もし自らそう呼んでよければ）進歩なき四十年の記念である。

1990 年 1 月 10 日

抄物で見る日本漢學の偏差値

　抄物についての仕事は、ひとまずは日本語學日本文學の研究にたずさわる人達に委ねられたこと、といっていいだろう。
　だから、たとえば先師吉川幸次郎先生が「項羽の垓下歌について」を著し、抄物に見えることを據り所に次のように述べられたことは、當時、學界を驚かすに充分な出來事であった。

　　　この歌の本文は、中國の所傳による限り、すべて今本の史記
　　　に見えるものとおなじである。……
　　　しかるにひとり、わが國に傳わる史記には一句多くして、
　　　　　　力拔山兮氣蓋世
　　　　　　時不利兮威勢廢
　　　　　　威勢廢兮雖不逝
　　　　　　雖不逝兮可奈何
　　　　　　虞兮虞兮奈若何
　　　となったものがあった。事は五山の僧、桃源瑞仙（1430-1489）
　　　の史記抄に見える。

　　　　　最愛ノ美人ニ對シ、祕藏ノ馬ヲ見テ、ナコリヲシミノ
　　　　酒ヲ飮テ、於是――自爲詩曰――項王カ詩ヲ作ラウトコ
　　　　ソ思ヨラネソ。力拔山兮氣蓋世時不利兮　古本ニハ此ニ
　　　　威勢廢威勢廢兮ト云七字カアルソ。

　　　桃源のいわゆる史記の古本が、いかなる性質のものである

かは、明らかでない。ただそれが日本人によって妄改された
ものでなく、唐土の一種の本を傳承したものであることは、
わが國における漢籍傳承の一般的な歷史からいって、たしか
である。また威勢廢という措辭も、日本人の容易に僞作し得
るものではないであろう。

　論文は雜誌『中國文學報』第一册に載せられた。1954年10月の發行
である。
　かつて抄物の研究者ではあったことのないわたくしに、期待されると
ころがもしあるとすれば、それは眼前の二種の抄物について、漢學に從
事するものの一人として何を述べることができるかだろうが、この二つ
の資料からは、古典に新しい異文を提供して中國の學界に向かってもそ
の檢討を要求することができるほどの、上に見たようなそんな知見は、
わたくしには獲られなかった。
　『中華若木詩抄』は、全體を通しての抄の繁簡必ずしも一樣でなく、
ことによるとそれは、時として極めて多辯な抄者のその知識にも、むら
があることを示すものであるかも知れない。本文の注釋の中にも說いた
ことだが、第十五首、元・程鉅夫の「贈接花孟老」に「着朱成碧酒闌珊」
とある首句の抄に、

　　　一ノ句ハ、花ヲ接クコト也。朱ニ碧ヲツク也。タトヘハ、紅
　　　桃ニ碧桃ヲツク心也。碧ハ、白ト云心也。酒闌珊ハ、花ヲ接
　　　人カ酒ノミテマワル㒵也。『匀會』寒韻、闌珊、彫散㒵。

と言うが、そもそもこの句の頭の部分の原形は、この詩人の『雪樓集』
に卽いて見ればすぐわかるように、實は「看朱成碧」なのであり、その、
もとの「看」を字形の近さから「着」に誤ったテキストに基づいた結果
が、上の抄である。字の誤りは珍しいことではない。ただ、『玉臺新詠』
にも載る梁・王僧孺の「夜愁示諸賓」詩に「誰知心眼亂、看朱忽成碧」、
誰カ知ラン心眼ハ亂レ、朱ヲ看テ忽チ碧ト成ス、と見えるのなどを古い

例として、目は物を見ながら實は見ていない心情不安定の狀態を言い表す、いわば成句的表現でさえ既にあることを、この抄者は知らなかったのでもあろう。

　複數の活字本が作られ、それに基づく刊本もあって、日本でもよく行われた字書の一つ、元・熊 忠の『古今韻會擧要』、すなわちこの『韻會』は、「着朱成碧」に苦しんだ抄者が、やむことを得ずに引いたのかも知れないが、どうせなら、珊字の方で熟語建てのこの言葉を引くより、闌の方で「又飲酒半罷半在曰闌」、又酒ヲ飲ミテ半ハ罷メ半ハ在ルヲ闌ト曰フ、というのを見つける方が、よかったかも知れない。この場面が、酒の醉いに關連した事柄であることの確認のためである。つまりこの字への、日本のいわゆる常訓でタケナハとされる場合、すなわち、酒席も盛りは過ぎて、あまり酒の中に入り込んではしまえない質の人達には、そぞろ物悲しさのようなものも感じられるらしいころ、を指す場合である。もちろん、「闌珊、彫散皃」を引くのでも、場面が捉えられてさえいれば、もちろん同じことなのではあったが。

　『中華若木詩抄』の、原詩の部分は、唐土の詩、日本の詩を、交互に並べる。その日本の詩、例えば第一八二首、村菴の「花非老伴」は、いま、たまたま拾うのであって、特に選んだのではないが、その第三句「人生七十今過半」は、抄も觸れるように、杜甫の「人生七十古來稀」がその典據である。しかしこの詩は、そのほかにも、首句「莫向樽前咲白頭」は「莫向尊前奏花落」などを、第二句「少年未信老年愁」は、首句との絡みとしても「少年莫聽白君頭」などを、という工合に、全體として彼の土の著名な詩句を、いやでも次々に思い起こさせる。末の句「春不看花死不休」もまた、詩は違うが第三句と同じ杜甫の、「語不驚人死不休」無しでは有り得ない。『中華若木詩抄』中、採用作品の最も多いこの作者の何時もの例ではあるが、少し古人の詩に卽き過ぎる。抄者としては、ここにある以外の批評があってもよかったのではないか。

　『湯山聯句鈔』は、現存するその最も古い本が、京都大學附屬圖書館

藏・谷村文庫本と呼ばれるものであり、寫眞（559頁）にも見えている通り、全體を通して詩の本文には、字のわきに圈點の施されている部分がある。ところどころ誤りや拔けた所もあるのだが、この圈點は、この書物の場合すべて平(ひょう)である韻字と、いわゆる平仄を合わせるというその平との、兩方の標記である。したがって原則的には、というのは、誤りや拔け落ちも目立つからだが、無標記が仄(そく)の標記になる。なお、仄の、いまの普通の標記は●である。

　この標記無標記が、『湯山聯句鈔』というこの書物の編まれた當初に遡って存在するかどうかは、わたくしの、できれば知りたいところで、というのは、少なくともこの京都大學本に附せられた圈點は、恐らく近體の詩の實作の手本(マニュアル)と言う意味があってのもの、と言っていいだろうし、もしもこの書物の初めからそれがあったのならば、書物そのものがそういう意圖としても編まれた、という可能性を示すことになるかも知れないからである。誤りや拔け落ちの例を見よう。たとえば寒韻の第七首、第八首、それぞれ「山割結菴地、國存拜將壇」、「登科今睡漢、住院昨僧官」となっているものは、前の一首では將の、あとの一首では睡の圈點を取り去るのでなければならない。山や今は確かに平ではあっても、ここはその平仄を問われない場所だから本來必要ないのだが、そこに標記があるのは、筆寫した者のメモが本體に入り込んだか、ただしは標記の全體がもともと抄者とは無關係のものなのか。將には次のような問題がある。將の字は、平、仄、兩方の場合があって、漢文訓讀でマサニ……セントス、とか、ヒキヰル、モッテとか讀むときのが平、ここの、大將の意味の將が仄である。ちょっと紛らわしいことだが、將軍というのは、卽、將なのではない。將軍とは先にいう軍を將ヰル(ひき)意味であり、したがって將軍の將なら平になる。ここのは兩者混同の結果だと考えてやるのもいいが、句の平仄の組み立てから言って、上下それぞれの句の第二字、第四字の平仄は、同じ句の中でも互い違いになっていなければならないだけでなく、また相手方の句の内部での、いまいうような平仄の組み合わ

せについても互い違いになっていなければならないので、下の句の將は、上の句の第四字、平である菴に對して仄であると同時に、同じ下の句の、平である第二字の存に對しても、句の第四字として仄でなければならない。實際の詩作としては、一つの字が二つ以上の平仄をもっている場合、その平仄とは合わない意味を、詩中のそこに置いた文字に、その時限りで持たせることがないではないが、詩の骨格たる平仄の組み立ての方は曲げることができない。この將の字の置かれているのは動かすことの許されぬ仄の場所なのである。睡は仄。平仄の標記、落第である。

ところで、いましがた漢文訓讀ということばが出て來た。『中華若木詩抄』、『湯山聯句鈔』の雙方とも、訓讀は板本のそれに依った。それぞれ寬永十年（1633）、寬永七年の刊である。新しい訓讀法をまじえて全體のわかりやすさを計るよりは、かつて實際に存在したはずのものを、そのまま復元保存する方がいいと考えるからである。と言っても、實際の作業は、何時もそれほど割り切って處理できるようなものではなかった。漢字のすべてに訓み(よ)が附いているわけではない。送り假名だけでは、實際どう訓んでいたのか決しかねることも多いのであった。個々の場合について決し難くて、漢文訓讀の現實にはかつて存在したことのない訓みを新造してしまっていないかを、わたくしは恐れる。

次に、すでに注釋の中には、個々のこととして書いておいたことで、しかし、やはり全體にも關わることの一つとして觸れておくべきだとわたくしには思われることがある。それは、殘の字に代表させて語りたい、いわゆる和習の問題である。

殘の字が意味するものの受け取り方が、日本と中國とで異なるということも、わたくしども、先師からしばしば教えられたことの一つであった。そういうとき先師は、圓を描いてそれをギザギザの線で區切り、その線の下側を消し去った上で、中國の言葉としての殘(ざん)は、そもそもこういう風に、もともと完全な圓であったものが、欠けてしまった狀態をこそ言う、殘は殘ク(か)ことだ、ところが日本人は、全く同じ狀態を、全く同

じ漢字によって表現しながら、それを、まだ完全に無くなってはいないという方向で捉えて、殘ル(のこ)という、まだ、これだけ有る、ということだ、と說かれた。『中華若木詩抄』第二三八首、日本作家・南江の「畫軸」、その首句「江上秋風吹葉殘」を、抄が

　　江上ヲ秋風吹ワタリテ萬木ヲ落盡ストイヘトモ、トコロトコ
　　ロニ紅葉ヲ吹殘シテヲク也。

と言うのは、その、いい例となるだろう。句の原意は必ずしもそうでなかったろうに。

　もしこの字の使い方について、時代的に、日本も昔は中國と同じで、必ずしも今のように、おしなべて、殘ル(のこ)、ではなかったのに、いつの頃からかそうなってしまったと言うなら、『中華若木詩抄』のここでもそうであり、また『湯山聯句鈔』の中でも注釋で觸れたようにそうであったその使い方が、日本ではいつ頃から一般的なことになって行ったのか、われらが抄物も、その、多くの例を提供するものになるだろう。

　『中華若木詩抄』という書名の問題も、けっこう刺激的なテーマの一つである。この書名の意味するところについては、すでに諸先達の論及があり、もともとこの名前が、何時、だれによって付けられたものと考えるにしても、それが意味するものへの理解は一致しているように見える。すなわち中華は唐土を、若木は日本をあらわす、という理解である。しかし、中華を唐土と受け取るのは、ひとまずは自然だとして、それなら若木は日本か、となると、わたくしなど、ただちには從うことができない。中華と若木との關係は、わたくしには、この通說とは反對のものに見える。問題は、中華にも、若木にも在る。

　書物の內容が大きく唐土に關わるものであり、その書名も漢文建てで書かれているらしいことも、決して忘れてはなるまい。そのとき若木は、例えば李白も「西海栽若木、東溟植扶桑」、西海ニハ若木(じゃくぼく)ヲ栽ヱ、東溟(とうめい)ニハ扶桑(ふそう)ヲ植ウ、と歌うように、それが西海すなわち西の果ての神木で

あるという、諸人共有の知識から離れることが極めて困難となる。『玉塵抄』に「扶桑ハ若木トモ云ソ、東海ノ中ニアリ、……枝葉ハビコツテアルホドニ若木ト云ソ、ワカイ心ソ」と言うが如き、ほとんど無稽の言辭である。こんなのが實は中華若木の名付け親という、至極たわいもない話かと思ってみないわけではないが、この問題としては、逆に、中華が東方日本であり得ることを示してもいいのであって、實際、日本人が唐土に倣い、そうした表現に借りて自らを美にする習わしの記錄も、決して少なくはないのである。

　二つだけ舉げておこう。一つは自身を中國と呼ぶ例である。すでに『大言海』は、そういう中國が『日本書紀』雄略七年に見えることを教えている。「新羅不事中國」、古訓に、新羅 中國ニ事ヘズ。

　一つは中華そのものである。『邦譯 日葡辭書』「チュゥクヮ」の項にはいう。「都。すなわち大唐の都。シナの國の首府・首都。また、日本の都にも適用される。」唐土、日本のいずれについても、中華はその都のこととしている。中華は、もともとが黃河中流域の、一部の文化的先進地帶を、その周邊を差別しつつ指すことばだから、都と言い換えても、語の本來から、さしてかけ離れるわけではない。書名の中の中華も、案外、京都すなわち五山の詩壇、を特に限定していうのではなかったか。逆にまた、日本において中華が、いつごろから唐土のことについてのみ、使われるようになったのかも、調べて見る必要はあるかも知れない。若木は西のかた唐土であり得るのである。

　若木の若を說いて後漢・許愼の『說文解字』が、「日初出東方湯谷所登榑桑、若木也」、日初メテ東方湯谷ヨリ出デ登ル所ノ榑桑、若木ナリ、と言うのは、『下學集』の「朝暾必昇於若木扶桑之梢」と同意であり、『玉塵抄』も、それらと全く無緣なのではないかも知れない。

　しかもそれは、『說文』の注者・淸の段玉裁が、そこで「蓋若木卽謂扶桑」、蓋シ若木ハ卽チ扶桑ヲ謂フ、と述べるのとも、またそれとは無關係にこの二つの神話上の植物の同一性を論じた小南一郞氏の說とも一致

するものとなってはいる。しかし、ここでわたくしが言うのは一般的な理解であって、その次元では若木と扶桑とはあくまで異種の、西東を分ける植物なのでなければならない。だからこそ、段、小南兩氏の格別の言及もあるのであって、若木は扶桑と同じにはならないのである。それらが同じだとする、他の文獻には見當らないという『玉塵抄』のこの言明などは、中華若木の意味を本來の意圖にではなく受け取ったとき、辻褄合わせの解釋として生まれて來たものとすることもできるだろう。そう考えれば、命名の時期もまた限られて來ることになる。

　文字の連鎖として中華の華が、同じ植物語彙である若木の木を引き出すのであろうことは、すでに注意されている。中華の平、若木の仄、文字建ても充分に唐土の風である。

　もしわたくしの言うように、中華が日本、若木は唐土、というのが書名本來の意圖だとすると、それは、まず唐土の詩、次いで國人の詩、という、この書物での詩の排列の順序と矛盾するのではないかという、あり得べき反論は、この書物、『和漢三百首』と『日支集』、二樣の命名方式による古寫本もあることで、躱すことができるだろうか。

編集後記

　本書は故尾崎雄二郎教授が、1989年3月、京都大學を定年退職されて後に執筆された音韻史に關する論文を主として、その他これまで雑誌等に發表されたままになっていた幾篇かをとりあつめ一書としたものである。主體を爲す音韻史についての論攷は、教授の主著『中國語音韻史の研究』（1980年、東京：創文社刊）に披瀝された學說を敷衍されたもので、その晩年執拗に追究された主題を一層詳細に解說した內容となっている。題して『中國語音韻史の研究・拾遺』とした所以である。

　前著及びこの拾遺に收錄された論攷において一貫して運用されているのは、著者のいう歷史音聲學の手法である。いわゆる音韻論的解釋が學界の主流であった時代に、著者は中國語資料の解析に際して、音聲の實態にこだわり續けた。音聲記號で書き表されたいわゆる再構音というものに、著者は決して滿足してはいなかった。漢字の音それぞれの發出にあたって、人の發聲器官は一體どういうはたらきをするのか。各音節の調音の開始部分から末尾に至るまでの、口腔の形狀變化、舌や脣の動きを、自ら何度も繰り返し確認するというのが、著者の一貫した方法であった。著者の一見奇妙に聞こえる disarticulation（反調音、調音における努力輕減の傾向をいう。前著に關連する一文がある）というような概念も、こういった確認作業を經てようやく到達した作業假設の一つであった。

　そのむかし大學に入って、はじめて中國語というものを勉强し始めたとき、我々を指導されたのが尾崎教授であった。中國語の初學者に向かっ

て語る內容であるから、著者の研究の中心テーマに及ぶことはほとんどなかったのだが、いまでも耳底に殘っているのは、中國語の一音節が日本語のそれにくらべて非常に長いということばであり、これだけは非常に印象的であった。後から思い返してみれば、この語に込められていたのは、著者の長い研究の出發點でもあり、かつは結論ではなかったかと思われる。日本語よりずっと長い調音の持續時間をもつ中國語の音節というものを、その歷史的變遷の中でどのように取り扱うべきかが、著者の中心課題であり續けた。

著者はまた學者が新資料の發見に熱中することに對しては冷ややかであった。言語史の材料はすでに十分ある。問題はそれをどのように料理するかである。著者は在來の資料に對し、著者のいう歷史音聲學を武器として立ち向かうことに專念した。

しかしこのような手法は必ずしも學界の主流とはなりにくい。「資料はいつも孤獨である」という名言はこのようにして生まれた (前著の序言の題名である)。理解されないことへの不滿とともに、しかし著者はおそらくその最晩年に至るまで滿腔の自信をもっていたと、編者は確信する。本書に收錄された「音韻史」の諸篇はそれを十全に物語っている。編者としては、本書の出版によって尾崎教授の提示した觀點がふたたび脚光を浴びることを期待したい。

本書には、音韻史以外の分野、とりわけ文獻學的論攷をも併せて收錄してある。こういった機會は今後多くないと思うからである。なかには著者による三十歲代の作も含んでいて、當時の關心の所在を物語っている。周知のとおり、著者には段玉裁『說文解字注』の譯註という大きな仕事も別途存在するが、これら諸篇はまた著者の幅廣い貢獻の一面を示している。あわせて一讀を請いたい。

以下、本書に收錄の諸篇が最初に發表された際の誌名或いは書名と刊行年とを揭出しておこう。

編集後記　　　　　　　　　　　　　　　　　　　　　　　　　255

　「圓仁『在唐記』の梵音解說とサ行頭音」
　　　『立命館文學』（1981 年 4 月〜6 月）
　「古音學における韻尾の設定と音韻特性の「豫約」の問題」
　　　『東方學報・京都』第 56 冊（1984 年 3 月）
　「韻學備忘（重紐反切非類化論）」
　　　『日本中國學會報』第 44 集（1992 年 10 月）
　「音量としての漢語聲母」
　　　『中國語史の資料と方法』（1994 年 3 月）
　「漢語聲母の音量がもたらすもの」
　　　『名古屋學院大學外國語學部論集』6 卷 2 號（1995 年 4 月）
　「漢語喉音韻尾論獻疑」
　　　『立命館國際研究』8 卷 1 號（1995 年 5 月）
　「音韻設定の音聲學――「漢語喉音韻尾論獻疑」二稿」
　　　『阿賴耶順宏・伊原澤周兩先生退休記念論集　アジアの歷史と文
　　　化』（1997 年 4 月）
　「古代漢語の脣牙喉音における極めて弱い口蓋化について――いわゆ
　　　る輕脣音化の音聲學」
　　　『日本中國學會創立五十年記念論文集』（1998 年 10 月）
　「ミョウガを論じて反切フェティシズムに及ぶ」
　　　『學林』第 28・29 號「高木正一先生追悼記念論集」（1998 年 3 月）
　「「雅音交字屬半齒」の讀み方と三種類の門法」
　　　『中國語學』第 248 號（2001 年 11 月 3 日）
　「敦煌寫本論語鄭氏注と、何晏の集論語解によって保存された諸注・と
　　　くにいわゆる孔安國注との關係について」
　　　京大敎養部『人文』第 6 集（1959 年 11 月）
　「毛詩要義と著者魏了翁」
　　　『ビブリア』第 23 號（富永先生華甲記念古版書誌論叢）（1962 年
　　　10 月）

「日知錄經義齋刊本跋——日常所見本鑑別之一」
　　『東方學報・京都』第 52 册（1974 年 3 月）
「讀倭人傳二則」『小尾博士古稀記念中國學論集』（汲古書院、1983 年
　　10 月）
「符號語の說」
　　『名古屋學院大學外國語學部論集』創刊號　pp.298〜305（1990
　　年 3 月）
「抄物で見る日本漢學の偏差値」
　　新日本古典文學大系 53『中華若木詩抄・湯山聯句鈔』岩波書店
　　（1995 年 7 月）

　本書の編集作業を開始してからすでに五年ほどになる。早くに刊行に漕ぎ着けるべきところ、編者の怠惰のために、完成が今日に至ったことに對しては、まことに忸怩たる思いがある。ただようやく編集作業も終了し、尾崎教授の御令嗣、尾崎淳氏からも御承諾をいただいたので、肩の荷を一つ卸すことが出來て正直ほっとしている。原文の入力、校正に際しては、當初から尾崎教授の高弟である坂内千里大阪大學教授、森賀一惠富山大學教授の手を煩わせたが、ともに細心の注意を拂って見ていただいたため、誤りは格段に少なくなったものと思う。遲延のお詫びとあわせて、心よりお禮申し上げたい。また臨川書店の小野朋美さんにはいつもながら編集校正に當たって、懇切な助言を頂戴した。併せて感謝を表明したい。

2015 年 9 月

　　　　　　　　　　　　　　　　　　　　　　　　　　　高田時雄

尾崎雄二郎 中國語音韻史の研究・拾遺〈映日叢書 第二種〉
2015年9月30日　初版発行

著　者	尾崎 雄二郎
編　者	髙田 時雄
校　字	坂内千里・森賀一惠
発行者	片岡　敦
印　刷	亜細亜印刷株式会社
発行所	㈱臨川書店

〒606-8204
京都市左京区田中下柳町八番地
電話(075)721-7111
郵便振替 01070-2-800

落丁本・乱丁本はお取替えいたします。
定価はカバーに表示してあります。
本書の無断複製を禁じます。

ISBN978-4-653-04252-5 C1387